Peter Feraru
Muskel-Adolf & Co.

Peter Feraru

Muskel-Adolf & Co.

Die »Ringvereine«
und das organisierte Verbrechen
in Berlin

Argon

1. Auflage 1995
© 1995 by Argon Verlag GmbH, Berlin
Alle Rechte vorbehalten
Satz: LVD GmbH, Berlin
Druck und Bindung: Wiener Verlag, Himberg bei Wien
ISBN 3-87024-785-1
Printed in Austria

In erster Linie für Dich Romy, Frau M.
auch für Bosti, den »Chefermittler«,
und Lori, den »Stuntman«.
Wenn nicht für Euch, für wen sonst?

Danksagung

Zum Gelingen dieses Buches haben eine Vielzahl von Personen beigetragen. Daher sehe ich es als angenehme Pflicht, mich bei Prof. Dr. D. Pforte vom Senat für kulturelle Angelegenheiten in Berlin dafür zu bedanken, daß er mir den Weg ebnete. Ebenso gilt dies für Prof. Reichert, den ehemaligen Leiter des Landesarchivs, in dessen Räumen ich so manche Stunde verbrachte. Dankbar bin ich auch der Generalstaatsanwaltschaft, die mir problemlos sämtliche erwünschte Kriminalakten zwecks Einsichtnahme überließ. Nicht zuletzt soll Prof. Dr. Heinitz gedankt werden, der mir aus seinem reichen Erfahrungsschatz über die Ringvereine und die 20er Jahre erzählte.

Natürlich danke ich den ehemaligen Ringbrüdern, die mir ihre Lebensgeschichte erzählten.

Inhalt

Vorwort

»Die Günstlinge des Mondes« nannte Shakespeare poetisch jene besonderen Menschen, die im Schutz der Nacht ihren Lebensunterhalt verdienen, die Diebe, Gauner und sonstigen Kriminellen, die andere Wege gehen als der Normalbürger. An sie sei in diesem Buch erinnert und ganz besonders an eine bestimmte, heute so gut wie »ausgestorbene« Spezies, die von der Jahrhundertwende bis in die 30er Jahre zu großer Blüte und sogar sozialem Ansehen gelangte. Die Rede ist von den »Ringvereinen«, in denen sich Kriminelle, ihre Sympathisanten und auch manche bürgerliche Nutznießer ihrer Tätigkeit zusammenschlossen, im Licht der Öffentlichkeit und lange Zeit ohne die Gefahr, durch die Staats- und Polizeimacht behindert zu werden. Dieses Phänomen konnte nur unter bestimmten Voraussetzungen gedeihen, es war an eine Zeit gebunden, in der es eine gesellschaftliche Grundlage für solches Handeln gab, eine Zeit der Liberalität, der beginnenden Moderne, der Loslösung aus alten, überkommenen Strukturen. Die »Ringvereine« waren nicht einfach ein Bund von brutalen Verbrechern, sie erfüllten bestimmte soziale und wirtschaftliche Funktionen und trugen so auch dazu bei, daß die Gesellschaft vor dem Ersten Weltkrieg, in der es auf allen Ebenen gärte und der neue Pluralismus der Weimarer Zeit ihre besonderen Blüten trieben. Dieses Buch verdankt seine Entstehung in erster Linie den Erzählungen der wenigen Personen, die diese Zeit miterlebten und noch in Erinnerung haben. Außer auf ihre Berichte konnte ich auf zahlreiches Archivmaterial zurückgreifen. Es war nicht meine Absicht, eine mit Statistiken und Materialien angereicherte Sozialgeschichte der »Ringvereine« zu schreiben, vielmehr wollte ich dem Leser ein anschauliches Bild des bunten Treibens, aber auch der finsteren Geschehnisse vor Augen führen, die mit der Existenz der »Ringvereine« Hand in Hand gingen, damit ein inzwischen so gut wie verschwundenes Milieu wenigstens auf diese Weise in Erinnerung bleibt. Alle hier erzählten Geschichten orientieren sich an tatsächlichen Begebenheiten.

Peter Feraru

Mord im Invalidenpark

Am frühen Morgen des 28. September 1887 fanden Passanten im Invalidenpark zwischen Scharnhorst- und Invalidenstraße einen Erhängten. Die sofort verständigte Polizei stellte wenig später fest, daß es sich bei dem Toten um den Nachtwächter Braun handelte. Die anfängliche Vermutung, daß Braun im Invalidenpark seinem Leben selbst ein Ende gesetzt haben könnte, erwies sich schnell als unhaltbar. Der Tote wies schwere Schädelverletzungen auf, die er sich unmöglich selbst zugefügt haben konnte.

Der Leichnam wurde also abgeschnitten und zur Feststellung der Todesursache in die Charité gebracht. Und hier bestätigte sich dann auch der Verdacht. Braun war zunächst mit einem schweren Gegenstand niedergeschlagen worden. Der Täter hatte dem Bewußtlosen anschließend einen derben Strick um den Hals gelegt und ihn an einem starken Ast hochgezogen. Sein Tod sollte wie Selbstmord aussehen.

Ein Motiv für die Tat war nicht zu erkennen. Der Tote war nicht ausgeraubt worden, und der Tathergang war schwer zu rekonstruieren. Offensichtliche und klar erkennbare Kampfspuren gab es nicht, und eine subtile Spurensicherung, wie sie heute üblich ist, war zu jenen Zeiten unbekannt.

Braun mußte auf seiner Runde hier im Park seinem Mörder begegnet sein, soviel war jedenfalls klar, und dieser mußte ein Mann mit einem sehr schlichten Gemüt sein, darüber waren sich die Kriminalbeamten ebenso einig. Die Vortäuschung des angeblichen Selbstmordes war so dilettantisch und stümperhaft, daß man sich fast sicher war, des Täters bald habhaft zu werden …

Anwohner wurden befragt. Doch weil anständige Menschen nachts schliefen und die weniger Sittsamen nichts mit den Beamten zu tun haben wollten, kam man zu keinem Ergebnis.

Die Presse allerdings brachte die Tat in die Schlagzeilen. Überfälle auf nächtliche Passanten, Einbrüche, Taschendiebstähle, illegales Glücksspiel – das waren gängige Verbrechensarten in der Reichshauptstadt.

Ein Mord aber geschah selten, und meistens passierte er unter Familienmitgliedern.

Die christlich orientierten Zeitungen kommentierten verärgert die mangelnden Aufklärungserfolge der Polizei. Die wiederum gab sich alle erdenkliche Mühe, was jedoch nicht verbergen konnte, daß sie im Dunklen tappte.

Der Täter wurde nicht ermittelt.

Dann aber erhielt die Polizei Wochen nach der Tat einen Hinweis, der vielversprechend schien. Der Tip kam aus dem sogenannten Scheunenviertel, und allein diese Tatsache machte die Beamten sofort hellhörig, denn dieses Viertel hatte einen mehr als eindeutigen Ruf.

Dort, wo heute der Hackesche Markt, die Acker- und Dragonerstraße zu finden sind, stand früher die Stadtmauer. Hierher kamen immer wieder Bauern aus dem Umland, die ihre Waren in der Stadt verkaufen wollten. Damit diese auch über Nacht sicher gelagert werden konnten, hatte man vor der Stadtmauer Scheunen errichtet.

In der Nähe befanden sich auch Kasernen. Und wo Kasernen stehen, sind willige Frauen nicht weit. Mit den Huren kamen die Zuhälter und mit denen wiederum Glücksspiel, Hehlerei, Betrug. Das Viertel war verrufen. Hier gab es viele billige Kaschemmen, finster aussehende Gestalten, die billigsten Huren hatten hier ihren Stammplatz.

Die Stadtmauer fiel, die Stadt wurde größer. Doch das »Scheunenviertel« hatte seinen schlechten Ruf weg.

Dort wo Kaschemmen und Hurenhäuser standen, wollte der brave Bürger nicht leben. Deshalb waren die Mieten äußerst niedrig, die Häuser in verwahrlostem Zustand, die Straßen verdreckt. Hier wohnten zumeist Arbeitslose, Haftentlassene, kinderreiche Familien, Flüchtlinge und Juden aus Galizien, Rußland, Rumänien.

Im Scheunenviertel war es nichts Außergewöhnliches, daß bis zu acht Personen in einem Zimmer hausten. Das ihnen gehörende zweite Zimmer hatten sie an eine Hure vermietet, damit wenigstens die Miete gesichert war.

Wer von den Anwohnern Glück hatte, ging einer Arbeit als Tagelöhner nach, sammelte Pferdeäpfel auf oder leerte Jauchegruben.

Die Fassaden der Häuser waren zwar im prächtigen Wilhelminischen Stil gebaut, aber vom ersten Hinterhof an – und es gab bis zu acht Hinterhöfen – waren es triste graue Blöcke.

Um 1850 gab es im Scheunenviertel laut offizieller Zählung lediglich acht bürgerliche Familien. Der Rest waren Zuhälter, Kuppler, Kartenmädchen, Glücksspieler, Betrüger, zwischen denen arme Ostjuden ihr Leben durch Betteln, An- und Verkauf, Waschen, Bügeln und allerlei Trödelhandel zu fristen versuchten.

Aus jener beim Bürger übelbeleumdeten Gegend nun kam der Hinweis zum Mordfall an dem Nachwächter Braun.

Das Ehepaar Heinze lebte in einer billigen Wohnung im Scheunenviertel. Dünne Wände, kleine dunkle Räume, Außenklo. Enge Gassen, Jauche, die durch den Rinnstein floß, keine angenehme Umgebung. Die beiden hatten oft Streit. Dann lauschten die Nachbarn begierig, was bei den Heinzes geschah.

Wochen nach der Tat im Invalidenpark drangen wütende Stimmen aus ihrer Wohnung. »Braunscher Mörder!« keifte die Frau. Und er, nicht faul, schrie zurück:

»Deine Kohlrübe muß auch runter!«

Die Nachbarn verständigten umgehend die Polizei, die dann auch gleich in großer Besetzung anrückte. Das Ehepaar wurde »in Eisen gelegt«, was bedeutet, daß um Hals, Hände und Füße Eisenringe geklammert wurden, an denen Ketten befestigt waren.

Bei einer Wohnungsdurchsuchung fand sich im kalten Herd verstecktes Diebesgut, das noch nicht zum Hehler geschleppt worden war. Außerdem stellte sich nach kurzem Verhör heraus, daß sowohl die Frau als auch die Tochter der Prostitution nachgingen.

Während der im Präsidium am Alexanderplatz geführten Verhöre brach dann aus den beiden ihre ganze Verbitterung über das verpfuschte Leben heraus. Herrmann Heinze, von Beruf Töpfer, gab seiner um Jahre älteren Frau die Schuld daran, daß er ihr Zuhälter geworden sei, die Dame hingegen fühlte sich durch das Lotterleben ihres Gatten zum unsoliden Lebenswandel genötigt. Wie auch immer: Es ist davon auszugehen, daß die beiden ihren letzten Ehekrach lange bereut haben. Denn ohne ihn wäre es nie zur Aufklärung des Verbrechens gekommen.

In der Tatnacht hatte sich der arbeitslose Herrmann Heinze aufgemacht, seinen »Geschäften« nachzugehen: Einbrüche. Heinze hatte sich in dieser Nacht bereits an einigen Schlössern versucht. Ergebnislos. Weder seine Dietriche noch der Kuhfuß hatten Wirkung gezeigt. Zuletzt wurde er durch das wütende Bellen eines Hundes von einem Geschäft vertrieben. Ärgerlich machte er sich auf den Heimweg. Dazu mußte er durch den Invalidenpark.

Hier kam es dann zu der schicksalhaften Begegnung. Der Nachtwächter war dem glücklosen Einbrecher begegnet, hatte ihn wohl auch erkannt – immerhin lebte man im selben Bezirk, und Braun hatte in Ausübung seines Amtes hin und wieder auch diese oder jene Kaschemme betreten …

Niemand weiß, warum Heinze zugeschlagen hatte. Einen Grund dafür gab es eigentlich nicht. Er hatte keine Beute bei sich, und von Braun wäre keine Gefahr ausgegangen, denn wer wollte ihm einen Strick daraus drehen, daß er nächtens im Invalidenpark spazierenging? Vielleicht war er einfach nur durchgedreht, vielleicht hatten die ständigen Geldsorgen, das ewige Nörgeln der Frau, die Hoffnungslosigkeit seines Lebens ihn plötzlich rot sehen lassen.

Nach der Tat war Heinze nach Hause gegangen, hatte sich ins Bett gelegt und geschlafen …

Die Vermutung der Polizei, die sie bei der Besichtigung des Tatorts hatte, nämlich daß es sich beim Täter um einen einfach strukturierten, um nicht zu sagen äußerst primitiven Menschen handeln mußte, wird wohl durch nichts so gut bestätigt, wie durch eben diese Tatsache.

Der Prozeß Heinze schlug hohe Wellen. Vor dem Strafgericht Moabit kam zur Sprache, was bis dahin keinen wirklich interessiert hatte: »das Milieu«, aus dem die sogenannte Unterwelt stammte. In den Zeitungen gab es lange Artikel über die »Verderbnis der niederen Klasse«, über »unmoralische Zustände« und Sittenverfall.

Abgeordnete und Presse verhielten sich, als habe es niemals Prostitution und Bordelle gegeben. Aus dem Fall »Mord am Nachtwärter Braun« wurde schnell ein Sittenskandal.

14

Beim Prozeß gegen die Heinzes wurde sogar die Öffentlichkeit wegen »Gefährdung der Sittlichkeit« ausgeschlossen. Es herrschte Aufruhr, und wie mit einem gewaltigen Streich wurden sämtliche Menschen, die im Scheunenviertel lebten, zu Kriminellen, Asozialen und Gesindel erklärt.

Als die Stimmung gegen das Milieu, aus dem die Heinzes stammten, immer heftiger wurde, kam es zu einem folgenschweren Treffen.

In einer Spelunke des Scheunenviertels, der *Schnurrbartdiele*, in der Straße An der Königsmauer, trafen sich mehrere Herren zu einem längeren Gespräch. Thema war die Selbstverständlichkeit, mit der Diebe, Hehler, Zuhälter, Kleinkriminelle und Haftentlassene für amoralisch erklärt wurden; Thema war auch die Not der Menschen, die aus der Haft kamen und mittellos auf der Straße standen. Oft genug wußten sie nicht wohin, wären verhungert, wenn sie nicht die Hilfe ihrer Ex-Haftkollegen erhalten hätten. Oder sie mußten sich wieder durch Diebstahl und Raub ernähren. Ein Teufelskreis. Vor diesem Hintergrund und ausgelöst durch die im Gefolge des Falles Heinze aufgetretene »Moraldiskussion« wurde in der *Schnurrbartdiele* im Jahre 1890 der erste »Reichsverein ehemaliger Strafgefangener« gegründet, der sich dann 1891 offiziell konstituierte.

Es war die große Zeit der Vereine im Deutschen Reich. Ständig wurden neue gegründet. Der »deutsche Mann« war organisiert und zeigte so seine vaterländische Gesinnung. Der »Reichsverein« fiel deshalb zu Anfang nicht weiter auf, obwohl es das noch nie gegeben hatte, daß sich Ex-Häftlinge zu einer solidarischen Vereinigung zusammenschlossen, denn um Mitglied im »Reichsverein ehemaliger Strafgefangener« zu werden, mußte man vorbestraft sein. Von vornherein war damit nicht nur das gemeinsame Interesse, sondern auch die gemeinsame Basis festgelegt.

Man traf sich nunmehr regelmäßig, und der Strom derer, die zur *Schnurrbartdiele* pilgerten, sich dort Hilfe in ihrer oft ausweglosen Lage erhofften, war enorm.

Natürlich wollte man sich untereinander helfen. »Denn die Armut war sehr groß und jeder mußte wissen, wie er … langkommt ... Aus der Armut ist die Situation gekommen mit dem Verein«, erklärte ein Vereinsmitglied.

Doch welche Art Unterstützung konnte der Verein überhaupt leisten? Die meisten Mitglieder nagten selber am Hungertuch.

Der Weg ging über Kontakte. Man hatte Freunde, Bekannte, die in Kneipen saßen oder eine Arbeit als Kellner hatten. So hörte man, in welcher Gaststätte ein Toilettenmann, ein Rausschmeißer oder ein Gläserspüler gesucht wurde. Der Verein versuchte dann, zwischen Gastwirt und Arbeitsuchendem zu vermitteln und dem Wirt, der oft genug aus dem gleichen Milieu wie die Mitglieder kam, die Vorteile des Suchenden deutlich zu machen. Das »Gastronomiegewerbe« bildete eine sichere Stütze des Vereins, war aufs engste mit dem »Milieu« verbunden. Hier gab es Kellner, Spucknapfleerer, Zapfer, Rausschmeißer – deren derbe Tätigkeit oft mit dem eleganten Begriff »Geschäftsführer« umschrieben wurde – lauter Arbeiten, für deren Ausübung man keinerlei Ausbildung benötigte und die daher auch für Menschen aus dem »Milieu« durchführbar waren.

Will man amtlichen Statistiken folgen, so gab es Mitte des 19. Jahrhunderts in Berlin ungefähr zehn Prozent Straftäter, dazu rechnete man auch die Personen, die freigesprochen worden waren. Auch Bettler, Obdachlose, Vagabunden und Herumtreiber, im ganzen etwa 10 000 Personen, wurden mitgezählt. Daneben gab es 34 000 auffällig gewordene Bürger, die durch ihr Verhalten die Obrigkeit in Frage gestellt hatten. Ein großer Teil von ihnen kam nach der Strafverbüßung in der Gastronomie unter.

Die Vorzüge, Arbeitskräfte aus dem Verein anzunehmen, lagen auf der Hand. Denn die Mitglieder hatten sich verpflichtet, keine Schlägereien anzufangen und sich »anständig«, das heißt bürgerlich, zu verhalten. In den Gefängnissen und Zuchthäusern war ihnen drakonisch vor Augen geführt worden, als was sie die Gesellschaft ansah: Abschaum. Und noch bestand wohl bei manchem der Wunsch, ein geachteter Bürger zu werden ...

Das mag sicherlich für viele eine große Umstellung gewesen sein. Aber die Spielregel sagte, wer eine Prügelei beginnt, wird rausgeworfen und kann nicht mehr auf die Unterstützung des »Reichsvereins« hoffen.

Eine weitere Spielregel gab sich der Verein. Die Mitglieder hatten in der Öffentlichkeit nicht unangenehm aufzufallen. Das hieß: Nicht im geschlossenen Raum auf den Boden spucken, sich immer sauber kleiden, auf Rasur und Haarschnitt achten.

Außerdem durfte nur Mitglied werden, wer auch bei seinen ehemaligen Straftaten nicht gegen eine bestimmte Moral verstoßen hatte. Nicht toleriert wurden Sexualdelikte und Mord. Jeder konnte stehlen, hehlen, ein Mädel auf der Straße haben; der Juwelier betrog seine Kundschaft ebenso wie der Politiker oder Bäcker; Reichtum anzuhäufen war legitim. Sexualtdelikte allerdings waren das Niederste was es gab, sie bedeuteten Enthemmung und Verrohung. Beim Mord verhielt es ebenso.

Das Mitglied mußte also ein »sauberer Junge« sein, der sich an gewisse Ehrbegriffe und Spielregeln hielt.

Der »Reichsverein« unterschied sich allerdings in vielem von den anderen Vereinen der damaligen Zeit. Er war im Kiez, im Bezirk, verankert, lebte in diesem Bereich und hatte keine anderen Pläne, als zu überleben. Seine Mitglieder hatten ein gänzlich anderes Verhältnis untereinander als die Vereinsbrüder der Dackel-, Kaktus- oder Gesangsvereine. Nicht nur das gleiche Milieu, auch die gemeinsame Erfahrung schweißten sie zusammen. Sehr oft hatten sie zwei, drei und mehr Jahre in den Haftanstalten auf allerengstem Raum zusammenleben müssen. Essen, Schlafen, die Notdurft, alles geschah unter den Augen der Zellengenossen. Immer erlebte man die ungeschminkte Wahrheit seines Nächsten, ganz gleich ob er Liebeskummer, Ehesorgen, Trauer oder Sehnsüchte zeigte. In den Jahren der Haft lebte man oft enger zusammen als ein Ehepaar. Das brachte sie einander nah. Erfahrungen, die kein wohlanständiger Bürger je hatte, konnten im Verein geteilt werden.

Versuche innerhalb der Gaunerwelt, sich zu organisieren hatte es schon vorher gegeben. Um 1750 spricht man zum Beispiel in einem Polizeibericht von »verbrecherischen Individuen«, die in »Collektivform« auftreten, und bereits bei den im 17. Jahrhundert auftauchenden »Kracherfahrern« ist eine gewisse Organisation zu erkennen. Aus Baumkronen sprangen sie auf vorbeifahrende Postkutschen und durchschnitten die Gurte, die das Gepäck hielten. Die Beute wurde anschließend von Komplizen eingesammelt und an Hehler veräußert. Daß solche Aktionen Absprachen voraussetzten, liegt auf der Hand. Verbindungen dieser Art waren jedoch sehr lose; weitaus festerer Zusammenhalt läßt sich da bei den Bettlern erkennen. Schon sehr früh versuchten sie, sich gegenseitig zu unterstützen. Das geschah durch sogenannte »Zinken«, eine Zeichensprache, die nur Eingeweihte kannten. Von Bettlern für Bettler wurden sie an Hauswänden, Türpfosten oder Fensterbänken hinterlassen und gaben dem Nachfolgenden wichtige Informationen: »Achtung! Hier droht Gefängnis!«, »Hier kann Gewalt beim Betteln angewendet werden!«, »Vorsicht! Der Hausbesitzer ist brutal!«, »Bissiger Hund!«, »Heuchle Frömmigkeit«. Diese Symbolik läßt auf Absprachen schließen. Eine weitere Gemeinsamkeit hatte sich im Laufe der Jahre zwischen Bettlern, Dieben und Hehlern herausgebildet: die Gaunersprache, das sogenannte Rotwelsch, ein Außenstehenden völlig unverständliches Sprachgemisch, bildete die Ebene, auf der man untereinander kommunizieren konnte, ohne Gefahr zu laufen, von fremden Ohren belauscht zu werden.

So stammt der Ganove vom jiddischen »Ganev«, ebenso wie die »Schore«, das Diebesgut, mit dem »Reibach«, Gewinn gemacht wurde. Dazu hatte der »große Drücker« den Einbruch »ausbaldowert«, ausgekundschaftet und zwar »schmuße betuke, damit Palmer nichts hört«, ganz leise, damit die Stadtwache ihn nicht hören konnte. Sonst hätte der Mann »geseiert«, geschrien, und man hätte nichts »abkaspern«, abräumen können.

Kontakte, Verständigungsebenen innerhalb der Gaunerwelt hatte es also schon lange gegeben, eine offizielle Vereinigung jedoch noch nie.

Der Fall Herrmann Heinze war aber nicht nur Aufhänger für die Gründung des ersten »Reichsvereins ehemaliger Strafgefangener«. Er sorgte auch anderweitig für Aufregung.

Die konservative Presse, die sich allgemein über den Verfall moralischer Werte, der solcherlei Verbrechen erst ermöglichte, erregte, gab all jenen die Schuld an den losen Sitten, die nicht »christlich-germanisch-kaiserlich« dachten. Das waren nach ihrer Einschätzung vor allem Schauspieler mit ihren für damalige Begriffe »sittenlosen Auftritten«, das waren aber auch Literaten, die in ihren Schriften von Liebe und Freiheit schrieben, oder Maler und Bildhauer, die Schamloses zur Schau stellten.

Der Prinz von Ahrenberg, Abgeordneter im Reichstag, brachte 1892 sogar die »Lex Heinze« ein, einen Verschärfungsvorschlag des Kuppelei- und Sittenparagraphen. Nach dieser Vorlage hätte jedes Theaterstück, jedes Buch, jede Schrift als »unmoralisch« abgewertet werden können. Sogar Goethes »Wilhelm Meister« wurde durch den Abgeordneten Spahn als »unsittlich« denunziert. Immer wieder wurde die »Volksseele«, die »religiöse Weltanschauung« als Argument bemüht. Das »Böse der Unzucht« sollte radikal ausgemerzt werden. Wer auch immer gegen solches Ansinnen Sturm lief, galt als »Dirnenfreund« und »Kamerad der Zuhälter«.

Bei all diesen Erörterungen widmete man sozialen Zusammenhängen keine Aufmerksamkeit.

Lediglich der Abgeordnete August Bebel kritisierte im Abgeordnetenhaus die verlogene Moral und mahnte, an die Ursachen der Prostitution zu denken, und der Dichter Arno Holz kommentierte die Vorgänge in der Zeitschrift »Blechschmiede« auf seine Art:

> Seine Zähne knirschen, ihre Augen brechen,
> weiter verbietet mir leider zu sprechen
> die noch immer drohende Heinz'sche Lex –
> darum Gedankenstrich und Klecks!

Am 26. April 1898 kam es dann zu einer zweiten Debatte, in der man über den Umweg eines neuen Kuppeleiparagraphen die Freiheit der Kunst per Gesetzesvorlage einzuschränken versuchte. In etwas abgeschwächter Form trat dieser Paragraph dann schließlich am 1.1.1900 in Kraft.

Da hatte der zu einer Freiheitsstrafe von vierzehn Jahren

19

Gaunerzeichen

»Achtung! Hier droht Gefängnis!«

»Hier kann Gewalt beim Betteln angewendet werden!«

»Vorsicht! Der Hausmeister ist brutal«

»Tritt als kranke Person auf, und es gibt eine Milde Gabe!«

»Heuchle Frömmigkeit, und es wird gespendet!«

»Hier lohnt Diebstahl!«

»Hier gibt es Bargeld!«

»Bissiger Hund!«

»Die Leute lassen sich einschüchtern.«

Zuchthaus verurteilte Dieb und Mörder Heinze gerade mal acht Jahre Zuchthaus hinter sich gebracht.

Seine Frau hatte im selben Prozeß im September 1892 wegen Kuppelei, Hehlerei und Mitwisserschaft zehn Jahre bekommen.

Heinze wurde 1907 aus dem Zuchthaus Sonnenburg entlassen und bekam die Erlaubnis, einen anderen Namen zu führen. Frau Heinze ging nach der Haft wieder ihrem alten Gewerbe nach.

Der »lahme Karl«

Polternd schlugen die beiden hölzernen Krücken auf den Boden. »Mist«, fluchte der »lahme Karl«. Er hielt sich sein Kreuz beim Bücken. Nein, Spaß machte es nicht, bei solchem Wetter betteln zu gehen. Kindsköpfe regnete es. Da konnte man schon am Leben verzweifeln.

Mühsam schleppte sich der »lahme Kerl« an das Emailbekken in der Ecke des Zimmers. Er spritzte sich ein paar Tropfen Wasser in das unrasierte Gesicht. Das mußte reichen. Keinesfalls wollte er zu reinlich aussehen. Elend hat verdreckt zu sein. Das regte die Leute an, ein bißchen mehr Anteil an seinem bitteren Schicksal zu nehmen. Aber geizig war die Welt geworden. Trotz wirtschaftlichen Aufschwungs. Wahrscheinlich sparten alle für die große Silvesterfeier. Bis dahin dauerte es zwar noch zwei Jahre, aber diesmal würde es dafür einen schönen Batzen kosten. Immerhin ging es um eine Jahrhundertwende. Sollen sie feiern, dachte der »lahme Karl«, er würde arbeiten müssen. Mit einem Seufzer erhob er sich vom Bett, auf das er sich gesetzt hatte. Der Herbst 1898 war bitterkalt. Es wäre vielleicht besser, eine doppelte Lage Fußlappen zu verwenden. Die zerlumpte Hose und das zerrissene Hemd ließen ihn erbarmenswürdig aussehen. Seine Behausung in der Markgrafenstraße 62 sah nicht weniger schäbig aus. Aber immerhin, er hatte ein Zimmer. Jetzt noch den alten schweren Armeemantel um die Schulter geworfen und der »lahme Karl«

war ausgehfertig. Eigentlich konnte er sich nicht beklagen. Seit er im »Sportklub Deutsche Kraft« gleich zur Gründung 1895 eingetreten war, ging es ihm besser. Der »lahme Karl« mußte lächeln. Von wegen Sportklub.

Mittlerweile schossen ähnliche Vereine wie die Pilze aus dem moddrigen Boden. Der Klub »Königstadt 1898«, der Verein »Glaube-Liebe-Hoffnung«, der »Männergesangsverein Nord«, die »Nordpiraten«. »Deutsche Kraft« aber war der größte von allen.

Der »lahme Karl« schleppte sich an seinen Krücken aus dem Haus und ging, so gut es als Krüppel eben ging, zum Kurfürstendamm. Hier war sein Revier, zugewiesen von seinem Verein, auf den er stolz war. Während er es sich auf seinem Platz neben einem Kaufhaus bequem machte, überlegte er, ob er an alles gedacht hatte. Doch, hatte er: Die Bettdecke lag auf dem Bett und hielt es noch ein wenig warm, ein paar Scheiben Brot hatte er auch hinterlassen, und der billige Kaffeersatz stand auf dem Ofen. Der »Italiener« würde wahrscheinlich wieder das meiste stehenlassen. Er bekam oft genug seine Mahlzeit von begüterten Frauen.

Eigentlich mochte der »lahme Karl« so einen öligen Menschen wie den »Italiener« nicht. Dessen Haare waren ihm zu pomadisiert, der Schnäuzer zu ordentlich rasiert und die feine Masche, mit der der »Italiener« auftrat, behagte ihm nicht.

Aber trotzdem war er ein guter Kumpel. Nicht umsonst teilten sich die beiden Männer Zimmer und Bett. Arbeitsteilung sozusagen. Wenn der »lahme Karl« am Abend nach Hause kam, stand der »Italiener« gerade auf und verließ kurz danach die Wohnung. Man sparte Miete und Bettflasche. Wie er war der »Italiener« bei »Deutsche Kraft«. Vorher war er ein raffinierter Betrüger gewesen. Jetzt hatte er umgesattelt. Statt Talmi und falsche Goldtaler brachte er sich selbst an den Mann, besser: an die Frau. Im Grunde war er ein Heiratsschwindler. Das gefiel dem »lahmen Karl« nicht sehr. Mit den Gefühlen einsamer Offiziers- und Beamtenwitwen zu spielen, nein, nichts für ihn. Er liebte sozusagen mehr die redliche Arbeit. Betteln war auch Arbeit. Was man alles dazu lernen mußte! Die richtige unterwürfige Körperhaltung, den schuldvollen Gesichtsausdruck und den dankbaren ebenso.

»Gott wirds danken«, murmelte er einer Passantin zu, die ihm zwei Pfennige vor die Füße geworfen hatte.

Zum Glück hatte er seinen Verein, sozusagen seine Familie. Als alter Zuchthäusler, der mehr als fünf Jahre gebrummt hatte, wußte er diese Tatsache zu schätzen.

Wenn man überlegt, welchen Aufstand der »Italiener« mit seinen lächerlichen zwei Emmchen Zuchthaus machte. Der »lahme Karl« schüttelte brummig den Kopf. Der »Italiener« konnte sich wirklich nicht beklagen. Nur gut, daß das hohe Gericht ihm nicht hatte nachweisen können, daß er nebenbei noch Zuhälter war. Drei Mädels hatte der »Italiener«. Eigentlich hätte er nicht nötig gehabt, noch arbeiten zu gehen. Aber was ein rechter Mann ist, hatte der »Italiener« erst neulich wieder im Verein gemeint, der kann sich nicht so einfach von seinen Mädels ernähren, der braucht auch eine echte Aufgabe. Und so wurde er Heiratsschwindler. Das Zeug dazu hatte er. Die Damen, mit denen er zu tun hatte, waren wenigstens nicht so ordinär wie die »Leierkastenguste« oder die »kesse Rosa«.

Dem »lahmen Karl« war all das egal. Der Tag war kalt, der Wind schneidend und der Boden naß. Die Passanten eilten an ihm vorbei, gaben immer weniger. Nur gut, daß er durch »Deutsche Kraft« stets neue, satte Aufträge bekam. Als Schmieresteher, Aufpasser bei Einbrüchen. Aber auch das Betteln war wichtig. Hier hatte er guten Überblick, plauderte mal mit dem Bäcker, mit einem Laufburschen, mit einem Geschäftsmann, der in der Nähe seinen Laden hatte. So erfuhr der »lahme Karl« immer das Wichtigste vom Tage. »Information ist alles«, hatte erst neulich der Vorsitzende von »Deutsche Kraft« betont. Recht hatte er! Der Bettler wurde durch eine Stimme hochgeschreckt. »Na Männeken, alles in Ordnung?«

Vor ihm stand Waldemar Hardies, der »Pipel«, ein Vereinskollege. »Sollst nicht Männeken sagen«, meinte der »lahme Karl«.

»Schon gut, was ich sagen will, es gibt Neuigkeiten. Der Dachverband ist sicher. Morgen haben wir Sondersitzung.«

Na also, war es doch gelungen, die Berliner Unterweltsvereine unter ein Dach zu bringen. Eine richtige Organisation wurden sie. Darauf konnte man schon stolz sein.

Der »Pipel« verabschiedete sich. Er hatte nicht viel Zeit. Seit Jahren schon war er als Polizeispitzel tätig. Zumindest glaubte das die Schupo. Von wegen Spitzel. Der »lahme Karl« kicherte. Der »Pipel« war ein sauberer Junge und verriet keinen. Aber weil die Greifer vom Alexanderplatz glaubten, er wäre ihr Spitzel, hörte er von ihnen immer wieder Interessantes. Das bekam postwendend der Vorsitzende von »Deutsche Kraft« zugesteckt. Man hatte ja seine Ehre.

Der Abend dämmerte heran. Für den Bettler war es Zeit, nach Hause zu gehen. Mühsam erhob er sich, packte die beiden Krücken fest unter die Achseln und schlurfte zurück in die Markgrafenstraße.

Der »Italiener« begrüßte ihn, bereits mit einem blütenweißen Hemd bekleidet. »Na, gute Geschäfte gehabt?«

Der »lahme Karl« sagte nichts. Erst mal schmiß er die verhaßten Krücken beiseite. Polternd fielen sie hinter den Stuhl.

»Und jetzt Sport!«, schnaufte er und übte sich in mehreren tiefen Kniebeugen. Er streckte mal das eine, mal das andere Bein, ging in die Grätsche und in die Hocke. Seit er den Bettler, den »lahmen Karl« spielen mußte, konnte er nicht anders, als immer wieder etwas Sport zu treiben. Heimlich natürlich. Damit sich kein Nachbar wunderte, wieso der »Krüppel« wie durch ein Wunder plötzlich gehen konnte.

Erst jetzt klaubte er die Groschen und Pfennige zusammen und zählte sie. Plötzlich heulte er wütend auf. »Was für ein mieses Volk! Diese verdammten Heuchler haben mir heute schon wieder drei Knöpfe untergejubelt. Herzloses Pack!« Wütend schmiß er die Hemdknöpfe aus dem Fenster. »Ist doch wahr«, murmelte er, »als wenn Betteln nicht 'ne ehrsame Tätigkeit ist, die ihren Preis hat.«

Brüder, die zusammenhalten

Sechs Jahre waren seit jenem denkwürdigen Treffen in der *Schnurrbartdiele* vergangen. Heinze saß von der Welt vergessen im Zuchthaus Sonnenburg, die Gebeine des Nachtwächters Braun waren längst vermodert, und nur dieser oder jener Beamte vermochte sich noch an den Mord im Invalidenpark zu erinnern. Der »Reichsverein ehemaliger Strafgefangener« aber erfreute sich allgemeinen Zulaufs. Seine Erfolge hatten sich wie ein Lauffeuer herumgesprochen. Immer mehr Haftentlassene drängten in die Gemeinschaft.

Aber wer in Moabit wohnte, der konnte nicht immer nach Berlin-Mitte kommen, um in der *Schnurrbartdiele* seine Probleme darzulegen, die man dort womöglich gar nicht klären konnte. Was lag näher, als in den verschiedenen Stadtteilen gleiche Vereine zu gründen. Nicht als Konkurrenz, sondern als Ergänzung.

Im Jahr 1898 gab es bereits zwölf solcher Vereine.

Die Zersplitterung barg aber auch die Gefahr der lokalen Borniertheit. Wer nicht über den Tellerrand des Stadtbezirks hinaussehen wollte, der konnte natürlich auch nie so richtig wirksam werden.

Und so kam man sehr schnell auf das Naheliegendste: Man war nur dann stark, wenn man gemeinsam handelte, sich in wichtigen Entscheidungen einer oberen Instanz unterwarf. So gründete man zwei Jahre vor der Jahrhundertwende den Dachverband »Ring Berlin«, ein Zusammenschluß aller Berliner Ganovenvereine.

Der Begriff Ringverein geht nicht darauf zurück, daß viele Boxer und Ringer Mitglieder waren. In den Haftanstalten wurde viel Wert auf gesunde Lebensweise und damit auf Sport gelegt. Aber es war keinesfalls ein Ringerverein, sondern ein Verband, ein Bund, eine ringförmig zusammengeschlossene Vereinigung.

Dieser Dachverband gab sich dann auch im gleichen Jahr Statuten, die für alle Ring-Vereine gültig waren.

Im Vorstand des »Rings« saßen die Vorstände der einzelnen Vereine, so daß aller Interessen vertreten wurden. Dieser Vorstand wurde nicht etwa demokratisch gewählt. Genommen wurde nur der Beste, der »Stärkste«, der über die größten körperlichen und geistigen Kräfte verfügte. Angehörige des Vorstands taten sich in der Regel nicht mehr als Diebe oder Räuber hervor, sie waren etwas Besseres geworden. Seine Amtszeit dauerte solange, bis ein besserer kam, der durch einfaches Handheben zum neuen Vorsitzenden bestimmt wurde. Der Ehemalige aber sank nicht in die Niederung eines gemeinen Bruders. Er blieb Ehrenvorsitzender.

Beim Ringverein »Immertreu« war »Muskel-Adolf«, Adolf Leib, von Beruf »Geschäftsführer«, Vorsitzender. Vorbestraft wegen Diebstahls, gefährlicher Körperverletzung, Raufhändel und Bandendiebstahls, war er geradezu prädestiniert, den Verein zu leiten. Der Ehrenvorsitzende Erwin Kläge stand dem bulligen Muskel-Adolf beratend zur Seite.

Um Mitglied in einem Verein zu werden, mußten mehrere Grundbedingungen erfüllt werden, hieß es bereits im ersten »Reichsverein«. Nun wurden die Bedingungen konkretisiert.

Der Bewerber mußte wenigstens zwei Jahre Zuchthaus abgesessen haben. Die Zahl war nicht willkürlich. Denn Zuchthaus gab es nicht unter zwei Jahren. Zuchthaus bekam ein »schwerer« Junge oder ein mehrfach Vorbestrafter. Zum Nachweis mußte er die Entlassungspapiere vorlegen. Waren die nicht mehr vorhanden, gab es immer noch befreundete Polizeibeamte. Die hatten intern die Angaben der Bewerber durch Nachfragen in den jeweiligen Zuchthäusern oder Polizeistationen zu überprüfen, mußten sich hin und wieder auch die Akten kommen lassen, um herauszufinden, ob der Bewerber »sauber« war, also niemanden verpfiffen hatte. Das Ergebnis erfuhr dann der jeweilige Vereinsvorstand.

Der Bewerber durfte, wie auch schon im »Reichsverband« gefordert, weder wegen Mordes noch eines Sexualdelikts in Haft gewesen sein. Er mußte außerdem zwei Bürgen vorweisen, die Mitglieder des Vereins waren. Folglich mußte er bereits einige Zeit im Milieu bekannt sein. War alles in Ordnung, kam die Probezeit. Er wurde beobachtet. Bei Einbrüchen wurde er als Schmieresteher, bei Sitzungen als Aufpasser mitgenommen. Nach drei bis vier Wochen, wenn alles glatt lief, kam die feierliche Aufnahme in den Verein. Dazu erschienen alle Mitglieder in Frack und Zylinder. Der Vorstand, bestehend aus Vorsitzendem, Kassierer, Schriftführer, trug die Vereinsschärpe um Brust und Schulter. Auf dem Tisch stand der Vereinswimpel. In einer Ecke die meist reich bestickte Vereinsfahne. Beim Verein »Immertreu«, der 1919 gegründet wurde, lautete die Inschrift:

Laß Neider neiden, Hasser hassen,
Was Gott uns gönnt, muß man uns lassen.

Und auf der Rückseite hieß es: »Einigkeit macht stark.«

Zu Sitzungsbeginn erhoben sich alle und sangen das Vereinslied »Ja, wir sind Brüder«. Nun wurde an die versammelten Mitglieder die Frage gerichtet, ob jemand Einspruch gegen die Aufnahme des Probanden erheben wolle. (Ob dies je der Fall war, ist nicht bekannt.) Vor mit brennenden Kerzen bestückten Kandelabern mußte der Kanditat feierlich schwören, niemals etwas zu verraten, insbesondere nicht, was im Verein besprochen wird, weiterhin die Ehre des Vereins jederzeit hochzuhalten, keinen Streit im Verein anzufangen und dort auch keine »krummen Dinger« zu drehen.

Nach Ablegung des Eides, der bis zum Tode galt, auch wenn der Betreffende kein Mitglied mehr sein sollte, wurden ihm die Statuten eröffnet.

Diese Statuten waren in Einzelheiten von Verein zu Verein zwar unterschiedlich, in den entscheidenden Punkten aber ähnelten sie sich alle.

Die Förderung der Freundschaft und Geselligkeit unter den Mitgliedern, die Unterstützung in Krankheits- und besonderen Notfällen und die Unterstützung im Todesfalle standen als Vereinsziele ganz vorn.

Jedes Mitglied war verpflichtet, für die Ehre des Vereins nach Kräften zu wirken.

Besondere Ehrenpflicht war es, zur Beerdigung eines Vereinskollegen zu erscheinen.

Das Zeichen des Vereins war eine Vereinsnadel, und wer »in trunkenem oder aufgeregtem Zustand leichtsinnig mit seiner Vereinsnadel umgeht, wird mit 10 Mark in Strafe genommen«.

Und dann, ganz deutscher Verein: »Jegliche politischen und konfessionellen Bestrebungen sind ausgeschlossen! Das Mitbringen von Hunden ist verboten!«

Diese bürgerlichen Statuten, die so oder ähnlich bei jedem Gesangsverein hätten durchgehen können, bildeten nur den Rahmen, sozusagen die äußere Legitimation. Viel wichtiger für die Ziele, die Strukturen und die Rechte und Pflichten der Mitglieder waren die Geheimstatuten.

Diese sind wörtlich nicht überliefert, inhaltlich aber durch einen noch heute lebenden »Ringbruder« vermittelt worden.

In diesen bis zu 27 Seiten umfassenden Statuten wurde geklärt, daß sich der Verein »zum Ziel gesetzt« hatte, die Wirtschaft des Landes zu beeinflussen – durch Expansion der eigenen Geschäftsbasen wie illegale Spielclubs, Bordelle, Wettbüros und Hehlerumsatzplätze, durch den Kokain- und Morphiumhandel, Schutzgelderpressung, Mädchenhandel und durch Korruption. Genaue Einzelheiten der Geheimstatuten waren nicht mehr ermittelbar, denn wie das Vereinsmitglied Kiefert später sagte: »Das ist im Herzen verschlossen. Auch wenn ich wüßte, ich muß sterben. Dann könnte ich nicht drüber sprechen, weil wir da einen heiligen Eid drauf geschworen haben.«

Die »Förderung der Freundschaft und Gesellligkeit« bestand aus regelmäßigen Sitzungen, mindesten einmal pro Woche. Praktisch traf man sich aber täglich. Die »Fidelitas«, wie eine solche Sitzung unter Hinweis auf den fröhlichen Umtrunk genannt wurde, war Pflicht. Sie fand im Vereinslokal statt. Das Vereinslokal war oft ein Hinterzimmer mit Zweitausgang. Vor der Tür stand immer ein Aufpasser, der die Versammlung warnte, falls Polizei kam. Während dieser Sitzungen besprach man Vorfälle aus dem Alltag. Da beklagte man sich zum Beispiel über das Räuberunwesen an der Jannowitzbrücke. Die Rabauken dort würden die Berlinbesucher vergraulen, aber gerade durch die Touristen mache man gute Geschäfte. Man müsse also was unternehmen. Es wurden aber auch Aufträge durch den Vorstand vergeben.

Die Freundschaft untereinander wurde schon sprachlich bestimmt. Jedes Mitglied war verpflichtet, seinen Vereinskompagnon mit »Bruder« anzureden. Aber es blieb natürlich nicht bei verbalen Freundschaftsbekundungen. Die hätten auch wenig gebracht. Der Nächste war tatsächlich ein Bruder, für ihn hatte man durchs Feuer zu gehen, zumindest aber in den Knast, wenn es sein mußte.

So wie eine große Familie zusammenhält, so wollte man auch im Ring zusammenhalten.

Keine Frage, daß man in Krankheitsfällen das notwendige Arzt- und Medikamentengeld aus der Vereinskasse vorgestreckte, und im »besondere Notfall« konnten sich die Mitglieder immer auf den Verein verlassen.

Da wird zum Beispiel Artisten-Paule durch die Kripo mehrerer Einbrüche verdächtigt. Er ist Familienvater. Für Frau und Kind wäre es ein Härtefall, den Ernährer im Bau zu sehen. Also beschließt der Vorstand, daß Juwelen-Maxe die Sache übernimmt. Der ist Junggeselle und bekommt den Auftrag, einen Bruch zu unternehmen, sich dabei erwischen zu lassen und vor der Kripo ein »Lebensgeständnis« abzulegen. Darin bezichtigt er sich genau der Einbrüche, derer Artisten-Paule verdächtigt wird. Der ist nun fein raus, und Maxe kommt in den Bau. Der Verein aber hat bestimmte Rechtsanwälte zur Verteidigung seiner Mitglieder an der Hand, die natürlich aus der Vereinskasse bezahlt werden. Der Bruder Max ist, trotz Knast, sicher. Er wird Pakete erhalten und geschmuggelten Alkohol in der Zelle haben. Bestochene Justizbeamte werden ihm das Leben im Bau durch eine offene Zellentür, regelmäßiges Baden und längere Besuchszeiten erleichtern. Auch nach seiner Entlassung wird die Unterstützung weitergehen, bis Max wieder auf eignen Beinen steht …

Derartige »Notfälle« waren in den Geheimstatuten aufgelistet.

Mußte ein verheirateter Bruder ins Zuchthaus, so erhielt seine Frau regelmäßig Miet- und Essensgeld, auch ein nötiges Taschengeld war dabei. Selbstverständlich galt dies auch für die Kinder, sofern es welche gab. Solange ihr Ernährer brummte, stand der »Ring Berlin« für ihn gerade. Die Ehefrau wurde allerdings ab und an durch einen Bruder kontrolliert, der »nur mal Tach« sagen wollte. Unauffällig sollte er feststellen, ob etwa die holde Gattin fremdging, während der Mann einsaß. Ein verdächtiges Rasiermesser auf der Konsole, ein Männerhut auf der Ablage? Indiz für den Betrug. Wurde sie erwischt, verlor sie umgehend jegliche Hilfe. So streng waren die Bräuche.

Diese offiziell nicht existierenden Geheimstatuten waren beim Vorsitzenden untergebracht. Er gab sie niemals aus der Hand. Jedem neuen Ringbruder aber wurden sie vorgelesen. Er sollte genau wissen, in was für einen Verein er Mitglied wurde, was ihn dort erwartete und was er erwarten durfte.

Dem Neuling wurde sodann die Vereinsnadel ans Revers geheftet, eine »Auszeichnung, die nicht jeder haben konnte«, so stolz Ringbruder Kiefert. Diese Nadel wurde im Alltag offen getragen, so wußte jeder, wen er vor sich hatte.

Am Ende der Aufnahmefeierlichkeiten wurde dem neuen Mitglied klargemacht, daß der Ring seine eigenen Gesetze hatte. Treue wurde belohnt. Nach einem Jahr Zugehörigkeit bekam das Mitglied einen 36 Gramm schweren Siegelring, nach zwei Jahren eine goldene Uhr, und nach fünfjähriger Zugehörigkeit gab es sogar einen Brillantring. So großzügig man jedoch Loyalität zu belohnen wußte, so unnachgiebig ahndete man Verstöße gegen die Statuten. Je nach Schwere des Vergehens gab es Geldstrafen, den Rauswurf und als schärfste Form den Ausschluß aus dem Verein. In diesem Falle war das ehemalige Mitglied vogelfrei. Jeder andere Bruder konnte ihn umbringen, ohne die Rache des Vereins befürchten zu müssen.

Aber an so etwas dachte im Moment der Aufnahme wohl keiner.

Dafür feierte man lieber, selbst wenn es keine Gründe gab.

Regelmäßig trafen sich die Brüder zu Dampferausflügen, die um die Jahrhundertwende besonders beliebt waren. Man ging gemeinsam Wandern, hatte natürlich die Getränke, Bier, dabei, und wenn solch ein Stoßtrupp von 40 oder 50 Mann in ein Lokal am Weißensee einfiel , dann schlugen bald die Stimmungswogen hoch.

In den kühlen Monaten gab es als Ersatz festliche Bälle – Frühlingsball, Silvesterball und der Gründungsball waren schlagzeilenträchtige Ereignisse und für die ganze Stadt ein Erlebnis.

Diese Bälle fanden in Walterchens Ballhaus, im Ballhaus Bahnhof Zoo, im Haus Vaterland am Potsdamer Platz oder im Tanzpalast Femina in der Nürnberger Straße statt.

Den Gründungsball richtete jedes Jahr ein anderer Verein aus. Tausende von Einladungen mußten verschickt werden. Oft waren es 3000 bis 4000 Gäste, die solch ein Fest bevölkerten.

Die rauhen Brüder von der Ganovenzunft zwängten sich dann in Frack und Smoking. Ihre Damen trugen Abendkleider, viel Schmuck war angesagt. Die Herren protzten mit dicken Brillantringen und goldenen Uhrketten.

Bei solchen Bällen saßen dann am weißgedeckten Tisch der »sanfte Heinrich« neben »Kurtisanen-Hanne«, der »Kavalier-Fritze« neben der »Schnebbenauguste«, »Kalbsauge« plauderte mit »Kohlrübe« und »Kanal-Fritze«; da saßen Zuhälter neben Brillantenneppern, schwer gebaute Schränker, Safeknacker, neben eleganten Taschendieben, und nie gab es Streit untereinander. Der Ton war gedämpft. Die geladenen Gäste wurden nicht angepöbelt. Man unterhielt sich über Gott und die Welt.

Auf solchen Bällen wurden die dicksten Geschäfte gemacht. Da suchte ein Wiener Striezi noch ein paar Mädchen zum Verschub nach Brasilien, da wurden Waffen angeboten und hier und da gab es eine Verabredung zu einem Versicherungsbetrug.

Dieser traditionelle Ball, der zum Beispiel im Saalbau Friedrichshain stattfand, stellt um die Jahrhundertwende selbst die großen gesellschaftlichen Ereignisse in den Schatten. Jeder, der mit der Unterwelt zu tun hatte oder zu tun haben wollte, versuchte dabei zu sein. Es gehörte quasi zum guten Ton, geladen zu sein. Natürlich wurde Musik gespielt. Anfang der 20er Jahre gab es regelrechte Ganovenorchester, die zum Tanz aufspielten. Und der Höhepunkt des Silvesterballs Anfang der 30er Jahre war, wenn der Kriminalkommissar Gennat die Tribüne erklomm, den Taktstock ergriff und das Ganovenorchester dirigierte. Meist wurde dann gespielt »Siehste wohl da kimmt er, lange Schritte nimmt er«.

Das typische Bild vom Ganoven, der schmierig, unrasiert und schmutzig in zerrissenen Lumpen an dunklen Ecken herumlungert und auf ein Opfer wartet, stimmte nicht mehr. Die neuen Vertreter der Unterwelt gaben sich nach außen »pieckfein«, wohlanständig gekleidet. Der Begriff des »Gentlemen-Einbrechers« wurde um die Jahrhundertwende geboren. Die Berliner Straßenkinder liefen den »Zylindermännern« oft hinterher, bewunderten sie, und es gab viele unter ihnen, die auch solch ein »Zylindermann« werden wollten. Der Ringbruder trug nicht täglich den Zylinder, aber es war Straßengespräch, wenn er unterwegs zum Ball, zur Sitzung oder Beerdigung, im Frack auf die verdreckte Straße des Armenviertels trat. Am Heinrichplatz im Bezirk Kreuzberg findet sich heute noch ein Modefachgeschäft für Männer. Es wurde vor 85 Jahren gegründet. Zu dieser Zeit wurde immer wieder in die Geschäfte rechts und links des Herrenkonfektionsladens eingebrochen. Nur in genau diesem einen Geschäft niemals. Der Besitzer war der offizielle Zylinderhersteller der Ringbrüder!

Die »Ganovenehre« wurde hochgehalten. Dieses merkwürdige Konglomerat aus Gradlinigkeit und Ehrlichkeit, (natürlich nur dort, wo es angebracht war), alles bemäntelt mit ein bißchen sozialer Unterprivilegiertheit, gab so was wie den »philosophischen Hintergrund« der Ringbrüder ab, vor dem alles andere ablief und dem sich alles andere unterzuordnen hatte.

Vom ersten »Reichsverein« zum jetzigen »Ring« hatte sich viel gewandelt. Nicht jeder Ex-Häftling hatte ein bürgerliches Leben im Sinn. Weiterhin rauben und stehlen, das große Geld machen, gehörte für viele dazu. Mehr und mehr wandelten sich die Vereine zu ausgesprochenen Verbrechervereinigungen und letztlich, als »Ring«, zu einem Syndikat. Die besten und klügsten Köpfe hatten die Leitung übernommen. Schnell hatte man herausgefunden, wie dienlich ein Syndikat ist. Eine straffe Organisation hat immer die besten Hehler, Diebe, Einbrecher an der Hand, außerdem gute Verbindungen zu Geschäftsleuten. Die ursprüngliche Idee, sich gegenseitig zu helfen und alles zu teilen, trat langsam in den Hintergrund. Noch immer half man sich zwar, aber Ziel des

Vereins war es nicht mehr, einen von der Gesellschaft anerkannten Status für seine Mitglieder zu erreichen, sondern gute Geschäfte zu machen.

Kleider machen Leute

Am Ostersonntag des Jahres 1912 ging der Ringbruder Richard Franke gemütlich spazieren. Er hatte eine nette Bekanntschaft dabei. Gisela, eine zwanzigjährige Eiskunstläuferin, hatte sich in ihn verliebt. Sie bummelten im Westen der Stadt, dem besseren Viertel. Franke fühlte sich ein wenig unwohl. Er hatte nicht viel Geld dabei. Die Geschäfte waren in letzter Zeit nicht gut gelaufen. Anderseits wollte er der Schönheit den Kavalier spielen und nicht als armer Schlucker in Erinnerung bleiben. Und nicht umsonst hatte er die Gegend um die Bayernallee zum Flanieren ausgewählt. Die Wohnung, auf die der Ringvorstand ihn aufmerksam gemacht hatte, gehörte einer betuchten Arztfamilie, die angeblich über die Osterfeiertage verreist war. Eine wirklich feine Gelegenheit, sich das Haushaltsgeld aufzubessern. Zumal in der ärztlichen Wohnung außer Bargeld und Schmuck auch Kokain zu finden sein sollte.

»Ich muß ganz schnell einen Kunden aufsuchen«, behauptete Franke der jungen Frau gegenüber, »es dauert wirklich nicht lange. Wartest du solange im Café?«

Gisela nickte, meinte aber: »Nur wenn es wirklich kurz ist.« Der Bruder tröstete sie und versicherte, in wenigen Minuten wieder zur Stelle zu sein.

Das Café lag im Schatten der Kastanienbäume. Franke begleitete sie höflich bis an den Tisch. Dann beeilte er sich, zu seinem Ziel zu kommen.

An der Wohnungstür in der dritten Etage drückte er den vergoldeten Klingelknopf. Er wartete ein wenig. Doch niemand meldete sich. Abermals schellte er. Wieder blieb hinter der Tür alles ruhig. Erleichtert griff Franke in die Innentasche seiner präparierten Jacke und zog einige Dietriche heraus. Schnell fand er den passenden und öffnete die Tür.

Dann stand er im Flur. Die erste Tür links führte in ein Eßzimmer. Die Wohnung war großzügig geschnitten, das Zimmer hatte breite Fenster; auf dem Boden Teppiche, an den Wänden hingen prächtige Gemälde und Nippes. Der Bruder aber hatte es auf den alten und wuchtigen Sekretär abgesehen, der in einer Ecke stand.

Eine Menge Arbeit wartete auf ihn. Viele Fächer, Türchen und Schublädchen, eventuell mußte er auch nach einem Geheimfach suchen. Doch ohne Fleiß kein Preis, also machte er sich an die Arbeit.

Die Wohnung besaß aber auch einen großen Balkon, den man durch ein Nebenzimmer betreten konnte, das nicht in Sichtweite des Eßzimmers lag. Hier lagen in der Frühlingssonne Berlins die Ehefrau des Arztes und ihr älterer Sohn, um den Tag zu genießen.

Der Tip vom Ring war fehlerhaft!

Irgendwann muß dann wohl die Arztfrau etwas gehört haben. Sie stand auf und ging in Richtung des Zimmers, aus dem sie ein Geräusch vernommen zu haben glaubte.

Als sie das Eßzimmer betrat, hatte Bruder Franke gerade mal die Hälfte aller Fächer geöffnet.

Die Arztfrau schrie »Was tun Sie denn hier?«

Aber der Gentleman-Einbrecher verlor keine Sekunde seine Geistesgegenwart. Er lächelte, deutete eine kleine Verbeugung an und sagte: »Ich wollte Sie besuchen und ›Frohe Ostern‹ wünschen.« Beim letzten Wort hatte er sich bereits umgedreht und war an der verblüfften Frau vorbeigerannt. Als jage ihn der Teufel, stürzte er aus der Tür die Treppe hinab.

Doch die Arztfrau hatte sich schnell von ihrer Erstarrung erholt. Sie rannte auf den Balkon.

Vor dem Haus in der Bayernallee spielte ihr jüngster Sohn mit Freunden. Entsetzt schrie die Frau den Kindern zu: »Da kommt ein Dieb aus dem Haus! Haltet ihn fest!«

Die Straße war belebt, viele Familien machten ihren Osterspaziergang und genossen die ersten Frühlingsstrahlen. Sofort lösten sich aus der Menge zwei Männer. Sie stürmten in das Haus und die Treppe hoch. Mittlerweile war Bruder Franke atemlos im Erdgeschoß angekommen. Sofort hatte er seine Schritte gehemmt und sich zum langsamen Luftholen gezwungen. Ohne Hast ging er die letzten Stufen hinab, als ihm die beiden Männer entgegengestürmt kamen. Sie sahen ihn und versperrten den Weg.

Franke fauchte sie an: »Seid ihr verrückt? Im vierten Stock ist ein Besoffener, der belästigt eine Frau, gerade hole ich die Polizei.« Die beiden Männer sahen in Franke einen gutgekleideten Herren, der mit Anzug und Vatermörder vor ihnen stand. Solch ein gutangezogener Herr konnte nie ein Dieb sein. Also rannten sie die Treppe weiter nach oben.

Eilig, doch ohne Hast, ging der Ringbruder in Richtung Café, in dem Gisela auf ihn wartete. In der Ferne hörte er das Schrillen einer Polizeipfeife. Nun wurde ihm doch mulmig. Wäre er allein gewesen, dann hätte er sich keine Gedanken um seine Flucht machen müssen. Aber mit der jungen Frau an der Seite wurde es schwieriger. Gisela mußte etwas bemerkt haben. »Ist was?« fragte sie, »du machst so ein seltsames Gesicht.«

»Nichts«, beteuerte der Bruder, »ich hatte nur Ärger mit dem Kunden.« Dabei überlegte er fieberhaft, wie er sich weiter verhalten sollte. Die Arztfrau hatte ihn durch die Helligkeit deutlich gesehen. Sie konnte der Kripo eine hervorragende Beschreibung liefern. Und er stand nicht das erste Mal unter Verdacht. Er beschloß, einfach abzuwarten. Den Ostersonntag konnte er mit Gisela verbringen. Die Schupo kam nicht in das Café.

Am Osterdienstag dann bummelte er in der Swinemünder Straße im Wedding. Den Vorfall hatte er fast schon vergessen. Noch mal Glück gehabt! Da stand unversehens ein Schupo vor ihm. »Zeigen Sie mal Ihren Ausweis«, forderte dieser ihn auf. Franke durchfuhr einen Schrecken. Papiere hatte er nicht dabei.

Prüfend ließ der Polizist seinen Blick über Franke gleiten. Vor ihm stand ein elegant gekleideter Herr, der nie und nimmer der gesuchte Wohnungseinbrecher sein konnte. Zumindest sah er nicht wie ein übel beleumdetes Individuum aus. Trotzdem forderte er ihn auf, mit ihm aufs Revier zu kommen.

»Wenn Sie meinen«, gab Franke zu Antwort und begleitete den Schupo. An der nächsten Ecke hatte er seinen Entschluß gefaßt. Für einen Moment stockte er im Laufen und bückte sich. Entschuldigend meinte er zum Polizisten:»Die Schnürsenkel, ich muß sie zubinden.« Der Polizist machte sich keine Gedanken darüber.

Im gleichen Moment bekam er aber auch schon von Franke einen Stoß, daß er wegtaumelte. Nicht weniger schnell war der Ringbruder auf den Beinen und rannte bereits die Straße entlang. Er bog um eine Ecke und verschwand in einem Hinterhof. Dort wartete er, bis er glaubte, daß die Luft rein sei, spähte dann vorsichtig auf die Straße. Keine Polizei zu sehen.

So schnell er konnte, ging er in sein Vereinslokal. Erst dort fühlte er sich wirklich sicher.

Das Amüsiergewerbe

Immer neue »Sport- und Geselligkeitsvereine« waren bis zur Jahrhundertwende gegründet worden. Berlin war groß, genügend Raum vorhanden. Allein der Bezirk Berlin-Mitte untergliederte sich in »Prenzlauer Berg«, »Kreuzberg«, »Jannowitzbrücke« und »Alexanderplatz«. Die Stadt war flächendeckend aufgeteilt. In allen Stadtteilen gab es Vorbestrafte, ob in Schöneberg, Wedding oder Wilmersdorf, überall lebten Ex-Häftlinge.

Doch allmählich wurde die Lage unübersichtlich.

Zu viele neue Vereine waren ins Leben gerufen worden. Der »Ring« machte eine Zäsur. In Absprache mit den »großen Vereinen« legte man fest, daß nur die zehn größten Berliner Vereine zur Dachorganisation »Ring« gehörten. Für die übrigen Vereine wie zum Beispiel »Fidele Brüder«, »Heimatklänge«, »Einigkeit« und »Alt-Rixdorf« wurde eine zweite Organisation gegründet, der »Freie Bund«. Dessen Vorsitzender war der Gastwirt Heinrich Schwendtke. Der »Freie Bund« hatte durchaus die gleichen Statuten wie der »Ring«, war wie er Sammelplatz für alle, die den Schutz einer Dachorganisation suchten. Der Ring aber vereinte die Elite mit den besten Kontakten und erfolgreichsten Geschäften.

Die Anzahl der Vereine war in Berlin bis zum Jahr 1910 bereits auf vierundzwanzig angewachsen.

Die meisten tummelten sich im »Freien Bund«, doch der »Ring« hatte die uneingeschränkte Macht, und die Geschäfte liefen gut.

Wie hoch das Einkommen des Dachverbands war, ist unbekannt. Es dürfte ausreichend gewesen sein.

Bei jedem Einbruch, Diebstahl, Raub, Betrug gab der Bruder seinem Verein die gewünschten sieben bis acht Prozent des Verdienstes in die Kasse. Dazu kamen die Abgaben der Ehrenmitglieder sowie die normalen Mitgliedsbeiträge. Zusätzlich floß durch die Bordelle das größere Geld in die Kasse.

Doch damit erschöpfte sich die Einnahmequelle des »Ring« noch lange nicht. Wettbetrug im großen Stil war angesagt. Es gab jedes Wochenende auf der Dahme oder Havel eine Ruderregatta, bei der die Buchmacher viel zu tun hatten. Zumal oft gut betuchte Leute Wetten abgaben.

Und während die Menschen in Erwartung des Weltuntergangs, der, verursacht durch den Halleyschen Kometen, vom Direktor der Pariser Sternwarte auf den 18. Mai 1910 gelegt worden war, halb spöttisch, halb ängstlich Abschiedspostkarten an ihre Freunde schrieben, plante der »Ring« eifrig für die Zeit danach.

Man mußte schließlich sehen, wo man blieb – und ein zukunftsträchtiger Zweig schien den Experten des »Rings« auf jeden Fall die Vergnügungsbranche. Hier galt es beizeiten einzusteigen, zu investieren. Und so hatten die Brüder bald überall im Berliner Amüsiergewerbe ihre Hände mit im Spiel.

Groß in Mode war der Metropol-Palast. Dorthin schickten die »Apachen«, Zuhälter, ihre besseren Damen. Der Portier kannte sie bereits und half ihnen aus der Kutsche. Er notierte die Nummer des Kutschers und bezahlte ihn. Unterdessen ging die »Dame« zum Amüsement. Mal früher, mal später kam sie mit einem »Kavalier« zurück, der beglich dann beim

Portier die Schulden der Dame. Während die Dame ihren Kavalier später ins Bett zog, horchte sie ihn aus. Hatte er Vorlieben, extreme Neigungen, sonstige Interessen? Ach, der Herr liebte das Kartenspiel? Zufällig kannte die Dame ein »geheimes« Etablissement, in dem der Gent seiner Neigung nachgehen konnte. Doch Betrug lauerte überall. Nicht nur gezinkte Karten und Würfel, die teilweise mit Blei ausgepunktet waren, gab es, es kursierten unter den Gaunern auch mechanische Geräte, die an den Unterarm geschnallt wurden. Dort waren die gewünschten Karten unter dem Ärmel versteckt. Ein Fingerdruck und die Feder der Mechanik löste sich. Die ersehnte Karte sprang dem Glücklichen sozusagen in die Betrügerhand.

Auch sogenannte »Witwenbälle« richtete der »Ring« aus – nur daß die »Witwen« keine Witwen waren. Aber dafür konnte man Orgien feiern, und der Ring kassierte mit.

Doch mit dem Beginn des Krieges änderte sich alles schlagartig.

Viele der Ringbrüder wurden eingezogen und kamen an die Front. Mit Sicherheit haben sich einige durch gute Kontakte und Bestechung dem Militär entziehen können. Doch der große Aufschwung des »Rings« war dahin. Bereits am 11. August 1914 gab es eine erste polizeiliche Bekanntmachung, nach der alle »öffentlichen Tanzlustbarkeiten« verboten wurden. Damit fiel eine Haupteinnahmequelle aus. Die Brüder, die zu Hause blieben, mußten nach neuen Arbeitsfeldern Umschau halten.

Am 15. August, also vier Tage später, kam ein weiterer Erlaß: Frauen, die sich »auffallend und herausfordernd« benahmen, wurden zur Polizeiwache gebracht und zeitweilig in Haft genommen.

Ein mehr als harter Schlag für die Ringbrüder. Das Straßengeschäft war nämlich schon immer ergiebig gewesen.

Doch es kam noch schlimmer. Sämtlichen unter polizeilicher Kontrolle stehenden Damen, den sogenannten Kartenmädchen, wurde das »Betreten öffentlicher Lokale« untersagt ... Dies änderte nichts daran, daß das Gewerbe blühte. Während des Krieges gab es aufschlußreiche Schwankungen bei der Zahl der Huren. Am 1. August 1914 waren 3819

Kartenmädchen registriert. Am 1. Mai 1917 waren es bereits 5969 geworden, und die Zahl stieg kontinuierlich an.

Die Stunde der Improvisation war für den »Ring« gekommen.

Umgehend traf der Ringvorstand, soweit noch vorhanden, neue Maßnahmen. In der ganzen Stadt wurden plötzlich »private Tanz-Zirkel« eröffnet, natürlich mit Bar, Ausschank und Animierdamen. Die Preise waren gepfeffert. So gab es in der Linienstraße im Scheunenviertel den *Katakombenkeller*, in der Auguststraße den *Augustkeller*, aber auch das *Dallas* in der Schönhauser Straße. Diese Amüsierstuben wurden sehr gut besucht. Die geschäftstüchtigen Herren Brüder konnten sich die Hände reiben. Die Gefahr, daß Polizei solch einen »Tanz-Zirkel« sprengte, war sehr gering, denn immerhin waren dies »private« Einrichtungen. Zusätzlich versahen Aufpasser, meist jugendliche Trebegänger, an den Türen ihren Dienst.

Die Brüder von der Jannowitzbrücke, vom Schlesischen Tor und aus dem Scheunenviertel wollten ihren Reibach machen.

An vorderster Stelle ihrer neuen Geschäfte stand bald das illegale »Organisieren« von Fleisch, Butter, Eiern und Fett. Natürlich wurde die Ware zu Wucherpreisen an die Händler verkauft.

Auch der organisierte Diebstahl von Feldpost war ein lukrativer Wirtschaftszweig. Die Brüder hatten keine Skrupel, konnten alles gut gebrauchen. Oft gab es gut bestückte Feldpost an die Front, damit der Sohn, der Ehemann oder Verlobte eine Wurst, ein Stück Käse von der Liebsten haben konnten. Die Brüder klauten es.

Ein weiteres Schlagwort für »Geschäfte« lautete »Kriegswohlfahrtsunternehmen«. Dazu investierte der »Ring« eine gewisse Summe in die Kriegskasse. Er bekam dafür die Erlaubnis, jeglichen Kitsch unter Hinweis auf den wohltätigen Zweck zu überhöhten Preisen veräußern zu dürfen. Da gab es sentimentale Bildchen vom Soldaten, der an die Front geht und dem die Braut hinterherwinkt, billige Leuchtuhren oder »Immer schußbereite Handschuhe«. »Denkt an die hustenden Krieger« war die Werbung für einen fragwürdigenden Saft, der frei verkauft werden durfte. Auch ordinäres Salz als »Quellsalz« für Leidende wurde auf den Markt geworfen.

Die großen Einbrecher gaben sich mit solchem Türklinkenputzen zwar nur dann ab, wenn absolut kein Bruch zu tätigen war, aber das »Fußvolk«, der kleine Eierdieb, Bettler, Betrüger, der auf die gewohnten Einnahmequellen verzichten mußte, betätigte sich auf den Straßen im Deutschen Reich als Händler.

Die Reichen schlemmten dafür um so mehr.

Die Speisekarte zu Silvester 1915 im Hotel *Bristol* Unter den Linden lautete denn auch: Austern und Kaviar, Schildkrötensuppe, Helgoländer Hummer, Seezunge in Butter, Artischockenböden und Eisbombe. Solches gab es. Das Volk aber hatte Lebensmittelkarten – eine weitere lukrative Einnahmequelle für den »Ring«. Dessen Geldfälscher bekamen durch den Vorstand den Auftrag, falsche Lebensmittelkarten herzustellen. Unter der Hand wurden solche Nachahmungen gegen gutes Geld verkauft.

Es gab auch Nebenschauplätze für Betrügereien. Der Respekt vor der Uniform führte mitunter zu grotesken Ideen. Von einem Ringbruder ist bekannt, daß er sich eine Leutnantsuniform »organisierte« und einen Orden gleich dazu. So ausstaffiert marschierte er »Unter den Linden« in einen Juwelierladen und gab sich als Soldat aus, der gerade von der Front gekommen sei. Ihm wäre im Trubel am Hauptbahnhof die Geldbörse entwendet worden. Das sei für ihn peinlich, denn er wolle nicht mit leeren Händen zu seiner Braut kommen, bei der auch seine Ersparnisse lägen. Ob der Juwelier ihm nicht für kurze Zeit etwas borgen könnte?

Kein guter Patriot hätte gewagt, nach der Legitimation des »Leutnants« zu fragen.

Auch bei der Kripo wechselte durch die veränderten sozialen Bedingungen das Aufgabengebiet. An erster Stelle stand der Kampf gegen die Fälscher von Lebensmittelkarten. Der Erfolg blieb bescheiden.

Es ging mittlerweile in das zweite und dritte Kriegsjahr.

Die Soldaten verreckten jammervoll auf den Schlachtfeldern Europas; in den Großstädten suchten die Menschen

Kastanien und Brennholz, und die Stimmung in der Bevölkerung sank auf den Nullpunkt, während zur gleichen Zeit hohe Offiziere das Leben an der »Heimatfront« in vollen Zügen genossen und ihren Reibach machten. Doch alle Ermittlungen gegen solche Offiziere wegen Schiebereien oder betrügerischer Geschäfte mußten immer wieder auf höhere Anordnung hin eingestellt werden. Warum, so fragten sich Teile der Polizei und Justiz, sollten ausgerechnet sie »Recht und Gesetz« hüten, wenn ihre Vorgesetzten das selbst nicht nötig hatten. Diese Stimmung nutzte der »Ring« natürlich aus.

So beteiligten sich zum Beispiel im Zuchthaus Sonnenburg mehr als zwei Dutzend Justizbeamte an einer Serie von Straftaten. Unterschlagungen von Heeresgut, Diebstahl großer Mengen an Fleisch, Käse und sonstigen Eßwaren, sowie von Kleidung, waren die Delikte. Dieses Diebesgut benötigte natürlich Abnehmer, also Hehler. Der »Ring« konnte auf geeignete Personen hinweisen, die sich durch absolute Verschwiegenheit auszeichneten. Sie kauften zu Spottpreisen die Waren von den Justizbeamten auf und veräußerten sie an Metzger und Lebensmittelhändler. Diesmal zu höheren Preisen, die dennoch unter dem Verkehrswert lagen. Im September 1917 flog die bandenmäßige Räuberei auf. Verursacht durch Geständnisse von Zuchthäuslern, die an den Räubereien beteiligt waren.

Insgesamt 24 Zuchthausbeamte wurden vom Dienst suspendiert. Doch erst nach dem Krieg kam es zur Aufarbeitung. Unter Leitung von Amtsgerichtsdirektor Wrege standen die Beamten vor den Gerichtsschranken. Die Anklage war mittlerweile auf »Meineid und Verleitung zum Meineid« erweitert worden.

Damit es zum Prozeß kommen konnte, wurde durch Zuchthäusler die Kirche des Zuchthauses Sonnenburg provisorisch zum Gerichtssaal hergerichtet. Man kann sich das Vergnügen der Insassen bei dieser Tätigkeit gut vorstellen. Sonnenburger Zuchthausbeamte vor Gericht im Zuchthaus Sonnenburg, was für eine Freude muß das für viele Insassen bedeutet haben.

Die beschuldigten deutschen Beamten logen auf Teufel komm raus und stritten jeden Vorwurf ab.

Das Gericht war irritiert. Denn der Gefangene Steinbock weigerte sich, zur Verhandlung aus seiner Zelle herauszukommen. Weil, wie er dem Gericht über seinen Anwalt vermittelte, er »nicht als Verräter« bei seinen Mitgefangenen dastehen wolle. Die Angst trieb ihn soweit, sogar alle Beschuldigungen gegen die Beamten zurückzunehmen. »Meine früheren Aussagen sind erlogen«, schrieb er an das Gericht. »Ich habe mit keinem Beamten geschoben. Es war alles bitterer Haß, weil von den Beamten Mißhandlungen und Ungerechtigkeiten gegen Gefangene erfolgt sind.«

Steinbocks Rückzug bewirkte aber nichts. Zu viele weitere Belastungszeugen sagten gegen die Beamten aus. Am 1. Februar 1919 kam es dann zum Urteil. Fünfzehn Beamte wurden freigesprochen. Wegen einfacher Hehlerei bekam Hilfswachtmeister Woithe 40 RM Geldstrafe. Der Strafanstaltsdirektor, der an den üblen Schiebereien beteiligt war, erhielt 100 RM Strafe und Oberwachtmeister Naumann wurde mit vier Monaten Gefängnis reglementiert. Es folgten weitere Geldstrafen.

Bei der Strafzumessung gab es Milderungsgründe. »Das Gericht hat bei der Strafzumessung die damaligen haltlosen Verhältnisse in der Sonnenburger Anstalt berücksichtigt, die jeder Beschreibung spotten. Das Gericht legt aber Wert auf

Urteil in Sonnenburg.

Fünfzehn Strafanstaltsbeamte freigesprochen, acht zu Geldstrafen, einer mit Gefängnis bestraft.

(Telegramm unseres Korrespondenten.)

1. Sonnenburg, 1. Februar.

In dem Prozeß gegen die Strafanstaltsbeamten wurde heute vormittag das Urteil verkündet. Es wurden freigesprochen die Oberwachtmeister Beer, Uhlig, Fritz Schulz, Franz Schulz, Leinert, Länger, Dargel, Lorenz Ebisch, ferner die Hauptwachtmeister Wiehle, Henischke, Kluck und Gnädig, ausserdem die Hilfswachtmeister Cläre und Berg. Verurteilt wurden wegen einfacher Hehlerei der Hilfswachtmeister Woithe anstatt zu zehn Tagen Gefängnis zu 40 Mark Geldstrafe, der Oberwachtmeister Uerkwitz an Stelle von zehn Tagen Gefängnis zu 30 Mark Geldstrafe. Ausserdem sind verurteilt wegen fortgesetzter einfacher Hehlerei beziehungsweise Diebstahls der Oberwachtmeister Köppen anstatt zu fünf Tagen Gefängnis zu 30 Mark Geldstrafe, der Oberwachtmeister Weber anstatt zu zehn Tagen Gefängnis zu 50 Mark Geldstrafe, der Strafanstaltsdirektor anstatt zu 100 Mark Geldstrafe. Der Oberwachtmeister Dobberkau anstatt zu fünf Tagen Gefängnis zu 20 Mark Geldstrafe, der Aus-

helfer Rettich anstatt zu drei Tagen Gefängnis zu 15 Mark Geldstrafe der Hilfswachtmeister Jabusch anstatt zu sechs Tagen Gefängnis zu 30 Mark Geldstrafe und der Oberwachtmeister Naumann zu vier Monaten Gefängnis; er ist also der einzige, der eine Gefängnisstrafe erhalten hat. Die Kosten trägt im Falle der Freisprechungen die Staatskasse, im Fall der Verurteilungen die Angeklagten.

In der Begründung führte der Vorsitzende kurz folgendes aus: Auf der Anklagebank sassen und sitzen eine grosse Reihe von Beamten der Strafanstalt, denen gegenüber als Belastungszeugen eine Reihe von Gefangenen, darunter Schwerverbrecher sassen. Es sind von Gerichts wegen die Gefangenen Steinböck, Pollmer, Hoffmann und Sommer als glaubhafte Zeugen ausgeschaltet worden. Das Gericht hat bei der Strafzumessung die damaligen haltlosen Verhältnisse in der Sonnenburger Anstalt berücksichtigt, die jeder Beschreibung spotten. Das Gericht legt aber Wert auf die Feststellung, dass diese Zustände nicht etwa durch den modernen Strafvollzug verursacht worden sind.

Berliner Tageblatt – 1. 2. 1929

die Feststellung, daß diese Zustände nicht etwa durch den modernen Strafvollzug verursacht worden sind.«

Am Kriegsende war der »Ring« nur noch in Fragmenten vorhanden. Ein großer Teil der Brüder war tot. Als Wilhelm II. nach Holland flüchtete und seinem Volk nachjammerte, konnte keiner der Brüder wissen, daß ihre eigentliche Zeit mit Glanz, Glorie und Ruhm erst noch kommen sollte.

Der Richter vom Alexanderplatz

Zärtlich lenkte der fleischige Mann seine Hand unter das Hemd des Knaben. Der ließ es nicht nur zu, er provozierte es sogar, indem er das Hemd weiter aufknöpfte. Schummriges Licht drang in die Nische, in der die beiden vor einem Glas Sekt saßen. Hier waren sie geduldet, wenn auch beobachtenden Blicken ausgesetzt. Doch sie kümmerten sich nicht drum. Die beiden saßen in einem Lokal. Ganz in der Nähe der Ecke Bülow- Potsdamer Straße, dort wo sich der Bülow-Bogen befand.

Hier verkehrten ausschließlich Männer.

Der Mann schnaufte, als er die nackte Haut des Knaben spürte. In diesem Augenblick ging die Eingangstür auf. Herein trat Ringbruder Bastubbe, Mitglied bei »Deutsche Kraft«, dem Verein der Schränker und Diebe. Der Bruder hatte einen Termin beim Barmixer. Während er zum Tresen ging, blickte er sich unauffällig im Lokal um. Alles schien in Ordnung. Dezent schob der Bruder ein Päckchen über die Theke. Der Mixer nahm es an sich. Das Päckchen Kokain würde Bastubbe wieder einige tausend Mark bringen, ein schönes Nebengeschäft.

Die beiden Männer plauderten leise über den Kokspreis und waren sich schnell handelseinig. Zwischen Bruder und Bruder gab es keine Probleme in dieser Hinsicht.

Der Mixer deutete mit einer Kopfbewegung zum fleischigen Mann in der Nische. »Und, kennst du den?« fragte er.

Bastubbe musterte unauffällig den dicklichen Mann und schüttelte dann den Kopf. »Nee«, meinte er knapp.

Der Mixer griente breit, und während er seinen Mund näher an Bastubbes Ohr brachte, flüsterte er: »Dett ist der Untersuchungsrichter vom Alex.«

Das war interessant!

Wie alle Polizeipräsidien hatte auch das am Alexanderplatz ein Zellengefängnis. Ein Richter entschied, ob der von der Polizei gefangene Delinquent endgültig in Haft kam, oder ob die Beweismittel zu karg waren und er den Mann laufen lassen mußte.

»Natürlich«, meinte Bastubbe, »der Richter!«

Mit einem Kopfnicken dankte er seinem Bruder und schlenderte dann gemütlich zur Nische, wünschte artig »Guten Tag.«

Irritiert blickte der fleischige Mann auf. »Kennen wir uns?« fragte er, ohne seine Hand aus dem Hemd des minderjährigen Knaben zu ziehen. »Aber ja doch«, meinte jovial der Ringbruder, »vom Alex !«

Der Richter schwieg. Er sah zu viele Männer jeden Tag, um sich alle Gesichter zu merken. Höflich lud er den Bruder zu einem Cognac ein und wartete nervös, bis das Bestellte kam. Der Knabe schwieg. Nachdem der fleischige Mann getrunken hatte, fiel ihm plötzlich ein dringender Termin ein. »Tut mir leid«, meinte er, »ich habe es eilig.« Er stand auf, zog seinen Mantel an und ging an die Theke, um die Rechnung zu begleichen. Der Knabe starrte ihm irritiert hinterher.

Bevor der Richter das Lokal verließ, ging er nochmals auf Bastubbe zu. »Ich bitte Sie, schweigen Sie über unser Zusammentreffen in diesem Lokal«, meinte er eindringlich.

»Ehrensache«, gab Bastubbe knapp zurück. Er griente dem Richter hinterher.

Etwa zwei Wochen später betrat der Ringbruder die Excelsior-Bar am Alexanderplatz. Er nahm an der Theke Platz und bestellte ein Bier. Einige Minuten später flog die Eingangstür auf. Beamte vom Rauschgiftdezernat traten ein, verlangten »Hände hoch!« und begannen, die Anwesenden zu durchsuchen.

»Guck mal, der Mann mit dem Koks«, lästerte der Beamte und zog aus Bastubbes Uhrentäschchen ein Briefchen mit drei Gramm Kokain.

44

Bastubbe war der einzige, der abgeführt wurde. Sie brachten ihn zum Polizeipräsidium am Alexanderplatz. Dort wurde er Kommissar Werneburg vorgeführt. »Raus mit der Sprache«, fauchte der Kripobeamte in barschem Ton, »woher hast du das Zeug?«

Der Ringbruder blieb kühl. »Weiß nicht, von einem Unbekannten.« Werneburg wußte, daß Nachbohren sinnlos war. Der Bruder war ihm nur zu bekannt. Also ließ er ihn ins Zellengefängnis abführen

Die Nacht auf der Holzpritsche währte lang. An Schlaf war nicht zu denken. Aus den übrigen Zellen hörte er Klopfen und Hämmern, unterbrochen vom Brüllen eines besoffenen Krakelers.

Endlich dämmerte der Morgen heran.

Nach dem Frühstück wurde Bastubbe geholt. Ein Polizeibeamter brachte den Bruder in ein Büro.

Hinter dem Schreibtisch saß der fleischige Untersuchungsrichter. Ohne von den Akten hochzublicken, murmelte er: »Nehmen Sie Platz«. Aber der Ringbruder gehorchte nicht. Statt dessen betonte er deutlich: »Ich möchte ein volles Geständnis ablegen. Aber nur unter vier Augen. Sonst muß ich damit rechnen, daß mich der Ring umnietet.« Den Richter schien dies nicht zu erstaunen. Während er weiter in den Akten las, wedelte er mit dicklichen Fingern dem Polizisten und dem Schreibsekretär zu. Die beiden verließen umgehend den Raum. Bastubbe trat einen Schritt näher an den Schreibtisch heran und meinte in vertraulichem Ton: »Ich freue mich, Sie nach unserem kurzen Zusammentreffen vor vierzehn Tagen wiederzusehen. Damals hatte ich Verständnis für Sie. Ich hoffe, Sie haben es heute für mich.« Jetzt erst blickte der Richter verblüfft hoch und sah Bastubbes Gesicht.

Er zeigte volles Verständnis.

Menschen zweiter Klasse

Im Sommer 1895 wurde in Frankfurt an der Oder ein jung-verheirateter Dachdeckergeselle zur Polizeiwache bestellt, um dort eine Zeugenaussage zu machen. Dazu mußte er sich von seinem Meister von der Arbeit freistellen lassen. Der kündigt dem jungen Mann daraufhin sofort die Arbeit. Denn, so der Gedanke: In welchem Umfeld mußte der Mann verkehren, wenn er als Zeuge in einer Strafsache geladen werden konnte!

Mit der Kündigung verloren der junge Mann und seine Frau auch die Wohnung, die dem Meister gehörte. Verzwei-felt suchte er nach neuer Arbeit und Wohnung. Doch im ge-samten Raum Frankfurt/Oder fand sich nichts für ihn. Durch die Dachdecker-Innung war sein Fall sofort allen Meistern bekannt geworden.

Nun hörte der Geselle, daß in Berlin Dachdecker gesucht würden.

Das junge Paar packte seine Habe auf einen Handkarren und machte sich auf in die Reichshauptstadt.

Doch alle Dachdeckerstellen waren besetzt. Was nun? Die beiden schliefen in Hauseingängen. Um nicht zu verhun-gern, mußte der junge Mann für sich und seine Frau Eßbares stehlen. Es war nur eine Frage der Zeit, bis er von der Polizei aufgegriffen wurde. Nach sechs Wochen Arrest wurde er wieder entlassen. Jetzt war er ein Vorbestrafter. Seine Frau war verschwunden.

Der junge Dachdecker hatte keine Chance mehr auf ehrli-che Arbeit. Hin und wieder bekam er eine Tätigkeit als Tage-löhner, aber es reichte nicht. Der Hunger zwang ihn, erneut zu stehlen. Abermals kam er in Haft. Nach seiner Entlassung ging der Kreislauf von vorne los. Kein Geld, keine Woh-nung, vorbestraft, keine Arbeit, Hunger, Diebstahl, Haft.

Zuletzt, 1904, saß er drei Jahre Haft wegen Diebstahls von Lebensmitteln ab. Weder Staatsanwalt noch Richter schie-nen auf den Gedanken gekommen zu sein, daß dieser Mensch, wenn er nicht verhungern wollte, gar nicht anders konnte als stehlen.

Diese Erfahrungen, dieses Leben, das allen gemeinsame Leiden, das waren die Elemente, die die Ringbrüder zusammenschlossen. Sie gaben der Unterwelt diesen kaum noch vorstellbaren Zusammenhalt.

Das Wissen, daß Leid und Not tatsächlich zum Tode führen konnten, verband sie und ließ den Begriff von »brüderlicher Hilfe« entstehen.

Es begann eigentlich alles in der Welt der Gefängnisse und Zuchthäuser. Denn hier lag der Schlüssel zum Verständnis, weshalb eine Organisation wie der »Ring« entstehen und sich halten konnte.

Wer ins Zuchthaus kam, erhielt gleich zu Anfang durch den Stationsbeamten einen Schlag mit dem Holzknüppel. Das war keine Strafe. Der Zuchthäusler sollte aber wissen, wo er war. Der Mensch war nicht Mensch, er war Gegenstand. In den Gefängnissen und Zuchthäusern wurde ihm das drakonisch vor Augen geführt. Für die bürgerliche Gesellschaft war er Abschaum. Nicht umsonst lautete eine Vorschrift in der »kaiserlichen Dienst- und Vollzugsordnung«, daß es »verboten« sei, »mit dem Gesindel« zu sprechen.

Die Hausordnung war streng. In den Schlafsälen herrschte Redeverbot. Der erste Brief durfte nach drei Monaten geschrieben werden, nach sechs Monaten Haft erhielt man für die Dauer von 15 Minuten den ersten Besuch, der sich nun monatlich wiederholte.

Frömmigkeit wurde groß geschrieben. Kirchgang war Pflicht. Statt Bänke gab es winzige, nach allen Seiten hin verschlossene Verschläge, in die der Delinquent sich zwängen mußte. Es blieb nur ein Augenschlitz, mit direktem Blick auf den Altar. So wurde der Kontakt der Gefangenen untereinander vermieden. Wurde ein Häftling dem Pfarrer oder Anstaltsleiter vorgeführt, zog man ihm eine Kappe mit einem Sehschlitz über den Kopf. So war er für niemanden erkennbar.

Strafe, Strafe, Strafe war das Prinzip. Auch beim Essen. Es gab die »Speisecarta à la Delinquenz«. Montags Reis, dienstags Suppe, mittwochs Bohnen, donnerstags Graupen, freitags Fisch, samstags Erbsen, sonntags Kartoffeln. Dann wechselte die Speisefolge, nicht aber die Speise selbst. Fleisch gab es dreimal im Jahr: zu Weihnachten, zu Ostern und zu Kaisers Geburtstag.

Der Häftling war ein Nutztier. Er mußte schwerste, lebensgefährliche Arbeiten verrichten. Gipsstoßen zum Beispiel. Der Staub drang in die Lungen, in die Augen, führte zur Erblindung oder TBC. Maschinenarbeit war lebensgefährliche Tätigkeit. Es gab weder Schutz- noch Sicherheitsvorkehrungen. Kam der Zuchthäusler mal zwischen die großen Zahnräder, was machte das schon? Nachschub gab es ausreichend. Das Objekt »Krimineller« wurde zu Straßenbauarbeiten herangezogen. Die Arbeitszeit im Sommer: 14 und im Winter 13 Stunden. Auch im Zuchthaus.

Der so Gequälte durfte abends für 15 Minuten frische Luft schnappen.

Und selbst im Zuchthaus gab es nochmals Strafen.

Die Hausstrafen waren abgestuft: Verstoß gegen das Sprechverbot: fünf Hiebe mit dem Knüppel.

Verstoß gegen das Rauchverbot: fünf Hiebe. Randalierer wurden mit der »Katze« geprügelt, der neunstriemigen Peitsche. Bei Verschärfungen waren an den Enden Bleikügelchen eingeflochten.

Preußisch korrekt gab es genaue Anleitungen dazu. Rhythmus der Schläge, Anzahl und Ort wurden genau geregelt. Der Delinquent wurde über einen Bock gelegt, seine Füße hinter eine Leiste gebunden, der Körper nackt bis auf eine Unterhose.

Schwangere Frauen erhielten weniger Schläge.

Schwere Verstöße wurden mit Kerker und Anschmieden geahndet. Um den Hals, den Leib und die Füße wurden Eisenringe geschmiedet. Daran waren eiserne Kugeln befestigt. Die Gewichte waren genormt. Es gab den Zehnpfünder, den Zwanzigpfünder und andere. Die Kugeln hingen dem Delinquenten an einem Stahlband um die Leibesmitte. Dazu Wasser und Brot als Nahrung. An jedem dritten Tag eine Suppe.

Sadistische Bestrafungsformen zählten zur Tagesordnung. Es gab Arrestzellen, die statt des Fußbodens scharfe Dreikanthölzer hatten. Dem Sünder wurden die Schuhe ausgezogen. Bis zu drei Tagen mußte er in dieser Zelle ausharren.

48

Schon nach wenigen Minuten konnte er nicht mehr mit blanken Füßen auf den scharfkantigen Hölzern stehen. Knien ging auch nicht. Liegen war unmöglich. Die Schmerzen müssen ihn halb verrückt gemacht haben.

Wen kann es da noch wundern, daß die im »Ring« zusammengeschlossenen Ex-Häftlinge sich strikt weigerten, mit der »Schmiere«, der Polizei zusammenzuarbeiten? War die doch ein Teil jenes Systems, das sie gequält hatte.

Man stelle sich Menschen vor, die jahrelang in solch einer Situation leben. Wie sollten sie sich als Teil der Gesellschaft betrachten? Wenn sie von Leid und Elend sprachen, dann wurden sie nur von ihresgleichen verstanden. Diese tiefgreifenden Erfahrungen des Kriminellen sonderte ihn von der bürgerlichen Welt ab und ließ die Subkultur des »Rings« entstehen.

Die Vereine bildeten durch ihre Struktur eine Art »Staat im Staat«, jedoch ohne jegliche politische Ambitionen. Ein Teil der Bevölkerung, sofern er nicht durch Raub oder Diebstahl betroffen war, sah in den Brüdern nicht nur Kriminelle, sondern Männer, die es geschafft hatten. Die Mehrzahl der ehrlichen und redlichen Bürger allerdings hatten wohl eher Angst vor der Kriminalität und konnte den Verbrecherorganisationen kaum Sympathie entgegenbringen. Etwas dagegen unternehmen aber konnten sie nicht. Sie mußten sich mit den Brüdern arrangieren. Der »Ring« seinerseits hatte nicht das Bedürfnis, etwas zu verändern.

Seine sozialen Leistungen brachte er nur für Mitglieder auf. Schön, es gab durchaus mal einen Taler oder ein Stück Fleisch für den hungernden Nachbarn, wenn es denn sein mußte. Aber grundsätzlich war der »Ring« keine Nachbarschafts-Hilfsorganisation.

Die Ringvereine waren auch keine politischen Organisationen. Ihrer Orientierung nach aber sind sie eher dem linken als dem rechten Lager zuzurechnen. Dies ist verständlich, da die Rechten für Law and Order eintraten, keinen Blick für die sozialen Probleme der Kriminellen hatten und die Brüder im Zuchthaus sehen wollten. Auch nach Hitlers Machtergreifung blieben sie ihren Grundsätzen treu. Da gab es keinen, der bei der SA oder NSDAP war. »Wenn einer in

Uniform gekommen wäre«, erzählt Ringbruder Kiefert, »den hätten wir totgeschlagen.« Politik war laut Statut »außen vor«.

Als im Juli 1928 der Anarchistenführer Max Hölz, der mit mehr als tausend Genossen in Sachsen Gehöfte und Schlösser von ihren Besitzern »befreit« und sie den Bauern geschenkt hatte, nach Berlin kam, schritt vor dem Auto der von einer neugierigen und begeisterten Menge begafften Berühmtheit voller Stolz die »Garde der Ringvereine«, so der Kriminalist Franz von Schmidt, die »Weddingkolonne«. Dahinter der Verein »Moabit«. Sie schleppten rote und schwarze Fahnen mit, auf denen der Sowjetstern zu sehen war.

Auch in der kommunistischen Zeitung »Rote Fahne« fanden sich noch im April und Mai 1928 Artikel von Ringbrüdern.

Es wäre aber ein Trugschluß, aus solchen Einzelfällen auf eine allgemeine politische Einstellung zu schließen. Die Brüder neigten als unterdrückte Gruppe zwar zum linken Lager, aber politisch haben sie sich nie betätigt, zumindest nicht offiziell, und selbst die von den Nationalsozialisten hochstilisierte Ermordung eines Idols ihrer »Bewegung« durch einen Ringbruder hatte einen schlicht kriminellen Hintergrund.

»Kameraden, die Rot Front und Reaktion erschossen ...«, so hatte Horst Wessel in dem nach ihm benannten Lied gedichtet, so wurde es an seinem Grab gesungen und tönte es später durch die finstersten Jahre Deutschlands. Nur, Wessel wurde weder von der Reaktion noch vordergründig von Rot Front erschossen. Daß sein Mörder der KPD angehörte, war eher Zufall. Eine Rolle für die Tat spielte es nicht.

Wessel war Kleinzuhälter, und lebte mit der ehemaligen Geliebten und Hure des »Bruders« Ali Höhler zusammen. Bei einer »Abreibung« erschoß Höhler seinen Nebenbuhler.

Die Nazis machten unter Führung des Gauleiters von Berlin, Dr. Goebbels, dann eine Lichtgestalt aus ihm, die keinerlei Bezug zur Wirklichkeit hatte.

Nein, die Brüder hielten sich fein aus der Politik raus. Aber sie benutzten Politiker für ihren Zweck, und der hieß: Bereicherung. Man liebte das pralle Leben mit üppigen Frauen und Gesang, Trunk und schnellen Geschäften.

»Muckis« Flucht

Fast ein Jahr saß der Ringbruder Otto-Georg Walter, genannt der »Mucki«, nun schon im Zuchthaus Tegel. Seinen Spitznamen hatte er von der Kripo erhalten, sogar hochoffiziell im Protokoll.

Damals, ihm Winter 1907, hatte er im schäbigen Verhörzimmer auf einem ebenso schäbigen Stuhl gekauert. Die beiden Beamten sprachen ständig auf ihn ein. Er möge doch endlich die Raubzüge gestehen, sie würden auch ein gutes Wort für ihn einlegen. Aber Otto-Georg hörte einfach nicht zu. Statt dessen kratzte er sich ständig unterhalb der Gürtellinie.

»Hättest dir gewaschen«, maulte ein Beamter ungeduldig, »dann würde es nicht jucken.« Aber der Ringbruder blickte den Kripomann seufzend an und meinte verzweifelt: »Hab ick doch. Aber ick krieg die Muckis einfach nicht weg.«

»Sackläuse hat der Kerl«, lachten die Beamten und trugen säuberlich ins Protokoll unter dem Stichwort »Spitzname« den Begriff »Mucki« ein. Jetzt hatte er seinen Namen weg, und der blieb ihm bis an sein Lebensende.

Aber zu lachen hatte »Mucki« im Moment nichts. Wegen ein paar lächerlicher Brüche im »katholischen Viertel« am Schlesischen Tor hatte er vom Richter vier Jahre Zuchthaus erhalten. Strafverschärfend war hinzugekommen, daß er seinen Hehler nicht verraten hatte. Soweit wollte er nicht gehen. Gut, die Einbrüche mußte er zugeben, immerhin hatte die »Schmiere« Belastendes in seiner Wohnung gefunden. Aber hätte er verraten sollen, daß er die gesamte Schore in der *Münzglocke* umgesetzt hatte? Sie galt in der Münzstraße als größter Umschlagplatz für heiße Ware. Die *Münzglocke* war Tag und Nacht geöffnet und hatte ihren Namen von der ehemaligen Münzprägerei, die ganz in der Nähe war. Man konnte zu jeder Zeit hingehen. Es waren immer Hehler anwesend. Wer eine goldene Zwiebeluhr brauchte, konnte sie sogar bestellen. Es hieß dann: »Gut, kommen Sie in fünf Stunden wieder«, und wenn der Kunde kam, lag die bestellte, frisch gestohlene Zwiebeluhr auf dem Tisch. Nein, das hätte der »Mucki« niemals verraten. Es wäre reiner Selbstmord gewesen.

Gleich um die Ecke der Münzstraße gab es noch die »Kleine Börse« in der Rosenthaler Straße. Auch hier standen die Menschen Tag und Nacht, um Ware anzubieten. Aber meistens waren es Altwaren wie gebrauchte Mäntel, Schuhe oder Hemden. Natürlich fanden sich dort auch Trickbetrüger ein, die die Berlin-Besucher geschickt auszunehmen wußten. Aber was ein richtiger Räuber war, ging in die *Münzglocke*. Zumal ganz in der Nähe die *Mulack-Ritze* gegenüber dem ehemaligen Arbeitshaus ihren Standort hatte, direkt in der Mulackstraße, ein Lokal des »Rings«, in dem auch Schauspieler und Künstler verkehrten.

»Mucki« hatte nur noch ein Ziel: Endlich abzuhauen aus dem Zuchthaus.

Es sollte ein guter Trick sein. Nichts Alltägliches. Natürlich gab es verschiedene Fluchtmöglichkeiten. Die einen ließen sich im Schweinekübel rausschleusen. In den Kübel kamen die Essensreste aus der Zuchthausküche und wurden von einem Bauer täglich abgeholt. Wenn man unterwegs aus dem Kübel rausstieg, war man zwar dreckverschmiert, aber frei. Die zweite Möglichkeit war die Kanalisation. Zu dumm nur, daß die Röhre tief in der Erde vergittert war. Man brauchte also einen Bruder, der außerhalb der Zuchthausmauer in die Kanalisation stieg und mit der Eisensäge die Gitter durchtrennte. Zu kompliziert. Eine weitere Möglichkeit lag in der Zuchthausschreinerei. Wenn dort mehrere Büroschränke fertiggestellt waren, wurden sie für die Amtsräume der Gerichte abgeholt. Der Flüchtling brauchte sich nur in einem der hinteren Schränke durch einen Zuchthausgenossen einschließen zu lassen, später, wenn der Schrank ins Gericht geliefert war, die Tür kurzerhand mit der Schulter aufzusprengen und wie ein Wiesel davonzurennen. Die klassische Methode wiederum, Zellengitter durchsägen, Bettwäsche zu einem Strick drehen und mit selbstgebastelter Leiter über die Gefängnismauer barg zu viele Risiken.

Der »Mucki« suchte etwas Originelles, Risikoloses, worauf keiner der Beamten kommen konnte.

Erst neulich hatten sich vier Genossen vom Zellenfenster

aus an einem Seil über die Mauer gehangelt. Sie hatten sich Pfeil und Bogen gebastelt und da ihre Zelle dicht an der Mauer stand, den Pfeil rübergeschossen. Am Pfeil war ein dünner Faden befestigt. Auf der Außenseite der Mauer hatte ein Kumpel den Pfeil aufgehoben und ein Seil daran befestigt. Die Insassen zogen es in den Haftraum. Ein Seilende war jetzt an einen Baum gebunden, das andere am durchgesägten Gitter. Und schon kraxelten die vier Kollegen über die Mauer.

Die Zellentür ging auf, und der »Mucki« ging mit dem blechernen Napf an die Tür. Er bekam einen Schlag Suppe, dazu eine Scheibe Brot.

Mißmutig kaute er an dem Backwerk. Schmeckte wie faule Rüben. Seit die Zuchthausverwaltung die Bäckerei gewechselt hatte, war das Brot nicht mehr so gut wie früher.

Plötzlich kam dem »Mucki« ein Gedanke. Er hörte mit dem Essen auf, um konzentrierter nachdenken zu können. Natürlich, das mußte klappen!

Wenn er nachts flüchtete, die beste Zeit, da kaum Beamte anwesend waren, fiel er auf der Straße in der braunen Zuchthauskleidung mit den roten Streifen an der Hose sofort auf. Als Bäcker aber gehörte er zum gewohnten Stadtbild.

Aber die eigentliche Flucht wollte gut durchdacht sein.

Aus langer Zuchthaus- und Gefängniserfahrung kannte er einige Tricks, wie man Krankenpfleger dazu bewegen konnte, den Insassen ins Krankenhaus einzuliefern. Aber für alles weitere brauchte er die Hilfe der »Brüder«.

Beim nächsten Besuchstermin gab er seiner Frau genaue Anweisungen, was sie zu tun hatte.

Sie mußte zu einem Vereinsbruder von »Friedrichshain« gehen , in dem »Mucki« Mitglied war. Dem Bruder hatte sie eine Liste zu übergeben. Es war nicht viel, was drauf stand, aber wirkungsvoll.

Einen Monat später, Anfang 1909, durfte sich der »Mucki« von seiner Gattin eine wärmende Weste bringen lassen. Der diensthabende Besuchsbeamte schaute bei der Übergabe zur Seite. Der Ring würde es ihm danken.

Einige Tage ließ »Mucki« vergehen, damit kein Zusammenhang zwischen Besuch und Flucht hergestellt werden konnte. An einem Spätabend dann fing er plötzlich an zu stöhnen. Er schrie nach dem Beamten. Die Zellentür wurde aufgeschlossen. »Mucki« krümmte sich und hielt seinen Bauch.

»Na, dann gehn wir mal zum Sanitäter«, meinte der Beamte.

So geschah es.

»Mucki« mußte sich auf ein Feldbett legen. Der Sanitäter, ein Zuchthausbeamter, tastete seinen Bauch ab. »Klarer Fall von Blinddarm«, meinte er, »der muß gleich in die Krankenabteilung.«

Beide wußten, daß nichts davon stimmte, aber der Verein »Friedrichshain« hatte es mit viel gutem Zureden und Präsenten erreicht, daß der Sani den Vereinsbruder in die Krankenstation verlegen lassen würde.

Im Krankenhaus des Zellengefängnisses Moabit wurde der »Mucki« am nächsten Morgen einem Arzt vorgeführt. Der drückte ihm auf den Bauch, aber der Ringbruder jammerte nur wenig. Der Arzt war irritiert. Darum entschloß er sich, den Ringbruder für einige Tage zur Beobachtung im Krankenhaus zu lassen.

Geschafft, das war sein Ziel. Die erste Stufe.

Nach zwei Tagen trennte der »Mucki« dann mit einem kleinen Messer, das er vom »Kalfaktor« erhalten hatte, die Nähte der Weste auf.

Dort eingenäht fanden sich 300 Mark vom Verein und zwei Tütchen starkes Schlafpulver, das ihm sein Ringbruder besorgt hatte. Jetzt blieb nicht mehr viel Zeit.

Zuerst änderte er auf der am Fußende des Bettes hängenden Krankentafel sein Geburtsdatum.

Die Nachtschicht kam. Ein junger Krankenwärter aus dem nahegelegenen Zivilkrankenhaus Moabit.

»Mucki« machte ein vertrauensseliges Gesicht. »Ich gebe Ihnen 100 Mark« flüsterte er, »wenn Sie mir eine Flasche Cognac bringen.«

Im Gesicht des Krankenwärters zuckte es.

»Mucki« legte einen zweiten Hundertmarkschein auf seine Hand und erklärte leise: »Weil ich heute Geburtstag habe.«

Ein Blick des Krankenwärters auf die Tafel, und er griff zu.

Jetzt kam alles darauf an, daß der junge Mann dichthielt. Aber die meisten zivilen Angestellten gingen mit der Zuchthaus- und Gefängnisordnung laxer um als die Beamten.

Tatsächlich, kurze Zeit später kam der Krankenwärter und drückte dem »Mucki« die Flasche in die Hand.

Nun hieß es warten, bis der diensthabende Gefängnisbeamte seine Runde lief.

Etwas später, bei Schichtbeginn gegen 22 Uhr, trat er in »Muckis« Zimmer und schaute nach, ob alles in Ordnung sei.

»Ich habe heute Geburtstag«, sagte »Mucki« mit leicht erhitztem Gesicht, »darf ich Sie zu einem Gläschen einladen?«

Der Beamte wußte, daß »Mucki« im »Ring« war. Die Jungs brachten manchmal die eigenartigsten Sachen zustande. Und »Brüder« gehörten zur Elite, das waren keine gewöhnliche Rabauken oder Schläger.

Bei so einem konnte man ruhig ein Gläschen trinken. Dafür, daß die Organisation ihre Mitglieder nicht mal im Knast in Stich ließ, mußte man ihr Respekt zollen. Sogar Alkohol lieferte sie!

Dreimal bekam der Beamte sein Glas gefüllt. Er ahnte natürlich nicht, daß sich die beiden Tütchen Schlafpulver aufgelöst im Cognac befanden.

»Mucki« selbst trank nichts, weil er, wie er sagte, »genug intus« hätte.

Der Beamte verließ das Krankenzimmer, das nicht abgeschlossen wurde.

Eine halbe Stunde später spähte »Mucki« vorsichtig aus dem Zimmer in den Flur. Alles war still. Der Krankenwärter saß in seinem Dienstzimmer und konnte ihn nicht sehen.

Nun kam der nächste Teil: »Mucki« schlich in den Flur und suchte den Beamten. Schließlich fand er ihn in der Toilette. Auf dem Fußboden, schlafend, mit dem Rücken zur Wand.

Vorsichtig zog er ihm die schweren Schlüssel aus der Tasche.

Im Krankenhaus herrschte tiefe Stille.

Das Haftkrankenhaus war ein besonderer Trakt. Keine Mauer trennte es von der Straße. »Mucki« schloß im Erdgeschoß leise die Tür auf und stand wenig später aufatmend im kalten Wind Berlins.

In einem Hausflur zog er die Zuchthausuniform aus. Darunter trug er, aus einem Bettlaken gefertigt, eine weiße Hose und eine Schürze. Zwar war dieses Kostüm recht stümperhaft von ihm angefertig worden, aber in der Dunkelheit sah dies keiner.

So schnell er konnte, eilte »Mucki« ins Lokal *Steinmeyer* am Bahnhof Friedrichstraße …

Seit' an Seit' – die Ehrenmitglieder

Es war im Grunde nichts Besonderes, daß ein Wachmann aus dem Gefängnis mit einem »Bruder« etwas trank. Das Verhältnis zwischen Unterwelt und Staatsgewalt war oft nicht nur freundlich, sondern auch verständnisvoll.

Ein neuer, aus Süddeutschland importierter Kripobeamter auf dem Alexanderrevier hatte eines Tages einen Kunden. Der wurde verdächtigt, einen Einbruch begangen zu haben. Das Verhör muß seltsam verlaufen sein, denn der »Kunde« wurde nach Ansicht des Kripobeamten »renitent«. Also holte der Beamte kurzerhand Kollegen zur Hilfe. Vier Berliner Kripobeamte betraten das Verhörzimmer, dort saß »Emil«, ein alter Kunde.

Als er die Berliner Beamten sah, sprang er vom Stuhl hoch, riß die Arme auseinander und rief: »Jotte doch, nee! Wenn ick all die lieben Gesichter so wiederseh! Det is direkt scheen. Kinder, ihr habt doch Vastehste, hier werd ick nischt veräppelt. Behaltet mir un wir reden in Ruhe Tacheles.«

Ein im »Ring« sehr beliebter Beamter war der Leiter der Mordkommision Gennat. »Papa Gennat«, wie er genannt wurde, verstand es, »mit uns Ganoven in rein kameradschaftlicher Form zu verkehren«, wie Bruder Bastubbe erklärte. »Er ist Mensch unter Menschen«, so der Bruder weiter. Gennat griff nie zu, wenn er nichts beweisen konnte. Er sagte höchstens: »Ich weiß, du warst es, aber ich kann es dir nicht beweisen. Also hau ab, mein Sohn!« Solche Beamte wurden, als der Ring sich nach der Jahrhundertwende zu einer Macht enwickelte, »Ehrenmitglieder«.

Um den »Mordkommisar« Ernst Gennat rankten sich schon früh Legenden, die den Drei-Zentner-Mann zum »Buddha« der deutschen Kriminalisten werden ließen. Der eingefleischte Junggeselle gründete die »Zentrale Mordkartei« und war Initiator der am 1. Januar 1926 entstandenen »Mordinspektion«, zu der ein »Mordauto« gehörte. Dessen Ausrüstung: Mordkoffer, Taschen für die Leichentoilette, Arztbesteck, Schreibmaschine und ein Funkgerät. Der auch in der Unterwelt hochgeachtete Kommisar starb am 2. August 1939 erst 60jährig. Ob der Text über den »Mordwagen« von ihm selbst stammt, ist allerdings unbekannt.

> Liebe Leute, laßt euch sagen
> Dies ist der Mordbereitschaftswagen
> Zu jeder Zeit, ob früh, ob spät
> Schnell wird der Motor angedreht
> Um hinzufahren an den Ort
> Wo grad geschehen Totschlag-Mord.

Nicht nur Kripobeamte durften sich die Ehre zuschreiben, im »Ring« gern gesehen zu sein. Auch Juweliere, Bankiers, Geschäftsleute und Künstler zog es zur Halbwelt.

Die Liste der »Ehrenmitglieder« ist lang.

In erster Linie gehörten dazu natürlich die Rechtsanwälte. Sie waren nicht nur für juristische Fragen zuständig, oft bildeten sie auch »Zuträger«, wenn der »Ring« einem inhaftierten Bruder Geld, Ware oder einen Kassiber zukommen lassen wollte.

In den 20er Jahren gab es in Berlin zwei juristische Koryphäen, die auch weit über die Grenzen des Deutschen Reichs bekannt waren. Der eine war der Dr. Dr. Erich Frey, ein Anwalt, der auch mal kostenlos eine Hure oder einen armen Bürger vor Gericht vertrat, der andere Prof. Max Alsberg , ein absoluter Spitzenverdiener.

Alsberg hatte seine Kanzlei für 20 000 Mark Monatsmiete in einer 14-Zimmer-Wohnung am Nollendorfplatz eingerichtet. An Prunk übertraf sie die üblichen Kanzleien um ein Vielfaches. Die Büros waren mit antiken Möbeln ausstaffiert. Das Arbeitszimmer war im Stil des Sonnenkönigs Ludwig XIV. gehalten. Tischchen mit vergoldeten Füßen, darum gruppiert Petit-Point-Sessel, die Wände mit dunkelrotem Damast bespannt. Vier Sozii, zwei Bürovorsteher mit je vier Gehilfen, siebzehn Referendare, sechs Assessoren, fünfzehn Sekretärinnen und vier Botenjungen bildeten die Mannschaft Alsbergs.

Wer die Kanzlei betrat, mußte an einem Glaskasten vorbei. Dort saß der Bürovorsteher Borchardt und hielt die ersten »Befragungen« ab. Er ließ sich den Fall schildern und entschied, ob Alsberg persönlich oder einer der Mitarbeiter die Sache übertragen bekam.

Alsbergs geniale Verteidigungskünste waren legendär. Eine Anekdote berichtet davon, daß er einmal zu spät zu einer Verhandlung gekommen sei. Als er die Tür zum Gerichtssaal öffnete, sah er, wie sich das Gericht soeben zur Beratung zurückziehen wollte. »Darf ich das Hohe Gericht erinnern an die Paragraphen ...«, und er nannte die in Frage kommenden Ziffern des Strafgesetzbuches. Wenig später verkündete das Gericht: »Nach dem überzeugenden Plädoyer der Verteidigung kann das Gericht nur auf Freispruch erkennen ...« Diese Szene hat sich wahrscheinlich so nicht abgespielt, sie zeigt jedoch, welchen Ruf Alsberg genoß.

Neben Professor Alsberg gab es noch andere Anwälte, die sehr gute Beziehungen zum »Ring« unterhielten.

Da blieb zum Beispiel Rechtsanwalt Pfeifer Anfang der 20er Jahre nach seinem Besuch in der Untersuchungs- und Haftanstalt Moabit einfach in der Zelle seines Mandanten. Der Ganove wiederum eilte in der schwarzen Anwaltsrobe geradlinig dem Ausgang zu und verschwand. Nachdem der Rechtsanwalt einige Minuten hatte verstreichen lassen, schlug er in der Zelle Alarm. Den verblüfften Beamten erklärte er, von seinem Mandanten durch Gewaltandrohung gezwungen worden zu sein, die Robe zu übergeben. Niemand glaubte ihm. Erst recht nicht, als nach der wiedererfolgten Verhaftung des Flüchtlings dies durch seinen angeblich bedrohten Anwalt verteidigt wurde.

Auch eigene Ärzte beschäftigte der »Ring«. Diese Ärzte behandelten die Stich- oder Schußwunden der Brüder nach Schlägereien oder Schlachten, und niemals erfuhr die Polizei davon.

Manch einer der Anwälte oder Ärzte konnte nur durch sanften Druck für eine Zusammenarbeit gewonnen werden, aber meistens versuchten es die Brüder erst einmal auf die friedliche Art. Der betreffende Arzt oder Anwalt wurde aufgefordert, Ehrenmitglied zu werden. Wenn er sich dann stur stellte, blieb immer noch die andere Möglichkeit. Jeder Anwalt hatte irgendwo einen dunklen Punkt, den es nur herauszufinden galt, und hatte nicht dieser oder jener Arzt heimlich Morphium verkauft...

Auch Industrielle wurden schlichtweg unter Druck gesetzt, Ehrenmitglied zu werden. Wenn man sich fragt, wie der »Ring« einen Industriellen dazu bringen konnte, sich einer letztlich kriminellen Vereinigung anzuschließen, ist die Antwort zwar schwammig, aber in ihrer Aussage eindeutig: »Da möcht ich sehr vorsichtig sein, weil ja der Polizeipräsident auch drin war, und der hatte ja Beziehungen zu diesen großen Kreisen und ... eh, die hatten wohl irgendsone Angst«, sagt Kiefert. Vor Sabotageakten zum Beispiel.

Aber auch Handwerker kamen in den »Ring«. Bäcker, denen man gestohlenes Mehl zu guten Preisen verkaufen konnte; Schrotthändler, die Kupfer aus dem Güterbahnhof unter der Hand aufkauften.

Und natürlich waren all die bestochenen Polizisten, Politiker und Beamten auch Ehrenmitglieder. In den Geheimstatuten von »Immertreu« befanden sich die Namen hoher Persönlichkeiten, die ehrenhalber zum »Ring« gezählt wurden, Kriminalkommissar König, Revierleiter vom Präsidium Alexanderplatz, Direktoren der Stadtbank, der Stadtrat Gäbel von der kommunistischen Partei, der Reichstagsabgeordneten Bruhn ... Solche Prominenz polierte das Image der Brüder auf.

Sämtliche Ehrenmitglieder mußten einige Bedingungen erfüllen. Sie mußten entweder gut betucht, also begütert, oder gesellschaftlich angesehen sein. Sie mußten »sauber« sein, also nie einen Ganoven bei der Polizei verpfiffen oder

Straftaten angezeigt haben, und sie sollten liberal in ihrer Einstellung sein, fünfe auch mal gerade sein lassen.

Grundsätzlich aber galt: Erst kam die Überprüfung durch die befreundeten Kripobeamten.

Mal war es Oberkriminalrat Müller, der Leiter des Sittendezernats, mal Papa Gennat oder der Kriminalbeamte Wegener, mal der Chefermittler König, »der Stärkste im Revier«.

Doch wie konnte und durfte man Ehrenmitglied im »Ring« werden? Durch eigene Bewerbung, sofern man einen Namen hatte. Das ging aber nur, wenn bereits Kontakte zum »Ring« vorhanden waren. Meistens wurden die zukünftigen »Ehrenmitglieder« angesprochen. Beim Sechs-Tage-Rennen etwa, wenn harte Gesäße die Radsättel drückten und muskulöse Beine Pedale traten. In dieser lockeren Atmosphäre kamen die Vorstände der Vereine schnell ins Gespräch mit ausgesuchten Bürgern.

Natürlich mußte das Ehrenmitglied keinen Eid leisten. Statuten wurden ihm ebensowenig eröffnet. Lediglich den Hinweis, daß das Ausrichten des Balls viel Geld verschlinge und der Verein sich über einen »Obolus« freue, bekam er mit auf dem Weg. Und natürlich, daß der Verein ihm helfen werde, wenn es nötig sei.

Die Pflicht des Ehrenmitglieds bestand in »freiwilligen« Abgaben, die es aber durch seine Rechte bald wieder im Geldbeutel haben konnte.

Ein Juwelier stand kurz vor dem Bankrott. Sein Geschäft lief schlecht, er hatte sich verkalkuliert. Das »Ehrenmitglied« traf sich mit dem Vorsitzenden seines Vereins zu einem Glas Wein, einer dicken Zigarre und schilderte seine finanziellen Probleme. Geduldig hörte der Vorsitzende zu und beschloß generös, sich der Sorgen anzunehmen, man war doch befreundet, da durfte man nicht kneifen.

Kurzerhand wurde beim Juwelier eingebrochen und die Beute zwischen ihm und dem »Ring« geteilt. Zusätzlich kassierte der Juwelier eine hohe Versicherungssumme, denn er hatte einen größeren als den tatsächlichen Schaden angegeben. Wer konnte dies schon nachprüfen?

»Es gab Sachen wie mit Brillanten. Der [Bruder] hat sie

hier angeboten, weil er sie da [in Braunschweig] nicht veräußern konnte. Wir haben ja einen sehr großen Kreis von Juwelieren gehabt, die uns auch mal nötig hatten«, plaudert Ringbruder Kiefert. Dankbar nahmen Bankiers und Geldgeber die Hilfe »ihres« Vereins in Anspruch, wenn Gläubiger ihre Schulden nicht bezahlen wollten. Dann schlugen die Brüder zu und konnten das Geld eintreiben.

Natürlich wurden die »Ehrenmitglieder« jedesmal zu dem Jahresereignis, dem Ball, eingeladen. Dort konnte man sehen und gesehen werden, außerdem: Feiern ist immer angenehm.

Ende der 20er Jahre konnte sich selbst Oberbürgermeister Böß den Kontakten zur Unterwelt nicht entziehen und bekam für seine Gattin einen Pelzmantel von den beiden Betrügern Sklarek. Nein, nicht geschenkt, aber äußerst preisgünstig, so günstig, daß er seinen Zylinder nehmen mußte ...

Es gab sehr viele Ehrenmitglieder, von Beginn an bis zum bitteren Ende im Jahr 1958, als die letzten beiden Vereine aufgelöst wurden. Aber die Ehrenmitglieder »darf man heute gar nicht mehr namhaft machen! Die würden dagegen ankämpfen, daß ihr Name veröffentlicht wird. Und sie wollen ja auch nicht mit einer Räuberbande in Zusammenhang gebracht werden. Na, wir waren ja keine Räuberbande, wir sind ja ein Verein gewesen«, erinnert sich der Ringbruder Kiefert.

Der wahre Mackie Messer

Matrosen-Willi, wie Gustav Passarge genannt wurde, hatte kein Auge für die schöne Frau neben sich. Wenn er ein gutes Geschäft witterte, versuchte er sich ganz auf die kommende Arbeit zu konzentrieren. Das war im Fall seiner Begleiterin außerordentlich schwer. Helen Spanier sah wirklich anziehend in ihrem gut sitzendem Kostüm aus. Sie schien viel Geschmack zu haben, wie das kleine Hütchen mit dem Schleier bewies.

Beide waren an diesem schönen Vorsommerabend des Jahres 1920 auf dem Weg zum Antiquitätenhändler Adolf Reißer. Obwohl der 3. Juni ein Samstag war, außerdem längst Feierabend, hatte sich Reißer mit diesem Termin einverstanden erklärt.

Die Spanier war bereits einige Male bei ihm gewesen. Sie suche einen Teppich für ihr Haus, hatte sie erklärt. Es solle ein mondänes, ausgefallenes, wirklich gutes Stück sein. Der Preis spiele keine Rolle.

Beim letzten Besuch hatte sie drei Teppiche in die nähere Auswahl genommen. Endgültig entscheiden wollte sie sich direkt beim Kauf. Zum Tragen bringe sie ihren Diener mit, hatte die Spanier erklärt. Adolf Reißer, der greise Antiquitätenhändler, zeigte sich einverstanden. Immerhin lockte ein gutes Geschäft.

Auch an diesem Tag hatte Gustav Passarge wieder einige Bier getrunken. Das hatte der Spanier nicht gefallen, aber es ließ sich nicht mehr zu ändern. Der Ringbruder war etwas beleidigt über die pikierte Mahnung, er möge sich den Alkoholgenuß nur nicht anmerken lassen. Als ob er das nötig gehabt hätte.

Endlich waren sie am Ziel. Sie betraten das Haus.

Im Flur spielte ein 12jähriges Mädchen, das höflich die Spanier begrüßte. Sie hatte diese Frau schon mal gesehen, erst vor ein paar Tagen. Da war sie auch zum Antiquitätenhändler gegangen. Im Erdgeschoß öffnete Adolf Reißer die Tür. Er hatte schon befürchtet, umsonst gewartet zu haben.

Mit einem Blick auf den männlichen Begleiter erklärte Helen Spanier kurz: »Mein Diener«.

Zu dritt betraten sie die Geschäftsräume. Die Teppiche lagen zusammengerollt auf dem Boden. »Ich will sie noch mal sehen«, erklärte die Spanier, worauf Matrosen-Willi den ersten Teppich ausrollte. Nein, so richtig entscheiden konnte sie sich nicht. Die beiden anderen Teppich musterte sie ebenso kritisch wie zweifelnd. »Ist in der Zwischenzeit nichts anderes gekommen?«, fragte Helen Spanier den Händler. Doch doch, er nickte bestätigend und bat Matrosen-Willi um Hilfe. Noch ein besonders schönes Stück wurde angeschleppt und ausgerollt. Daß er ebenso kostbar wie die anderen drei war, sah man auf den ersten Blick.

»Den nehme ich«, erklärte die elegante Frau.

Während der Händler erfreut den Teppich zusammen-rollte und sich von Matrosen-Willi helfen ließ, öffnete Helen Spanier ihr Handtäschchen. »Was kostet er?«, fragte sie. Der Händler trat auf sie zu und nannte den Preis. Ohne eine Miene zu verziehen, zückte die Frau einen Scheck und be-gann ihn auszufüllen.

»Ne, keen Scheck nich«, wehrte Adolf Reißer ab. Mit so neumodischem Zeug wollte er nichts zu tun haben. Bargeld auf die Hand, das war seine Devise.

»Glauben Sie, daß er falsch ist?« fragte die Frau amüsiert.

Der greise Händler schüttelte den Kopf. Er mochte einfach keinen Papierkram. Sein Leben lang wechselte man in seiner Branche gutes solides Bargeld.

»Nun stellen Sie sich nicht so an«, sagte die Spanier barsch. Unterdessen hatte sich Bruder Matrosen-Willi den Teppich auf die Schulter geladen. Er stand bereits an der Ausgangstür.

Adolf Reißer bekam Angst. Ihm war das Geschäft plötz-lich nicht mehr sauber. Ohne Bargeld lief bei ihm einfach nichts. Er verlangte von Gustav Passarge, daß der Teppich solange im Lager liegenbliebe, bis er Bargeld erhalten habe.

»Also, ich komme nicht noch mal«, meinte wütend die schwarzhaarige Frau.

Dem Händler war das mittlerweile egal. Er versuchte, Ma-trosen-Willi den Teppich wieder abzunehmen. Da war er am Falschen. »Laß mal, den haben wir gerade gekauft«, meinte der Ringbruder mürrisch. In diesem Moment war dem Anti-quitätenhändler ein Licht aufgegangen. Die beiden wollten ihn betrügen, ganz klar. Und er war schwach und allein. Ge-gen diesen Kerl hatte er keine Chance.

Reißer begann, um Hilfe zu rufen.

Die Spanier blickte den Ringbruder an. Der legte den Tep-pich auf den Boden und trat einen Schritt näher zum Händ-ler. Der schrie jetzt erst recht und fühlte sich bedroht.

»Was machen wir nur?« rief die Spanier. Reißer schrie im-mer lauter. Fast automatisch schlossen sich Matrosen-Willis Hände um den Hals des alten Mannes. Er sollte wirklich nur die Kiefer zusammenklappen, der Händler, er wollte ja gar nicht den Kehlkopf eindrücken ...

Schlaff brach Adolf Reißer zusammen. Er war tot. Erwürgt.

»Jetzt aber schnell«, meinte hastig die elegante Frau. Die drei Teppiche waren im Nu zusammengerollt und durch einen Strick zusammengebunden. Mühsam wuchtete Matrosen-Willi die Kostbarkeiten auf seine Schulter. Die beiden Personen verließen hastig das Lager.

Im Flur spielte noch immer das Mädchen. Helen fragte sich, ob sie etwas gehört habe.

Am Montag, dem 5. Juni 1920, stand es in der *Vossischen Zeitung*: Raubmord! Gesucht wurde eine Frau mit männlichem Begleiter. Es folgte eine recht genaue Beschreibung von Passarge und der Spanier, die das Mädchen der Polizei gegeben hatte.

Beide wurden kurz darauf in Haft genommen und wegen Mordes angeklagt.

Mürrisch saß der Ringbruder auf Station 1 B der Untersuchungshaftanstalt Moabit und wartete auf seinen Termin. Der Prozeß begann nämlich erst zwei Jahre später im Mai 1922.

Vor Gericht sahen die beiden sich wieder. Nichts mehr war von Freundschaft zwischen ihnen zu merken. Jeder schob dem anderen die Schuld zu.

Die Spanier verstand es, allein durch ihr Äußeres das Gericht und die Zuschauer zu beeindrucken. »femme fatale«, schrieb die Presse. Sie sei die unschuldig Verführte, sie habe kaufen wollen, aber der ungestüme, rohe Passarge, der sei der Täter, sie habe nicht begriffen, wie er sich dazu habe hinreißen lassen, war Tenor der Verteidigung.

Dem Ringbruder drohte die Todesstrafe. Da nutzte auch sein durch den Ring engagierter Anwalt nicht viel. Die Beweisaufnahme war fast zu Ende, und die Zukunft lag schwer und düster vor ihm.

Am 13. Mai 1922, dem »Weltuntergangstag«, ließ der Ringbruder dem verblüfften Richter ein Schreiben außerhalb der Verhandlung zukommen. Er, Passarge, müsse dringend eine Aussage von Bedeutung machen. Der Richter ließ den Ringbruder holen.

Der Mord an dem Teppichhändler.

Stürmische Auftritte in der Gerichts- verhandlung.

In der Schwurgerichtsverhandlung wegen des Raubmordes an dem Teppichhändler Neißer kam es gestern bei der weiteren Zeugenvernehmung mehrfach zu stürmischen Auftritten. So z. B. als eine Frau Mucho in den Saal gerufen wurde. Sie hat Frau Spanier in einer Teestube die Karten gelegt und dabei allerlei verdächtige Pläne mit angehört, die Frau Spanier mit einem Begleiter schmiedete. Um dieses Verbrechen zu verhindern, hat Frau Mucho Anzeige erstattet, wodurch sie in die bitterste Feind- schaft mit Frau Spanier und ihren Verteidigern geriet, die die Zeugin gestern in scharfes Kreuzverhör nahmen. Etwas zögernd gab Frau Mucho zu, daß sie hellsehe und Karten lege. Sie fordere aber kein Geld dafür, sondern nehme nur, was man ihr anbiete. Was die Karten prophezeien, glaubt sie felsenfest.

Sie versichert den Verteidigern, denen sie ihre Mißachtung durch lebhafte Gebärden und Worte auszudrücken suchte, daß für sie die ganze Angelegenheit erledigt wäre, und sie keine Lust mehr habe, zu antworten. Als einer der Verteidiger fragte, was die soeben von ihr ausgeführte Handbewegung nach der Stirn bedeuten solle, erwidert die Zeugin mit starker Betonung des ersten Wortes: „Ich bin ganz normal." Schließlich entstand dann ein Wort- wechsel, wie man ihn selbst in Moabit selten zu hören bekommt. Der Vorsitzende machte der unerquicklichen Szene ein Ende, indem er einem der Verteidiger das Wort entzog und der Zeugin mit Ein- sperrung drohte. Meineidsvermarnungen und Verhaftungsandrohun- gen gab es auch bei der Vernehmung des Freundes des Angeklagten Passarge namens Stanzl. Er hat in der Mordnacht von dem An- geklagten Stelzer einen über 5000 M. lautenden Kupon erhalten, den er für 500 M. vergeblich im Lokal abzusetzen versuchte. Die Verhandlung nimmt heute ihren Fortgang, wenn sie nicht ein vor- zeitiges Ende durch Vertagung findet, was nicht unwahrschein- lich ist.

Vossische Zeitung – 5. Juni 1920

Was er nun zu hören bekam, verwirrte den noch jugendlichen Richter aufs höchste.

Gustav Passarge gestand freimütig, einer Verbrecherorganisation anzugehören, die sich »Ring Groß-Berlin« nannte.

Diesen Namen hatte sich der »Ring« 1920 gegeben, als sich 59 Landgemeinden, 27 Gutsbezirke und sieben umliegende Städte mit Berlin zu »Groß-Berlin« zusammengeschlossen hatten.

Passarge behauptete, seine »Lebensbeichte« diene dem reinen Gewissen, das er dringend brauche. Er ging sogar in Details, nannte die Namen der Vorstände im »Ring«, einiger Hehler und Einbrecher.

Um zu beweisen, daß er es ehrlich meinte, präsentierte der Ringbruder dem staunend zuhörenden Richter den Namen eines Justizbeamten, der in der Untersuchungsanstalt Moabit seinen Dienst versah. Und zwar bei ihm, auf der Station B 1. Dieser Beamte wäre sein »Zuträger«, durch ihn habe er all die Monate mit seinem Verein in Verbindung gestanden, der Beamte habe »Tauben«, also Kassiber, Nachrichten, befördert. Zur Zeit trage er einen Kassiber in der Tasche. Der Richter handelte umgehend. Der Justizbeamte wurde gerufen, mußte seine Taschen leeren, und der verräterische Zettel wurde gefunden.

Es wurde ein handfester Justizskandal. Der Justizbeamte kam in Haft. Jetzt erfuhr die Öffentlichkeit zum erstenmal von offizieller Seite, daß es eine organisierte Unterwelt gibt, die »Hand in Hand« mit Staatsbediensteten und noblen, seriösen Geschäftsleuten zusammenarbeitet. Ganzseitige Artikel in den Zeitungen betrachteten diesen Umstand von allen Richtungen.

Dem Ringbruder war das alles egal. Ihm war es nicht nur darum gegangen, Zeit zu gewinnen, sondern Punkte zu sammeln. Er hatte nichts mehr zu verlieren, der Henker stand sozusagen bereits an seiner Tür, und Passarge mußte ihn, auf Deubel komm raus, abwenden.

Der »Ring« aber sann auf Strafe.

Zu diesem Zweck kamen die Vorstände auf einen Gedanken, der ironischer kaum sein konnte. An Passarge sollte sich kein Bruder die Finger schmutzig machen. Niemand anderer sollte der Mörder des ausgestoßenen Bruders sein als ein schuldiger Zuchthausbeamter, ein gewisser Pontiak, der zu den verurteilten Beamten des Zuchthauses Sonnenburg gehörte und in die Untersuchungshaftanstalt Moabit strafversetzt worden war.

Von Pontiaks Dienstvergehen wußte niemand außer dem Gefängnisdirektor. Der Beamte war ein Frauenhasser, dennoch besuchte er immer wieder ein Bordell.

Die Ringbrüder stellten den Kontakt zu ihm her und machten ihm deutlich, was ihm blühen könnte. Nicht nur, daß all seine Kollegen von seiner schweren Verfehlung erfahren würden, was verheerend für seinen Ruf und die kollegialen Kontakte gewesen wäre, auch seine holde Gattin sollte über seine Bordellbesuche informiert werden. Damit wäre sein Privatleben zerstört. Retten könne er sich nur, wenn er bereit wäre, dem Ansprechpartner eine Gefälligkeit zu leisten. Von Pontiaks Verfehlungen und Bordellbesuchen wisse man eben durch den Passarge, der noch einige andere Personen geschädigt habe. Diesem Kerl müsse man einmal gründlich eins auswischen. Mittels Tropfen, die man Pontiak überreichte. Sie müßten unter Passarges Essen gemischt werden. Natürlich passiere nichts Lebensgefährliches. Aber der Zuchthäusler und Verräter würde endlich am eigenen Leib die Schmerzen erfahren, die er anderen Menschen zugefügt habe.

Der Plan gelang. Passarge starb.

Ob der Beamte Pontiak seinem Kontaktmann geglaubt hat, weiß man nicht. Vielleicht hat er geahnt, daß es nicht nur um harmlose, Krämpfe erzeugende Tropfen ging. Aber das blieb schließlich auch egal. Die Ringehre war wieder hergestellt, das allein zählte.

Die *Vossische Zeitung* aber nannte später, nämlich 1932, in einer längeren Untersuchung über Berlins Unterwelt Matrosen-Willi den »wahren Macki Messer«.

»Mutter, der Mann mit dem Koks ist da«

Maßgeblich an der Entscheidung über Passarges Bestrafung beteiligt war der am 12. Januar 1900 geborene »Muskel-Adolf«, mit bürgerlichem Namen Adolf Leib. Der war sowohl Vorsitzender des Vereins »Immertreu 1919 e.V.«, der direkt nach dem Krieg gegründet worden war, als auch im Vorstand des »Rings«.

»Er war ein ... beschlagener Mensch«, erinnert sich Bruder Kiefert, »der viel wußte, alles wußte sozusagen, in der Kriminalistik, in allem Bescheid wußte und ... war eben ein starker Mensch.« »Muskel-Adolf« hatte den richtigen Expansionstrieb. Unter seiner Führung wurde »Immertreu« nicht nur zum größten, sondern auch zum bekanntesten Verbrecherverein mit den honorigsten Befürwortern.

Als »Immertreu« gegründet wurde, lebte die Bevölkerung in bitterer Armut. Die Menschen suchten verzweifelt das Licht am Ende des Tunnels. Doch neben der Armut gab es auch unermeßlichen Reichtum. Viele der Geschäfte, die Fabrikbesitzer und Firmen machten, waren nur durch großangelegte Betrügereien durchzuführen.

Der »Fall Sklarß« zeigte das.

Sklarß gründete 1919 eine Kohlenhandelsgesellschaft in Dänemark. Unter Mithilfe des Deutschen Auswärtigen Amtes wurden Verträge über Kohlenlieferungen nach Kopenhagen abgeschlossen. Dieses Geschäft warf für den Berliner Sklarß einen Jahresgewinn von 250 000 Mark ab, obwohl dem Auswärtigen Amt die Zusage gegeben worden war, daß die Geschäfte einzig im »Interesse des Deutschen Reichs« abgeschlossen werden würden. Die Kohlenlieferungen hatten wiederum Lebensmittellieferungen von Dänemark nach Deutschland zufolge, nicht ohne satte Gewinne für den Kaufmann. Der stieg dann gleich noch ins Autogeschäft ein. Von der deutschen Militärverwaltung erhielt er das Monopol, ausrangierte Autos zu kaufen. Diese wurden auch nach Dänemark geschafft und dort wiederhergestellt. Das war an sich noch kein Problem. Daß Sklarß aber die in Deutschland dringend benötigten Kupferkessel, Messingteile und Bereifungen nach Dänemark schaffte, machte den Skandal aus. Das Metall verkaufte er dort mit Gewinn für die eigene Tasche. Steuern brauchte er dafür keine zu zahlen, da er versicherte, er habe seinen Hauptwohnsitz in Kopenhagen und käme nur zu Besuch in sein Berliner Haus.

Sklarß stieg als weiteres in das Kalendergeschäft ein. Er hatte die Idee, einen Handelsverkehr mit Rußland in die Wege zu leiten, indem er russische Kalender herstellen wollte, die mit Beiträgen von deutschen Autoren und deutschen Exportfirmen beschriftet werden sollten. Die Auflagenhöhe: eine Million. Die Inserate sollten deshalb 10 000 Mark kosten. Alles steuerfreie Gewinne für Sklarß.

Und das zu einer Zeit, da die Menschen mitunter verhungerten und im Winter erfroren, weil es im Reich für sie weder Kohlen noch zu essen gab.

Sklarß konnte all diese Millionengeschäfte nur machen, weil er über beste Kontakte zur Regierung verfügte und sich auch nicht eben kleinlich zeigte. Kostenlos lieferte er den damaligen Regierungsmitgliedern Ebert und Scheidemann große Mengen Lebensmittel, die wiederholt durch Lastwagen vom Stettiner Bahnhof abgeholt werden mußten. Und der Polizeipräsident von Berlin, Willi Eichhorn, bedankte sich am 25. Dezember 1918 in einem Brief bei dem »rettenden Engel« Sklarß und schilderte, wie »selig« seine Frau »über die prächtigen Pelzsachen« sei, die als Geschenk eingetroffen waren, und daß auch sein »Geschmack und Wunsch« befriedigt worden wäre...

Für ähnliche Dienste erklärte der Ministerialdirektor Rauscher Sklarß zum »Referenten für England und seine Kolonien«. Der Reichswehrminister Noske unterstützte persönlich in einem Schreiben vom 12. April 1919 den Vertrieb der ominösen Kalender. Auch Scheidemann bedankte sich. Er ließ für Sklarß Blankovollmachten ausstellen, die ihn berechtigten, Lebensmittel zu beschaffen, und das Auswärtige Amt versorgte ihn mit Pässen.

Hohe und höchste Kreise waren an all den dubiosen Geschäften beteiligt – und konnten sich selbstverständlich nach dem Aufkommen des Skandals an nichts erinnern oder behaupteten wie Noske, Sklarß »nur flüchtig« gekannt zu haben.

Sklarß aber hatte mit seiner Maxime: »Eine Politik, die sich nicht bezahlt macht, taugt nichts«, Erfolg gehabt. Davon lernten all jene, die auf ähnliche Weise erfolgreich werden wollten.

Daß in dieser wirren Zeit Bestechung ein fast normaler Vorgang war, davon wußte die Polizei ein Lied zu singen. So bekam bereits 1918 der Reichstagsabgeordnete Pfeiffer 100 000 RM, Konrad Weiss 50 000 RM, und der Polizeipräsident beteiligte sich am Nehmen mit mehreren tausend Mark durch einen gewissen Lereysky. Einige ehrsame Kriminalbeamte aber blieben sauber und führten weiter ihren Kampf gegen die Unterwelt.

Ohne Beziehungen keine Geschäfte. Der »Reibach« wollte im großen Stil »abgezockt« werden. Es mußten also neue Maßstäbe gesetzt werden. Nichts war mehr wie »früher«. Der Kaiser im Exil, das Deutsche Reich an Demokratie nicht gewöhnt, der Stolz trug massive Blessuren davon, und die bittere Kriegsniederlage wollte verdrängt sein.

Man suchte Zuflucht im Amüsement und im Vergessen.

Rauschgift wurde ein großes Geschäft.

Der »Ring« mischte nicht nur mit, er hatte die Fäden in der Hand. »Opium« hieß denn auch der beziehungsreiche Film, der im Marmorhaus am Kurfürstendamm lief. Opium wurde recht offen in einschlägigen Lokalen angeboten und stand in Konkurrenz zum Kokain. Natürlich waren die Gifte offiziell verboten und nur illegal zu besorgen. Doch es wurde sehr locker damit umgegangen.

Zwar gab es im »Ring« durchaus Verbrechensformen, die in bestimmten Vereinen ihren Schwerpunkt hatten, am Rauschgifthandel jedoch nahmen alle teil. Doch nur die großen Vereine hatten das nötige Kleingeld, um den Stoff in großen Mengen kaufen zu können. Fast täglich liefen in Hamburg Schiffe aus China ein, die neue »Lieferungen« brachten. Die Zusammenarbeit zwischen dem Hamburger und dem Berliner Ring wurde immer intensiver. In Berlin verkaufte sich der Stoff sehr gut. Kokain, dieses belebende Gift, das Stöffchen für die »bessere Gesellschaft« oder jene, die dazu gehören wollten, eignete sich für die Nachtschwärmerei. Es war aber auch in bestimmten Lokalen zu erwerben, in »Koks-Kellern« wie dem *Rattenschloß* am Moabiter Hafenplatz, das dem Verein »Moabit« gehörte, oder in der *Flotte* in der Flottwellstraße. Der *Zementkeller* in der Karlstraße war ein ebenso stark frequentiertes Lokal.

Der »Ring« stieg so massiv in das Geschäft ein, daß er sich sogar ringfremde Händler leisten mußte.

Die standen nachts am Potsdamer Platz oder am Wittenbergplatz und verkauften den »Schnee«.

Viele Künstler und Intellektuelle sniffen Koks. Gekauft wurde Koks auch im *Romanischen Cafe*, und der Verkäufer dort war ein armer Schriftsteller, der gerne diskutierte und von besseren Zeiten träumte. Damals, 1920, hatte Carl Zuckmayer noch nicht den »Fröhlichen Weinberg« geschrieben, und er lebte zeitweilig vom Kokshandel.

Der Kokainverbrauch schnellte so in die Höhe, daß sogar Schlager darüber komponiert wurden. »Mutter der Mann mit dem Koks ist da« gilt als einer der bekanntesten.

Im »Ring« wurde Kokain nie beim Namen genannt. »Schnee«, »Zement«, »Kakao« oder schlicht »Koks« waren die Bezeichnungen.

Die Brüder handelten damit in aller Vorsicht.

Das Päckchen wurde in Hausnischen, in Gebüschen oder an einem Zeitungskiosk versteckt, bis ein Kunde kam. Wer durch die Kripo erwischt wurde, hatte nur kleinste Mengen bei sich.

Die Ware kam nicht nur aus Hamburg. Auch »Grossisten« wie Ärzte, Apotheker und Drogisten waren involviert. Mit Kokain verbanden die Menschen den Traum vom »flotten Leben«, was zum Zeitgeist paßte, auch wenn es später zum Alptraum wurde.

Die Kriminalpolizei versuchte, dagegenzuhalten. Kriminalrat Engelbrecht war ein besonders gefürchteter Koks-Jäger, der mitunter rücksichtslos Jagd in den »Kellern« machte. Er hatte seine Pistole, eine Mauser, recht locker sitzen. Eines nachts machte er mit einem Kollegen Razzia in einem »Zementlokal«. Am Tresen stand ein gesuchter Junge. Dieser griff beim Anblick der Kripobeamten unter seine Jacke. Im gleichen Moment hatte Engelbrecht die Mauser gezogen und dem Gesuchten einen Kopfschuß verpaßt. Sein

Gegenüber war tatsächlich bewaffnet gewesen. Vom »Ring«
erhielt er den Spitznamen »Blitz«, da er ein schneller »Greifer« war, der lieber erst mal in Haft nahm und dann nach-
fragte. Sein Grundsatz war, das Verbrechertum mit allen
Mitteln zu bekämpfen. Bei den Razzien ging er scharf vor,
um sein Ziel zu erreichen. Verschlossene Türen waren für
ihn kein Hindernis, sie wurden, wenn nicht sofort geöffnet
wurde, entweder mit dem »Tandelwerkzeug«, Brecheisen
oder der Schulter kurzerhand aufgebrochen. »Blitz« hatte
weniger das Kokain denn den »Ring« im Auge. Langsam erkannte die Polizei, welche Gefahr für die Wirtschaft durch
die Organisation entstehen könnte.

Aber die Bevölkerung hatte kaum Interesse für solche
Dinge. Es schien eher, als wollte sie den grausamen Krieg
mit einem Schlag vergessen. Urwüchsig brach Lebensgier
empor, um für die bittere Zeit zu entschädigen. An den Wo-
chenenden waren die Ballhäuser wie *Clairchens Ballhaus*, das
bereits 1914 gegründet worden war, rammelvoll. Da drängten und schoben sich die Menschen, um den Partner fürs Leben, für die Nacht oder wenigstens zum Tanz zu finden.

In dieser bewegten Zeit schien es nur drei Elemente zu geben: Geld, Amüsement und Politik. In der Schönhauser
Straße, der »kleinen Börse«, stand der arme Teil der Bevölkerung in wimmelnden Massen zusammen, um das letzte
Hemd zu verkaufen oder gegen einen Laib Brot zu tauschen.

Auch das Fußvolk der Vereine, die »Eierdiebe«, mußten
sich mit Kleinigkeiten abfinden.

Der große Coup war eher die Ausnahme, und am Rauschgifthandel waren oft nur die »größeren« Brüder beteiligt.

Kleinbetrüger nutzten natürlich die Nachkriegslage auf
ihre Weise aus. Der »Herzkranke« oder der Ganove mit der
»Gelbkreuzvergiftung bei Arras« ließ sich von einem mit-
leidigen Herrn am Arm über die Straße führen. Danach
suchte der Bürger verzweifelt seine Brieftasche, die längst
»gezogen« worden war und die Personen gewechselt hatte.
Gewöhnlich gingen diese Kleintaschendiebe gewaltlos vor,
aber daß jemandem einfach ein Bein gestellt und er anschließend einen Tritt in die Niere bekam, geschah auch. Falls
nötig, gab es auch Zeugen, die jeden Eid geleistet hätten,

daß der Herr den »Herzkranken« in dessen armseligem Zustand angegriffen hatte. Der »Kranke« vergnügte sich später im Biograph-Theater in der Münzstraße, das es schon 1899 gab.

Aber schon wenig später, 1923, brach eine bittere Zeit an. Wer im »Ring« seine Gewinne nicht in Gold oder Brillanten angelegt hatte, wurde plötzlich, wie ein Großteil der Bevölkerung, bettelarm. Für einen Dollar mußte man am 8. November 1923 ganze 630 Milliarden Mark hinblättern und als die Rentenmark als Ersatz für das wertlose Papiergeld das Ende der Inflation einläutete, da hatte so mancher der Ringbrüder alles verloren.

Der Kampf um die Existenz führte 1923 im Scheunenviertel zu Ausschreitungen.

Wie immer hatten sich auch am 5. November vor dem Arbeitsamt am Alexanderplatz Tausende Erwerbslose versammelt, getrieben von der unklaren Hoffung, irgend etwas zur Verbesserung ihrer aussichtlosen Lage tun zu können, auf die geringe »Stütze« wartend , die sie und ihre Famlie wieder mühselig einige Tage am Leben erhalten sollte ...

Dann aber kam die Nachricht, daß nichts ausgezahlt würde, weil kein Geld da sei, und in die Unruhe, die Entäuschung, die Angst und die Wut schlich plötzlich das Gerücht, daß die »Galizier« daran Schuld hätten. Niemand fragte sich, wie das eigentlich gehen sollte, aber das war auch nicht mehr wichtig. Der angestaute Haß hatte ein Ventil gefunden. Gegen Mittag begannen die Plünderungen jüdischer Geschäfte und Wohnungen. Systematisch zog eine lärmende Meute im Scheunenviertel von Haus zu Haus. In der Münzstraße wurde ein junger Jude halbtot geschlagen, und dem Geschäftsführer des »Verbandes Groß-Berliner Ortsgruppe des Zentralvereins deutscher Staatsbürger jüdischen Glaubens« drohte die Menge, ihn »umzulegen«. Fast eine Stunde konnte der Mob ungehindert wüten, bevor die Polizei eingriff. Sie nahm alle Juden, derer sie habhaft wurde, in »Schutzhaft«, brachte sie in die Kaserne am Alexanderplatz, wo sie von 200 Polizisten bewacht mit erhobenen Händen stehen mußten.

Die Ausschreitungen und Plünderungen dauerten bis tief

in die Nacht. Längst schon hatten sie auf andere Stadtbe-
zirke übergegriffen. Und immer wieder war der Ruf zu hören: »Schlagt die Juden tot!«

Gerade solcher Ausschreitungen wegen waren viele »Ostjuden« aus Rußland, Galizien oder Rumänien ins Deutsche
Reich gekommen. Viele waren in Berlin hängengeblieben
und lebten im Scheunenviertel. Hier gab es eine Vielzahl jüdischer Lokale, koscherer Geschäfte, Theaterbühnen, Litera-
turzirkel und eigener Zeitungen. Die »kleine Synagoge« in
der Auguststraße 10 bildete ein kulturelles Zentrum, war außerdem Beratungsstelle für Arbeitslose und Schwangere, für
die es kostenlose ärztliche Behandlung gab. Die jüdische Bevölkerung bildete zwar keinen ghettoisierten Bevölkerungs-
teil, hielt aber ihre Identität aufrecht. Nun hatte sie die Gewalt auch in Deutschland eingeholt. Und das sollte erst der
Beginn einer Entwicklung sein, deren grauenhafte Ergebnisse man im Jahre 1923 noch nicht einmal ahnte ...

Und natürlich gab es auch unter den Juden im Scheunenviertel Gauner. Mitglied in einem der Vereine waren sie
jedoch selten. Oft sprachen sie nur wenig Deutsch, hatten
als »sprachlose Ausländer« daher kaum Chancen, in den
Ring aufgenommen zu werden. Aber es ist kein einziger
Fall bekannt, in dem die Ringvereine gegen die Juden agi-
tiert hätten. Nicht weil es unter den Brüdern keine Antisemi-
ten gegeben hätte. Der war bei ihnen genauso latent vorhanden wie bei einem Teil der Bevölkerung. Offiziell wurde jedoch im »Ring« darüber kein Wort verloren. Ob und wie
Ringbrüder an den Ausschreitungen beteiligt waren, weiß
man nicht. Anzunehmen aber ist, daß sie sich rausgehalten
hatten. Nicht weil sie klüger waren als andere, sondern weil
die Statuten politische Bestrebungen ausschlossen, was bedeutete, daß sie politisch motivierten »Veranstaltungen«
fernzubleiben hatten. Ein Nichtbefolgen hätte zum Ausschluß aus dem Verein führen können. Und das wollte keiner riskieren.

Dafür machte die Polizei des öfteren Razzien in der Mu-
lack-, Grenadier-, Admiralstraße, also im Scheunenviertel,
suchte nach Juden ohne Ausweispapiere. Fand sie welche,
wurden sie gnadenlos auf Lastwagen geladen und in die Po-

lizeikaserne verschubt. Dort durfte sie die jüdische Gemeinde dann »auslösen«, gegen Barzahlung natürlich.

Die Jahre zwischen 1918 und 1923 waren Aufbruchsjahre, man wollte weg aus dem Muff des Kaiserreiches, hatte aber kein konkretes Ziel vor Augen. Während auf der einen Seite durch eine rasende Verbreitung pornographischer Fotos und Schriften die »Lebenslust« neu angefacht wurde, wurde sie auf der anderen Seite gleich ausprobiert – die Prostitution erlebte eine bis dato nie gekannte Blüte. Es gab Lokalitäten, die diesen besonderen Vorlieben gerecht wurden, das *El Dorado* am Alexanderplatz, den Ort der Kinderliebhaber, Hermaphroditen und Flagellanten. Eine Welle zügelloser Freiheit, oder dessen, was man dafür hielt, schwappte über Berlin. Nackttänze, sogenannt künstlerische Ausdruckstänze, wurden vorgeführt und erfreuten sich allgemeiner Beliebtheit, und die Hure im Matrosenkleidchen, mit artig geflochtenen Zöpfen und Schulranzen auf dem Rücken, ließ sich von reichen Lüstlingen befingern. Typisch für die Atmosphäre sexueller Freizügigkeit war auch das Institut für Sexualwissenschaft von Hans Magnus Hirschfeld, der sich als Volksaufklärer betätigte und bei allen Fragen des Sexuallebens Rat gab. In seinem Museum war alles zu finden, was Herz und Liebe begehrten. Auch über abwegige Sexualpraktiken und Hilfsmittel konnte sich der Besucher informieren. Der weitaus wichtigere Teil der Arbeit des Instituts jedoch war die Verhütungsberatung und Aufklärung über Geschlechtskrankheiten.

Aus Amerika kam der erste Jazz.

Ohne diese überschäumende Lebensgier hätte der »Ring« ab 1924 wohl nicht das werden können, als was er bald immer mehr in Erscheinung trat: Kontrolleur der Vergnügungsindustrie, der feinen, erst recht aber der groben Art.

Und mittendrin, rund um den Alexanderplatz, »Immertreu« und Muskel-Adolf.

Verrat

Wir schreiben das Jahr 1926, es ist Sommer. Die Wolters, zugleich Ringbrüder bei »Deutsche Kraft«, hatten sich sehr dumm angestellt. Eigentlich wollten sie einen schönen Bruch begehen. Tagelang hatten sie die Villa ausspioniert, bis der geeignete Moment kam. Jetzt oder nie!

Was sie nicht ahnen konnten, war, daß just in der Nacht des Einbruchs ganz in der Nähe der Villa ein Mord geschah. Die Kripo war schnell zur Stelle, und die beiden verdächtig in der Dunkelheit herumschleichenden Gestalten wurden aufgegriffen.

Die Brüder Wolters, jung an Jahren und Erfahrung, wurden im Polizeipräsidium Kommissar Engelbrecht übergeben. Der war ein erklärter Gegner des »Rings«. Natürlich wußte er, daß die Vereine Mord strikt ablehnten. Aber er witterte seine Chance. Wenn er die beiden Kerle unter Druck setzen würde, dann könnte er sicher erfahren, welche Verbrechen im »Ring« geplant waren. Mehr noch, er könnte vielleicht sogar Namen aus den Brüdern rausquetschen, was seiner Karriere sicherlich dienlich wäre.

»Also Jungs«, sagte er, »nun gesteht mal den Mord!«

»Nee nee, keen Mord nischt«, verteidigten sich die Brüder Wolters. Damit kamen sie bei dem erfahrenen Kommissar aber nicht an.

»Ihr wart in der Nähe des Tatorts, gesteht endlich, das kann euch vorm Galgen retten.«

Die Brüder fingen an zu schwitzen. Kläglich rutschten sie auf dem Verhörstuhl umher, gaben den Einbruch zu, aber ja doch, man war Dieb, ein redlicher dazu, mit so etwas wie Mord habe man nichts zu tun, wolle man auch gar nicht.

Es half ihnen nichts. Je mehr sie leugneten, umso mehr hackte Engelbrecht auf ihnen herum. Natürlich wußte er, was er ihnen antat. Aber was macht das schon? Die Kerle sollten plaudern.

Und endlich fingen sie an. Aber erst, nachdem der Kommissar ihnen zugesichert hatte, daß er im Mordfall nicht weiter in ihre Richtung ermitteln werde. Wenn, ja wenn sie Namen nennen würden.

Und die Wolters lieferten die Namen ihres Vereins, den Namen ihres Hehlers, des Tipgebers, des Geldgebers, denn Einbruchwerkzeug war teuer ...

Zufrieden lächelte der Kommissar und ließ die beiden Figuren laufen. Was keine der drei Personen wußte: Im Polizeipräsidium saßen die Spitzel des »Rings«, bestochene Kripobeamte. Umgehend erfuhr der Vorsitzende von »Deutsche Kraft« vom Verrat der Ringbrüder Wolters.

Ob sich die beiden Männer zur Vereinssitzung einfanden, ist unbekannt. Einige Tage nach ihrem Verrat wurden sie jedenfalls im Stadtteil Wilmersdorf von ihren Vereinsbrüdern gestellt und bekamen kurzerhand eine Tracht Prügel, die sich gewaschen hatte.

Jetzt wußten die beiden, daß sie in nächster Zeit im Verein keinen Fuß mehr auf den Boden bringen würden. Mehr noch: Sie wußten, welche Strafe auf Verrat stand. Also folgerten sie, daß die Prügel nur die Vorstufe für weit Schlimmeres sein sollte. Mit blauem Auge und zerschundener Haut gingen sie auf geradem Wege ins Polizeipräsidium am Alexanderplatz zu Kommissar Engelbrecht. Er war es doch, der ihnen die Suppe eingebrockt hatte, und jetzt sollte er ihnen gefälligst Personenschutz geben.

Doch der Kommissar interessierte sich nicht für den Fortgang der Angelegenheit. Er hatte sein Ziel erreicht; die Brüder hatten geplaudert, jetzt sollten sie gefälligst verschwinden.

Geknickt verließen die beiden das Präsidium.

Die polizeilichen Zuträger des Vereins informierten abermals umgehend den Vorsitzenden von »Deutsche Kraft«. Eine interne Notsitzung wurde angesagt. Dabei anwesend war nur der Vorstand, der über die Strafe befinden mußte. Doch die stand ohnehin lange fest ...

Zwei Tage später fanden die Wolters' Post im Briefkasten. Für jeden einen schwarz umrandeten Brief mit identischem Inhalt. »Herzliches Beileid zu Deinem Ableben« war zu lesen. Man braucht keine Phantasie, um sich die Todesangst der Männer vor Augen zu halten.

Die ersten Tage blieben sie in der Wohnung. Doch irgendwann waren sämtliche Essensvorräte aufgebraucht. Sie mußten einkaufen gehen. Sie gingen immer gemeinsam, um sich notfalls gegenseitig helfen zu können. Aber zunächst geschah nichts. Tagelang blieb es ruhig. Fast schien es, als kämen sie aus unerklärlichen Gründen noch einmal davon, bis sie eines Vormittags unvermittelt auf dem Weg zum Einkaufen von hinten angerufen wurden. Entsetzt drehten sie sich um. Im Stadtteil Mitte wurden sie auf offener Straße mit einem Revolver niedergeschossen. Dutzende Zeugen hatten es gesehen. Aber der Mörder entkam unerkannt.

Der »Ring« hatte keine andere Wahl gehabt. Wollte er weiterhin eine starke Organisation bleiben, dann mußte er exemplarisch vorgehen, sonst wären sämtliche Statuten Makulatur geworden.

Der Rattenkrieg

Während der »Ring« es als Ehre ansah, keinerlei Gewalt bei Straftaten einzusetzen, gab es Vereine, die nicht bereit waren, auf Gewalt zu verzichten. Zum »Freien Bund« gehörten Vereine wie »Die wilde 13«. Verächtlich wurden sie »Rattenvereine« genannt, weil sich unter ihnen viele »Rabauken« fanden, Schlägertypen, die gerne Rabatz machten. Mit solchen »Rattenvereinen« hatte der »Ring« immer wieder Probleme. Es kam zu Revierkämpfen und zu Abrechnungen in Form von Massenschlägereien.

Aber im »Ring« selbst blieb es allgemein ruhig.

Die Elite der Verbrecher hatte es nicht nötig, sich zu bekämpfen.

Verstöße gegen die im »Ring« herrschenden Regeln allerdings wurden unerbittlich geahndet. Das hatten nicht nur die Brüder Wolters zu spüren bekommen. Daß es dabei manchmal allerdings auch Pannen gab, mußte der Kellner Paul Koehne erfahren.

Das Schanklokal *Weber*, in dem Koehne tätig war, lag in

der Markusstraße 21. Hierher kamen am 21. März 1927 gegen 15 Uhr 30 zwei Herren, die sich nur kurz in der Gaststätte umsahen und dann schweigend auf den Kellner zugingen. Ihre bedrohlich aussehenden Gesichter müssen ihn gewarnt haben. Er wich zurück und rief ihnen noch zu:

»Ich hab doch nichts gemacht, was wollt ihr denn von mir?«

Da aber zogen die beiden Männer schon ihre Revolver und gaben wortlos mehrere Schüsse auf Paul Koehne ab. Vor den Augen der entsetzten Gäste brach der Kellner tot zusammen.

Die Mörder steckten ihre Waffen ein und verließen ohne Hast die Gaststätte.

Die Kripo ermittelte schnell, daß Koehne ein Mitglied des Vereins »Friedrichstadt« und Zuhälter war. Die Gaststätte *Weber* hingegen war ein zum Verein gehörendes Lokal. Es handelte sich, so mutmaßte die Kripo, um eine Auseinandersetzung zwischen den Vereinen »Felsenfest« und »Friedrichstadt«. Offensichtlich hatte es zwischen den beiden Vereinen Revierstreitigkeiten gegeben. Koehne habe wohl, so vermutete man, mit seinen Aktivitäten unerlaubterweise die Reviergrenzen überschritten, war anderen ins Gehege gekommen. Näheres aber bekam man nicht heraus. Weder Täter noch Auftraggeber wurden je gefunden.

Kurz nach dem Mord aber eilten die Vorsitzenden der Vereine »Friedrichstadt«, »Felsenfest« und des »Rings« herbei. Sie setzten sich gemeinsam im Vereinslokal an den Tisch. Willi Grossmann, Vorsitzender von »Felsenfest«, wohnhaft in der Markusstraße 4a mit Spitznamen »Bombe«, unternahm das einzig richtige. In aller Form entschuldigte er sich beim Vorsitzenden von »Friedrichstadt« für den Mord an Koehne. Denn wie sich herausgestellt hatte, war dieser Auftrag ein Irrtum gewesen, der auf einer Verwechslung basierte.

Der Bruderverein nahm die Entschuldigung ebenso förmlich an. Damit war die Angelegenheit erledigt und der »Ringfriede« wieder gesichert. Man wollte es auf gar keinen Fall auf blutige Bandenkriege ankommen lassen.

Die Vereine hielten sich strikt an die Grenzen der Reviere. Um dennoch Kontakte zwischen Ringbrüdern unterschiedlicher Vereine ermöglichen zu können, kam der »Ring« auf eine schlichte, aber äußerst wirkungsvolle Idee.

Jeder Verein hatte sein Vereinslokal. Zutritt nur für Mitglieder. Wenn aber Grenzen konsequent eingehalten wurden, dann konnte man bestimmte Bezirke nie verlassen. Um das zu ermöglichen, wurde ein zweites Lokal ausgewählt. Dies nannte der »Ring« »Verkehrslokal«. Dort durften Ringbrüder aller Vereine ihr Bier trinken oder Brüder zu einem Kartenspiel oder einem Raubzug treffen. Jeder Verein hatte solch ein Verkehrslokal.

Das von »Immertreu« war der *Schwarze Walfisch* in der Langestraße 43–45.

Das »Verkehrslokal« war neben dem Vereinslokal Zentrum krimineller Machenschaften. Hier saß »Schieleheinze« Willi Steeg vom Verein »Friedrichshain« neben dem »Luchs« von »Deutsche Kraft« und Bruno Herzlieb von »Apachenblut« in Treue beieinander. Ohne gestört zu werden, konnten sie ein »Geschäft« ausbaldowern oder knifflige Fragen lösen.

Die Verkehrslokale waren aber nicht nur für das gesellige Beisammensein wichtig.

Wenn ein Bruder zum Beispiel irgendwo angepöbelt oder gar tätlich angegriffen wurde, brauchte er nur ans nächste Telefon zu eilen und im »Verkehrslokal« anzurufen. Das Stichwort lautete »Ringalarm«, dann gab er den Standort durch.

Die anwesenden Brüder der verschiedenen Vereine alarmierten wiederum umgehend ihren Verein. Mit einem Alarmanruf konnten also gleich mehrere Vereine in Bewegung gesetzt werden. In Windeseile kamen, so herbeigerufen, dreißig oder vierzig Brüder dem Bedrängten zum Hilfe.

Schon dieser Schlagkraft wegen vermieden die Vereine jegliche Revierkämpfe. Das machte die Stärke des »Rings« aus.

Und untereinander? Rivalität zwischen Deymann, dem Brillantennepper und dem Falschmünzer Hademich? Nach außen gab es keine. Aber trotz aller Brüderlichkeit: Betrug lauerte überall. Paul Koehne mußte es schmerzlich erfahren. Es gab Ehrenhändel unter den »Apachen«, den Zuhältern. Die wurden mit Fäusten und Knüppeln ausgetragen. Doch solche Kämpfe waren nichts besonderes. Sie gehörten quasi zum »guten Ton«. Das Männerritual verlangte, daß die Ehre mit Fäusten verteidigt wurde.

Die Polizei kam – fast – immer zu spät.

Sie hatten noch um 1920 die Vereine sogar ausdrücklich geduldet. Denn sie wußte, wo sie ihre Ganoven finden konnte. Erst als die Kripo merkte, welche Laus in ihrem Pelz saß, versuchte sie den »Ring« zu sprengen. Ein sinnloses Unterfangen. Denn längst wurde mit der Staatsgewalt kooperiert ...

Die Polizei arbeitete wie beim Angeln. Ab und zu wurde ein Ganove erwischt und kam ins Zuchthaus. Die Organisation selbst aber konnte nicht geknackt werden.

Das zeigte sich in der Folge eines ungewöhnlichen Einsatzes, mit dem man hoffte, die Ermordung der Brüder Wolters aufklären zu können.

Daß die beiden Brüder durch ihren Verein umgenietet worden waren, war für die Kriminalpolizei keine Frage. Man konnte dem Vorstand von »Deutsche Kraft« zwar nichts beweisen, aber wer weiß, vielleicht gab es diesen oder jenen Bruder, der sich, unter den nötigen Druck gesetzt, gesprächig zeigen würde.

Also machten sich Beamte auf den Weg, sämtliche Brüder von »Deutsche Kraft« zu verhaften.

Langsam tuckerte ein Ausflugsdampfer den Kanal entlang. Er fuhr in Richtung Schmöckwitz. Dort hatte »Deutsche Kraft« sein Vereinslokal. An jenem heißen Augusttag im Jahr 1926 tagte er gerade. An Bord des Schiffes befand sich eine lustige Gesellschaft, ein großer Männergesangsverein.

Der Dampfer legte am hölzernen Landungssteg an, die Seile wurden befestigt, die kurze Gangway ausgelegt.

Bedächtig, wie es sich für die Mitglieder eines ehrwürdigen Gesangsvereins ziemte, ging man an Land.

Im Vorgarten des Lokals, in dessen Hinterzimmer »Deutsche Kraft« tagte, versammelten sich die Sangesbrüder im Halbkreis. Nachdem jeder sein Notenblatt gezückt hatte, begann man zu singen. »Wer hat dich, du schöner Wald ...«, tönte es aus vielen Kehlen. Hier und da hörte man zwar eine falsche Stimme, aber das tat dem Genuß keinen Abbruch.

Im Hinterzimmer hörten die Brüder von »Deutsche Kraft«

den Männerchor. Eine kulturelle Einlage könnte allen gut tun, mag der Vorstand gedacht haben. Und so verließen die Brüder einer nach dem anderen leichten Schrittes ihr Vereinszimmer und betraten den Vorgarten.

Endlich war der gesamte Verein »Deutsche Kraft« unter Gottes Himmel und lauschte den zarten Klängen.

Doch im gleichen Moment geschah eine Katastrophe.

Auf ein Kommando des Dirigenten ließen die Sänger ihre Notenblätter fallen, und noch bevor sie den Boden berührten, hielten die Männer Revolver in den Händen. »Alle Mann verhaftet« klang bestimmend das Kommando des »Dirigenten«.

So entpuppte sich der Chor als Polizeikompanie, die auf unblutige Weise einen gesamten Verein in Haft nehmen konnte.

Die Brüder wurden per Dampfer ins Präsidium am Alexanderplatz transportiert und verhört. Doch so originell die Polizei vorgegangen war, so sinnlos war das Unterfangen. Keiner der Vereinsbrüder legte ein Geständnis bezüglich der Morde an den Brüdern Wolters ab. Es gab nicht einmal den kleinsten Hinweis.

In den anderen Großstädten des Deutschen Reichs hatten sich mittlerweile ähnliche Vereine wie in Berlin gegründet. So gab es in Dortmund zwei, in Bochum ebenso zwei Vereine. In Braunschweig gründete sich einer, während Frankfurt am Main und Hamburg gleich mehrere besaßen.

Bereits um die Jahrhundertwende hatten die Vereine untereinander Kontakt. Es blieb nicht beim Dachverband »Ring Berlin«. Im Laufe der Zeit, bis 1928, gruppierten sich die Vereine Norddeutschlands, also Hamburgs, Bremens, Kiels, zum »Norddeutschen Ring«.

Vereine aus Mitteldeutschland, die es bereits um die Jahrhundertwende gab und die sich in Dresden, Gera, Potsdam und Rostock gegründet hatten, waren im Dachverband »Mitteldeutscher Ring« organisiert. Der »Mitteldeutsche Ring« wiederum war nicht eigenständig, sondern dem »Norddeutschen Ring« untergeordnet.

Die Expansionswut der Herren Ganoven brach vollends durch, als die drei großen Ringe »Berlin, Nord und Mittel«

die Dachorganisation »Ring Großdeutschland« ins Leben riefen.

Mit Beginn des 20. Jahrhunderts war die gesamte Unterwelt des Deutschen Reiches streng organisiert und miteinander verknüpft. Für alle galten identische Geheimstatuten. Lediglich die Namen der Ehrenmitglieder und bestochener Kripobeamter sowie Politiker lauteten anders. Sitzungen, Tagesordnungen, Ehrbegriffe, Strafen und Abgaben galten im ganzen Reich. Wenn wir hier nur von Berlin sprechen, dann, weil Berlin das Zentrum war, und es hier die meisten Vereine gab, bis zum Jahr 1934 nämlich 62 Ringvereine.

Die Vorgehensmuster der Vereine waren überall identisch. Was in Berlin geschah, ist übertragbar auf Bremen, München oder Köln.

Die Polizei stand diesem Phänomen hilf- und fassungslos gegenüber.

Wenn sie gegen die Unterwelt etwas ausrichten wollte, dann mußte sie gezwungenermaßen zu diesen Herren gute Kontakte bekommen und halten. Der »Ring« wiederum nutzte die Staatsgewalt für seine Zwecke. Bestochene Kripobeamte überprüften die Angaben der Vereinsanwärter, gaben Hinweise zu geplanten Razzien in den »Kokskellern« oder »Spielclubs«, ein Polizeipräsident Richter war ebenso wegen Bestechung angeklagt worden wie Kommissar König. »Die haben uns gebraucht. Die haben uns gebraucht wie die Butter aufs Brot«, so der Ringbruder Kiefert in seinen Erinnerungen.

Der »Geschäftsführer« des Vereins »Immertreu« Adolf Leib stellte denn auch fest: »1920 ist ein richtiges Banditen- und Räuberunwesen am Schlesischen Tor eingerissen. Damals haben wir dem Unwesen Einhalt geboten. Die Polizei hat es nicht fertiggebracht. Wenn wir auch vorbestraft waren, haben wir der Polizei doch geholfen. Unser Vereinslokal befindet sich gegenüber dem Polizeirevier. Wenn wir Herrenpartie machten, so hat uns die Polizei erlaubt, mit Musik durch die Straßen zu ziehen.« Polizeioffiziere kamen offiziell zu den Bällen. Noch 1929, als der »Ring« bereits als hochkriminelle Organisation bekannt war, bestätigte Polizeipräsident Zörrgiebel vor Gericht, daß er durch die Vereine viele Delikte aufklären konnte. Und Rechtsanwalt Dr. Dr. Erich Frey meinte, Kleinkriminalität sei durch die Vereine ausgemerzt, denn diese würden »die Straße beschützen«.

»Wilderer« und stadtfremde Ganoven wurden der Polizei gemeldet, wenn nicht gar übergeben, und hohe Kripobeamte saßen mit dem Ringvorstand an einem Tisch, wenn er zum Gründungs- oder Silvesterball lud.

Natürlich gab es genug ehrsame Kriminalbeamte, die sich zur Aufgabe machten, das Verbrecherunwesen zu bekämpfen. Aber die bildeten keine nennenswerte Gefahr für den »Ring«. Zu fest waren die Strukturen inzwischen gewachsen.

Die hohe Schule des Einbruchs

Es war ein kalter Winterabend. Der Nordwind pfiff eisig durch die Frankfurter Allee. Vor einer Apotheke parkte ein Kraftwagen. In eine Decke gehüllt saß darin Herbert Lexer, der »Luchs«, ein Tscheche vom Verein »Deutsche Kraft«, sowie Manfred Bastubbe, der Gentlemen-Einbrecher. Pünktlich um 19 Uhr ließ der Apotheker das Gitter vor seinem Laden herunter.

Die Temperatur im Winter 1926 lag tief. Dennoch hielten es die beiden Brüder bis kurz vor Mitternacht im Auto aus. Als die Straße menschenleer vor ihnen lag, verließen sie den Wagen. Zähneklappernd huschten sie zu der im Schatten gelegenen Eingangstür.

»Jetzt zeig, was du kannst«, forderte der »Luchs« seinen Bruder auf und drückte ihm den großen Bund Dietriche in die Hand.

Bastubbe wählte einen aus. Er hatte richtig getippt, es war ein passender. Lautlos öffnete er das Schloß. Sie schoben sachte das Gitter zur Seite, gingen durch die Tür und kamen in einen kleinen Hof. Dort mußten sie nicht lange suchen. Der Vorstand des Vereins hatte einen guten Plan geliefert.

Bastubbe holte den Diamantschneider aus der Hosentasche. Er ritzte über die Glasscheibe.

Nun standen sie in der Apotheke. Kurz blinkte ihre Taschenlampe auf. In der Ecke stand das gesuchte Objekt, der Giftschrank. Der »Luchs« stellte die mitgebrachte Ledertasche auf den Fußboden und öffnete sie. Dann holte er die »Feinheiten« heraus. Bastubbe nahm die angebotene »Brustleier«, der »Luchs« packte das Stemmeisen. Die Arbeit mußte leise erfolgen. Schon bald sprang die Tür auf.

»Die Kasse lassen wir liegen«, bestimmte der »Luchs« als älterer Bruder, denn was im Schrank zu finden war, bedeutete ihm mehr als das Bargeld.

Sie waren auf das Morphium aus, das reichlich im Giftschrank zu finden war. Damit machte man zu dieser Zeit die besten und schnellsten Geschäfte. Zu viele Kriegsheimkehrer hatten unter ständigen Schmerzen zu leiden, zu viele Geheilte waren um den Preis der Morphiumsucht von ihren Schmerzen befreit worden.

Vorsichtig packten sie die Ampullen in ein hölzernes Etui. Auf gleichem Wege, wie sie gekommen waren, verschwanden sie in der Dunkelheit der Stadt.

Für den im Jahr 1900 in Hongkong geborenen Bastubbe war dies der erste Einbruch. Er hatte ihn mit Bravour gemeistert. Das hätte er sich als Kind nie träumen lassen. Sein Vater, ein Marineoffizier, hatte gewollt, daß Manfred Militärarzt wurde. Doch kurz vor dem Krieg starb der Vater, und die Mutter kehrte mit dem Sohn nach Deutschland zurück. Der Krieg beendete seine Schulbildung. Bastubbe hatte allerdings geschickte Hände, wie der »Ring« sehr schnell herausgefunden hatte. Er wurde als hervorragender Einbrecher bekannt.

Diesen »handwerklichen« Beruf bot der »Ring Berlin« seinen begabten Brüdern bereits um die Jahrhundertwende an. Dazu mußte der Betreffende einer Ausbildung nachgehen, die von der Handwerksinnung trotz guter Leistung sicher nie anerkannt worden wäre.

Nicht weit vom Polizeipräsidium am Alexanderplatz hatte eine kleine Schmiede ihren Sitz. Der Besitzer Paulus, ein untersetzter Mann, bekam recht häufig Besuch von Kripobeamten. Sie brauchten ihn, wenn bei einer Razzia ein Türschloß geöffnet oder ein Schloß gesprengt werden mußte. So wurde der Hufschmied zu einer bekannten Größe im Präsidium.

Er verkehrte öfter in der Polizeikantine, saß mit Beamten am Tisch bei einem Kaffee und hörte von geplanten Razzien oder Haftbefehlen. Paulus war ein geschätzter Bürger und zugleich der Ausbilder einiger der großen Berliner Einbrecher.

Im Hinterraum seiner Schmiede, sozusagen unter den wachsamen Augen der Polizei, fand sich alles, was das Herz eines Ganoven höher schlagen ließ.

Die Einbruchsmethoden um die Jahrhundertwende waren geprägt von Handwerksarbeit. Schweißgeräte gab es noch keine. Sie kamen erst um 1928 auf den Markt.

Ein rechter Einbrecher mußte somit die manuellen Werkzeuge kennenlernen. Er brauchte eine Rund-, Flach- und Spitzfeile und mußte sie beherrschen. Nach einiger Zeit bekam er von Paulus die verschiedensten Schlösser vorgelegt. Von reich ziselierten Kunstwerken an Sekretären und Schränken, bis zu schlichten Werkstücken von Haus- und Hoftüren. Der Lehrling mußte sie in sämtliche Einzelteile zerlegen, bis er mit geschlossenen Augen ihren Mechanismus verstand.

Nach der Theorie kam die Praxis. Es galt, die verschiedenen Dietriche zu studieren, denn ein Drückerschloß brauchte einen anderen Dietrich als ein Z-Schloß. Ein geschickter Einbrecher mußte den Unterschied beider Schlösser auf Anhieb erkennen.

Ein guter Einbrecher öffnete binnen weniger Sekunden ein Schloß. Er mußte es können, um nicht auf frischer Tat ertappt zu werden.

Die Einbruchstaktik um die Jahrhundertwende betätigte sich auch an Türfüllungen. Die sollten möglichst geräuschlos aufgebrochen werden. Ringmitglied und Ausbilder Paulus hatte dazu in seiner Werkstatt mehrere Probeexemplare stehen, an denen sich der Einbrecher unter seiner Anleitung üben konnte. So eine Türfüllung wurde mit einem Handbohrer mit dicht an dicht gelegenen Löchern versehen, so daß die Trennwände mit einem scharfen Messer durchschnitten werden konnten. Der Einbrecher aber mußte wissen, daß es Türen mit Halbfüllung, Nachriegel und sogar eingearbeiteten Stahlstiften gab.

Der Einbrecher konnte nie wissen, auf welche Hindernisse

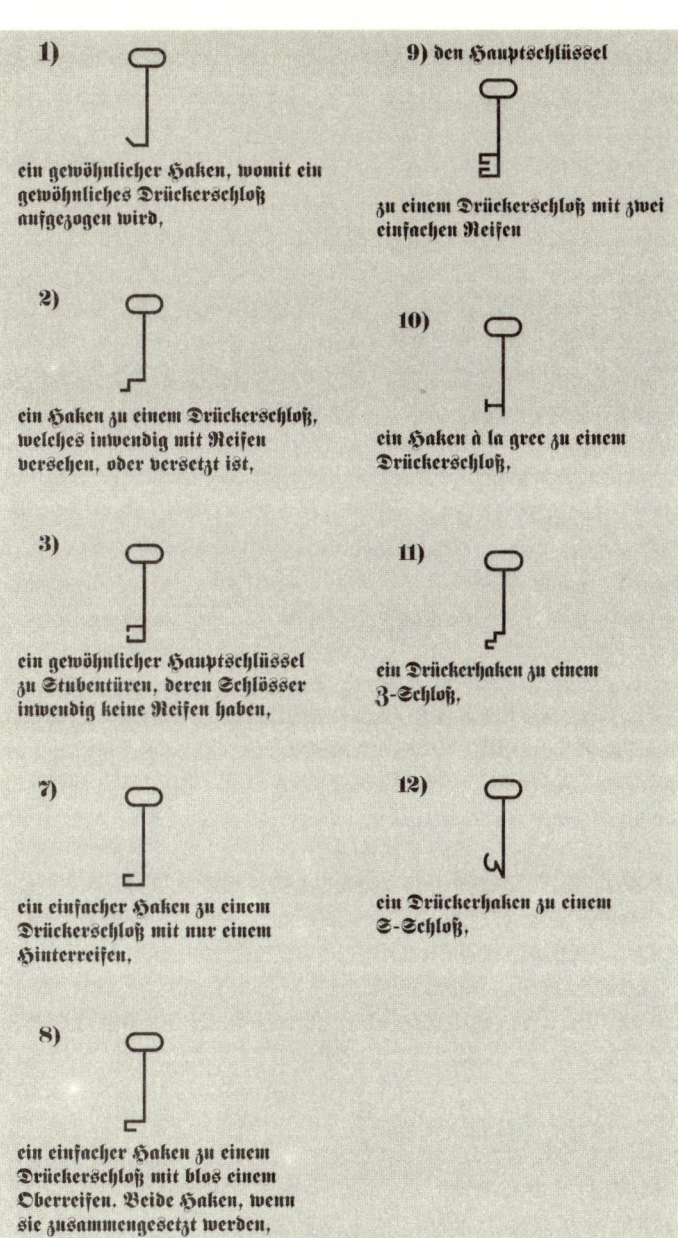

1)

ein gewöhnlicher Haken, womit ein gewöhnliches Drückerschloß aufgezogen wird,

2)

ein Haken zu einem Drückerschloß, welches inwendig mit Reifen versehen, oder versetzt ist,

3)

ein gewöhnlicher Hauptschlüssel zu Stubentüren, deren Schlösser inwendig keine Reifen haben,

7)

ein einfacher Haken zu einem Drückerschloß mit nur einem Hinterreifen,

8)

ein einfacher Haken zu einem Drückerschloß mit blos einem Oberreifen. Beide Haken, wenn sie zusammengesetzt werden, bilden

9) den Hauptschlüssel

zu einem Drückerschloß mit zwei einfachen Reifen

10)

ein Haken à la grec zu einem Drückerschloß,

11)

ein Drückerhaken zu einem Z-Schloß,

12)

ein Drückerhaken zu einem S-Schloß,

Aus: »Die Diebe in Berlin« von Carl W. Zimmermann, 1847.

er stoßen würde, deshalb mußte er sein gesamtes Arbeitsmaterial mitschleppen. In der Arbeitstasche fand sich ein Zentrumsbohrer mit auswechselbaren Bohrern, ein kleiner Bohrer für die Feinarbeit, eine Stichsäge, ein Meißel, mehrere Keile verschiedener Größen. Außerdem ein Hammer, eine Zange, Nägel verschiedener Art und Größe, sowie ein scharfes Messer. Vervollständigt wurden die Utensilien durch ein Feuerzeug, eine Kerze zum Leuchten, den Bund Dietriche und einen Sack zum Abtransportieren der heißen Ware.

Nicht jeder Einbrecher wollte sich dieser Schlepperei unterziehen. Ein Moses Levin Löwenthal wurde um die Jahrhundertwende zu einer regelrechten Berühmtheit, weil er sich die Mühe machte, sämtliche Schlösser aufzukaufen, die sich auf dem Mark befanden. Der Spaß kostete ihn über 3000 Reichstaler. An den Schlössern aber betrieb er Studien, bis es kein Hindernis mehr gab und er sie sozusagen blind öffnen konnte. Auch Salomon W. gehörte der ehrsamen Zunft der Einsteigediebe an, wie sie genannt wurden. Ein wirklich hochbegabter Künstler in seinem Fach. An seinem Messer hatte er einen Pfeifenräumer befestigt, mit dem er die größten Vorhängeschlösser geschickt öffnen konnte.

Paul Kassner, der Zoo-Räuber?

Neue Straftaten des „Königs der Fassadenkletterer".

Der kürzlich wiederergriffene „König der Fassadenkletterer" Paul aKssner, der sich gegenwärtig in der Strafanstalt Tegel befindet, um dort den Rest seiner letzten Strafe zu verbüssen, die er zweimal durch die Flucht unterbrochen hat, ist in neuen, sehr schweren Verdacht geraten.

Er soll derjenige Einbrecher gewesen sein, der am 12. Dezember vorigen Jahres den kühnen Kassenraub im Zoologischen Garten verübte und dabei 30 250 Mark erbeutete.

Wie verlautet, soll Kassner in dieser Angelegenheit sehr schwer belastet sein. Vor längerer Zeit schon war ein gewisser Tiemann, der gegenwärtig in Hamburg eine mehrjährige Gefängnishaft verbüsst, als Täter verdächtigt worden. Es steht fest, dass Tiemann und Kassner in enger Beziehung standen. Durch einen dritten Mann, der mit Tiemann und Kassner bekannt ist, kam die Polizei auf die Spur Kassners. Er war zu jener Zeit gerade in Freiheit, d. h. aus dem Gefängnis ausgebrochen und man erfuhr, dass er einen Tag nach dem Zooraub eine grosse „Sektreise" gemacht hatte, bei der er mehrere tausend Mark für sich und seine Freunde ausgab. In jenen Tagen hatte er auch eine Affäre mit einem Droschkenchauffeur, den er auf einer Fahrt mit dem Revolver bedrohte. Nachdem Kassner verhaftet worden war, begann man mit der Untersuchung aller dieser Affären, und während man in den wegen des Zoo-Raubes immer mehr verdächtigt haben soll, ist die Sache mit dem Droschkenchauffeur harmloser ausgegangen. In diesem Falle hatte die Staatsanwaltschaft zunächst Anklage wegen räuberischer Erpressung erhoben, die auf Antrag des Rechtsanwalts Dr.Eisenstädt dann aber auf Nötigung abgeändert wurde, weil es

sich nur um eine betrunkene Geschichte handelt. Indessen sind aber

gegen Kassner, der in der Strafanstalt Tegel sitzt, besondere Vorsichtsmassregeln ergriffen

worden, um zu verhindern, dass er wieder ausbricht. Er wird aufs Strengste überwacht, und, obgleich er eigentlich wegen der neuen gegen ihn erhobenen Beschuldigungen in das Untersuchungsgefängnis Moabit gebracht werden müsste, lässt man ihn wegen der grösseren Sicherheit in Tegel. Zu den einzelnen Vernehmungen auf dem Polizeipräsidium wird Kassner an Händen und Füssen gefesselt, von fünf Beamten, die scharf geladene Revolver mit sich führen, in besonderen Gefangenentransportwagen gebracht. Bei Vorführungen im Gefängnis muss er vorher und nachher peinliche Untersuchungen über sich ergehen lassen. Ausser dem Beschuldigung, den Zooraub gemeinsam mit Tiemann ausgeführt zu haben, wird ihm noch

eine wahre „Bädertournee" von Scheveningen über Schlangenbad und Salzschlirf nach Wiesbaden, bei der er durch Fassadeneinbrüche grosse Werte erbeutete,

zur Last gelegt. Ferner soll er in Mainz, Frankfurt a. M. und Düsseldorf Einbruchsdiebstähle verübt haben. Auch ein Einbruch in die Villa einer Freifrau von Münchhausen in Wiesbaden geht auf sein Konto, so wie etwa 10 bis 15 Straftaten kommen, die er alle in der Zeit verübt haben soll, die er sich selbständig und in der Zeit als „Strafurlaub" genommen hat. Kassner bestreitet alles, was ihm zur Last gelegt wird und behauptet, es gäbe noch mehr Fassadenkletterer ausser ihm.

Berliner Tageblatt – 21. 7. 1928

Dies waren aber Einzelunternehmer, die außerhalb der Norm standen. Mit Aufkommen der Ringvereine hoffte die Organisation nicht mehr auf zufällige Künstler. Jetzt sollte das gesammelte Wissen zu Ruhm und Ehre des »Rings« weitergegeben werden. Es kamen die Spezialisten.

Da gab es Paul Kassner, den »König der Fassadenkletterer« wie er voller Hochachtung durch die Kripo genannt wurde.

Kassners Arbeitsgebiet war das ganze Deutsche Reich. Er hatte in Mainz, Frankfurt am Main, Düsseldorf und Wiesbaden mehrere Villen ausgeraubt und war in etliche Wohnungen eingestiegen. Da er dabei zwei-, drei und auch vier Etagen an der Hausfassade hochklettern mußte, was er mit großer Behändigkeit vollbrachte, wurde er zu einem Unterweltidol.

Immer nachts, im Schatten von Bäumen oder Hausvorsprüngen, griff er mit artistischer Geschicklichkeit zu. Er kam über die Dächer und ging auf demselben Weg zurück. Eine Freifrau von Münchhausen bestahl er, während sie vor dem Frisiertisch saß. In Berlin leerte er sämtliche Safes des Hotels *Bristol*. Insgesamt wurden ihm 15 gekonnte Klettereien nachgewiesen. Mehrmals kam er ins Gefängnis. Und mehrmals brach er wieder aus. Sein kühnstes Unterfangen aber war der Kassenraub im Zoologischen Garten, den er im Dezember 1925 verübte. Diesmal allerdings ließ ihn seine Intelligenz in Stich. Einen Tag nach dem Raub von 30 250 Reichsmark ging der Fassadenkletterer auf eine große »Sektreise« und zeigte sich den Brüdern und Mädchen gegenüber äußerst spendabel.

Vor wem die Kripo den Hinweis bekam, ist unbekannt.

Er wurde verhaftet.

Vor Gericht stand er unter schwerster Bewachung. Er war an Händen und Füßen gefesselt, wurde von fünf Beamten begleitet, die alle eine geladene Waffe mit sich führten.

Vor und nach jeder Gerichtsverhandlung mußte Kassner, der ungekrönte »König«, peinlichste Untersuchungen über sich ergehen lassen. Nicht nur, daß er sich entkleiden mußte, auch in den Körperöffnungen wurde nach winzigen Dietrichen gesucht, mit denen er die Handfesseln hätte lösen können.

Von einem weiteren Ringbruder ist bekannt, daß ihm die Flucht aus dem Zuchthaus Brandenburg gelang. Gregor Wittrack war mit einem zweiten Bruder in eine Villa bei Friedrichshagen eingebrochen. Sie wurden auf frischer Tat ertappt und wagten die Flucht. Aus welchem Grund auch immer, diesmal zückte die Polizei die Waffe und schoß. Der namentlich nicht bekannte Ringbruder wurde getötet, Wittrack zu einer Zuchthausstrafe verurteilt. Wie ihm die Flucht gelang, ist nicht mehr zu recherchieren. Fraglos aber mußte er dabei Hilfe gehabt haben. Die Zuchthausregeln waren damals wesentlich strenger als die heutigen Gefängnisvorschriften. Besuche gab es nur selten. Die Männer durften auch keine private Kleidung in die Anstalt bekommen. Daß bei solchen Aktionen der »Ring« dem inhaftierten Bruder half, wissen wir. Am 27. Juli 1928 schrieb dazu das *Berliner Tageblatt*, daß »die Berliner Schwerverbrecher, die sicher an Gerissenheit und Verwegenheit keinen Vergleich zu scheuen brauchen, in der nächsten Umgebung Berlins untergebracht werden. Hier besitzen sie Anhang [...] und können im Fall des Ausbruchs leichter untertauchen«.

Ein weiterer dieser »schweren Jungs« war der »Ausbrecherkönig« Franz Kirsch, dem gleich viermal hintereinander die Flucht gelang, zum letzten Mal am 4. Juli 1928. Er wurde mittags zur Vernehmung, die im Zuchthaus Sonnenburg stattfand, in das Verwaltungsgebäude geführt. Die Beamten paßten einen Moment nicht auf, und Franz Kirsch war »auf Nimmerwiedersehen« entschwunden. Auf welchem Weg, mit welcher Unterstützung, und ob es geplant war, all dies blieb unbekannt. Er hatte durch wahrlich spektakuläre Fluchten von sich reden gemacht. Hierbei konnte er stets auf die Hilfe seiner Brüder rechnen. Kirsch wurde im November 1927 in Hamburg gestellt und sollte nach Berlin transportiert werden. Dazu wurde er in einen Gefangenentransportwagen gesperrt. Die Insassen saßen dazu in winzigen Verschlägen ohne Kontakt untereinander.

Während dieser Fahrt holte der Bruder aus seinem mitgeführte Besitz einen kleinen Handbohrer und eine Eisensäge hervor. Er durchlöcherte den Wagenboden und sägte die Verbindungsstellen mit der Eisensäge durch. Die Öffnung war groß genug für ihn. Während der Fahrt ließ er sich auf die Straße fallen.

Wie kam es, daß seine Habe nicht durchsucht wurde? Schier unmöglich. Die Beamten dachten an die eigene Sicherheit und durchsuchten automatisch den Besitz, schon um auszuschließen, daß der Häftling eine Waffe dabei hatte. Somit muß ein Beamter den Bohrer und die Säge gesehen haben. Daß er es nicht meldete, sondern im Gegenteil beides dem Ausbrecherkönig ließ, läßt auf Bestechung schließen. Woher bekam Kirsch während der kurzen Zeit der Untersuchungshaft in Hamburg sein Ausbruchswerkzeug? Es liegt auf der Hand, daß hier die Ringbrüder aus Hamburg geholfen haben. Kirsch flüchtete über die Felder und hielt sich mit Einbrüchen über Wasser. So verschaffte er sich auch die nötige Kleidung. In Berlin schloß er sich gleich wieder dem »Ring« an und bekam diverse Aufträge. Er knackte mehrere Geldschränke und lebte fürstlich davon. Im Juni 1928 plante er einen Raub. Das Ziel war die Kasse des Bahnhofs von Geltow. Doch sein »Schmieresteher« war miserabel. Ein Bahnhofsbeamter hörte nachts verdächtige Geräusche und näherte sich dem Kassenraum, um nachzusehen. Franz Kirsch bemerkte es erst in letzter Sekunde. Er mußte flüchten. Der Beamte aber war ein wagemutiger Mann, der die beiden Einbrecher ohne Zögern verfolgte. Er konnte Franz Kirsch zu Fall bringen und festhalten. Seine »Schmiere« rannte weiter wie vom Teufel verfolgt.

Natürlich ging dies alles nicht geräuschlos ab. Die Polizei war schnell zur Stelle, von Nachbarn alarmiert.

Erst auf der Polizeiwache von Geltow wurde der Geldschrankknacker als Kirsch identifiziert. Unter größter Bewachung wurde er zurück in das Zuchthaus Sonneburg gebracht, von wo aus er bislang dreimal geflüchtet war. Dort sperrte man ihn in eine besonders ausbruchsichere Zelle, die gleich zweifach vergittert war. Außerdem mußten die Beamten nachts mehrmals nachschauen, ob der Ausbrecherkönig etwaige Fluchtvorbereitungen traf. Sein vierter Ausbruch diente einem Mithäftling ebenso als Fluchtweg.

Unter den »Schränkern« und »Einsteigedieben« gab es damals auch schon Serienverbrecher. »Zu dieser Zeit waren die Geldschrankknacker obenauf, damals machte man das nicht so wie später, daß man sich die Mühe ersparte und durch Revolver die Wächter in Schach hielt oder Geiseln nahm, sondern damals war das noch gute alte ehrliche Handwerksarbeit, es war nicht so einfach, ein geübter Einbrecher zu sein«, sagt Professor Heinitz.

Die »Schränker« waren auch meist gut gebaute Männer, denn sie mußten schwere Türen aufstemmen und mitunter solch einen massiven Klotz verrücken, um von der Hinterwand aus in den Innenraum des Safes zu kommen. »Dett waren alles solche Hirten, Zwei-Zentner-Männer. Fritze Liesen aus Immertreu, das war en Hirte, so n' Rotköpfiger, und den konnten sie nur mitkriegen uffs Revier, wenn se gut zugeredet ham, die Polizei«, erzählt Kiefert.

Gemessen an Kamikaze-Aktionen enthemmter Einzelkrimineller waren die Ringbrüder mitunter von banaler Kleinbürgerlichkeit. Mit großkalibrigen Verbrechern hatte man dort wenig im Sinn. So machte zwischen 1928 und 1931 der Fall des 35jährigen Fritz Opitz Schlagzeilen. Auf sein blutiges Konto gingen 64 Eisenbahnattentate, 57 Raubüberfälle und drei Raubmorde. Opitz war ständig mit zwei Mauserpistolen vom Kaliber 7,65 unterwegs und schoß wie ein Wilder um sich. Bei einem Raubüberfall auf eine Eisenbahn zählte die Kripo 52 Einschläge aus seiner Waffe. Er wurde gefaßt und am 12. Oktober 33 mit dem Fallbeil hingerichtet. Aber auch die Brüder Max und Walter Götze lebten enthemmt. Auf ihr Konto gingen 157 schwere Verbrechen, von bis zu vier Raubüberfällen pro Nacht bis zum Mord. Sie hinterließen zwei Tote und 16 Schwerverletzte. Am 30. Juni 1938 kam ihr Henker.

Die Täter Franz und Paul Baumeister unternahmen zwischen 1929 und 1943 ungezählte Raubüberfälle im gesamten Deutschen Reich. Erst nach dem 20. Raubüberfall erkannte die Kripo Zusammenhänge und konnte gezielt suchen. Da Paul Baumeister Polizeibeamter war, wußte er die Ergebnisse der Ermittlungen frühzeitig. Er trug Schuld am Tode von vier Geldboten und starb durch Selbstmord vor der Verhaftung.

Solche Brachialkriminalität war im »Ring« nicht gut angesehen.

Bevor es zu einem Bruch kommen sollte, mußten mehrere Schritte bedacht werden.

Alles mußte ausbaldowert, durchplant werden.

Der Ort des geplanten Einbruchs wurde beobachtet, die richtige Zeit für den Bruch durchdacht, sich um eventuelle Schlafgewohnheiten des Opfers gekümmert und vor allem nachgerechnet, wieviel Zeit für den Bruch zur Verfügung stünde.

Vor Gründung des ersten »Reichsvereins« ging der zukünftige Dieb, der »Kabber«, auf seinen »Zinkplatz«, den Ort, wo er Kollegen finden konnte. Dort wählte er sich eine »Schmiere«, einen Aufpasser, aus.

Auch in diesem Beruf gab es Spezialisten. Denn es war nicht damit getan, mal eben unter einem Baum zu stehen und dann »Gefahr!« zu rufen, wenn alles zu spät war. Der Einbrecher durfte keine »Lampe« erhalten, also weder verraten noch überrascht werden. Die »Schmiere« mußte die »stille« und die »volle Lampe« geben können.

Eine »stille« konnte der zufällige nächtliche Passant sein, oder ein Wächter, der seine gewohnheitsmäßige Runde drehte. Die »Schmiere« mußte geschickt genug sein, zwischen zufälligem Passanten und Polizei oder Spitzel unterscheiden zu können. Dies lernte er nur durch Erfahrung. Ein »stiller« wurde durch das Schnalzen mit der Zunge angekündigt. Die »volle Lampe« war eine verdächtige Person oder ein ebensolches Geräusch. Dann mußte die »Schmiere« laut »Lampen, Lampen!« rufen, und der Einbrecher konnte nur noch das Hasenpanier ergreifen.

Doch nicht nur der Bruch wollte gut durchorganisiert sein, auch an ein hieb- und stichfestes Alibi mußte gedacht werden.

Mit Aufkommen der Vereine war dies jedoch kein wirkliches Problem mehr. Der Verdächtige konnte einfach angeben, er habe mit seinen Genossen zur fraglichen Zeit am Stammtisch im Lokal gesessen. Darauf leistete jeder Bruder einen Eid, ebenso die Bedienung des Lokals und natürlich auch die Mädels ...

Natürlich zweifelten die Kriminalisten solche Alibis zu Recht an, doch nur, solange sie das Gegenteil nicht beweisen konnten ...

Und je öfter die Kripo Alibis bezweifelte, um so trickreicher wurden die Brüder. So berichtet Ringbruder Kiefer:

»Außem Pelzgeschäft wurden 20 Pelze gestohlen, und die Kripo kam drauf, und dann ging ich hin zu den beiden [Brüdern], die hatten 'nen Skatblock, und da ham sie sämtliche Spiele draufgehabt. Das wurde kontrolliert, und Flaschen standen auf dem Tisch, mit zwei Frauen zusammen, und sie [die Kripo] konnte nichts beweisen, sie mußten mich wieder entlassen. Da war der Skatblock, und die Kripo hat sämtliche Spiele kontrolliert, da standen ungefähr 50 Spiele drauf, war alles einwandfrei.«

Natürlich waren die Blöcke schon vorher präpariert worden. Die Kripo rechnete die Spiele nach, sie fand keinen Hinweis darauf, daß sie in Hast als Irreführung entstanden sein sollen. Also mußte Bruder Kiefert schon längere Zeit am Tisch gesessen haben. Er war raus aus dem Verdacht.

Noch um 1850 zogen ganze Diebesgruppen mit dem Pferdewagen beutesuchend durch ländliche Gebiete. Um die Jahrhundertwende allerdings hatten sich die klügsten Köpfe dieser Zunft längst zusammengeschlossen, und eine Aura von zauberischer Geschicklichkeit, überragender Intelligenz und atemberaubender Kühnheit umgab sie, die sie zu noch mehr fachlichem Können anstachelte. Diese Art Männer wurde in den 20er Jahren als »Gentleman-Einbrecher« seitens der restlichen Ganoven mit Hochachtung begegnet, und selbst die Polizei versagte ihnen nicht einen gewissen Respekt. »Der wirklich zünftige Einbrecher«, so erklärte der Kriminalist Oskar Klausmann, »wird sich nicht dazu hergeben, einen Mord oder Mordanfall zu begehen. Er ist viel zu klug dazu.«

Einer dieser Gentleman-Einbrecher war Manfred Bastubbe, der mit dem Einbruch in die Apotheke in der Frankfurter Allee im Winter 1926 so etwas wie sein Gesellenstück geleistet hatte und zwei Jahre später eindrucksvoll zeigte, was ein vollendeter Kavalier ist.

Von seinem Verein hatte er einen guten Hinweis auf eine Villa im Grunewald bekommen, dem vornehmen Stadtteil mit den begüterten Bewohnern in ihren Häusern. Die Villa gehöre einer Tänzerin, die aus Mißtrauen gegenüber den Banken ihren gesamten wertvollen Schmuck sowie ihr Bargeld in einer hölzernen Truhe im Wohnzimmer verwahre. Personal sei keines anwesend. Das Schlafzimmer der Tänzerin liege im ersten Stock, das Wohnzimmer im Parterre. Der Information nach war es kinderleicht, an die Ware zu kommen.

So schlich also der Ringbruder im Schutz der Dunkelheit um das besagte Haus. Geduldig wartete er auf ein Zeichen, aus dem er schließen konnte, daß es tatsächlich kein Personal gab. Nach zwei Stunden endlich war er sicher, daß die Tänzerin schlief und niemand anderer im Haus anwesend war.

Mit einem Messer löste Bastubbe die Scheibe der Verandatür, so daß er hindurchgreifen und die Verriegelung lösen konnte. Sachte betrat er den mit Teppichen ausgelegten Raum. Er stand im Salon, wie er sich mit einem schnellen Blick versicherte. Seine mitgebrachte kleine Taschenlampe war so verklebt, daß nur ein schmaler Schlitz freiblieb. Genug, um zu sehen.

Bastubbe sah gediegene Möbel, Bilder an den Wänden und viele Kerzenständer. In einer Ecke aber entdeckte er das begehrte hölzerne Objekt. Kinderleicht, dachte er und zog aus seiner Tasche einen kleinen Bund Dietriche. Das Vorhängeschlößchen an der Truhe zu öffnen, war leicht. Vorsichtig hob er den Deckel. Ein leichtes Quietschen ertönte. Sofort hielt er inne und lauschte, ob es Reaktionen auf das Geräusch gab. Nichts. Jetzt endlich hob er den Deckel hoch.

Zu seiner größten Verblüffung war die Truhe leer.

Irritiert dachte er daran, daß die Tips des »Ring« bisher immer gestimmt hatten. Der Schmuck mußte also im Haus sein. Nur wo?

Ein geübter Einbrecher blickt als erstes in den Wäscheschrank, danach ins Badezimmer und zuletzt in das Schlafzimmer.

Also begann der Bruder zu suchen. Auf Zehenspitzen huschte er in das Bad, durchwühlte die zusammengelegten Handtücher und den Korb mit der Schmutzwäsche. Keine Spur von Geld und Schmuck. Jetzt ging es an seine Ehre. Auf gar keinen Fall wollte er die Villa mit leeren Händen verlassen. Also kam die Küche an die Reihe.

Zuckerdose, Reisvorrat, Schubladen, wo er auch hinblickte, nirgendwo fand er das Gewünschte.

Jetzt blieb nur noch eines: das Schlafzimmer. Dort lag die Tänzerin im Bett. Aber Bastubbe hatte Vertrauen in sein Können. Er würde sich so leise verhalten, daß nicht mal eine Spinnenwebe sich durch einen Luftzug bewegen, nicht mal eine Maus sein Kommen bemerken würde.

Er zog die Schuhe aus und schlich am äußeren Rande der Holztreppe die Stufen hoch. Das Schlafzimmer hatte er schnell gefunden. Er sah ein zerwühltes Bett, in dem eindeutig eine weibliche Person lag.

Bedächtig durchsuchte er auf Zehenspitzen den Raum. Die Schranktüren zog er einen Zentimeter weit auf, packte sie, und während er sie weiter aufzog, hob er sie zugleich um Millimeter aus den Angeln. Dadurch verhinderte er Türengeräusche. Zielgenau klopfte er Mäntel und Bettwäsche ab. Nichts.

Nun die heikelste Aufgabe, er mußte an die Schublade des Nachttischchens. Fast mit angehaltenem Atem zog der Bruder die Lade auf. In diesem Augenblick erwachte die Frau.

Wie erstarrt blieb der Ringbruder in seiner Haltung stehen. Doch er besaß genügend Kaltblütigkeit, um die erschrocken blickende Frau zu beruhigen: »Keine Angst, ich tu Ihnen nichts.«

Die Blondine hatte sich ebensoschnell gefangen und fragte völlig überflüssig: »Was tun Sie hier?«

Leise gab Bastubbe zurück: »Ich suche Ihren Schmuck.«

Auch das war ein Teil seiner Einbrecherausbildung gewesen. Niemals anwesende Personen durch eine laute Stimme erschrecken. Ein gedämpfter Tonfall kann den Ausbruch von Panik verhindern.

Mit ebenso leiser Stimme wollte die Tänzerin wissen, wie er denn in das Haus gekommen sei.

Sachlich meinte der Bruder: »Durch das Balkonfenster.«

Für einen Moment schwiegen beide in die Dunkelheit. Plötzlich fing die junge Frau an zu kichern.

Der Gentleman-Einbrecher glaubte, sie falle in Hysterie und begann beruhigend auf sie einzureden. Er sagte, sie habe nichts von ihm zu befürchten und solle sich ordentlich zudecken.

Aber die blonde Frau unterbrach den Räuber und meinte,

noch immer recht belustigt: »Treten Sie ruhig den Rückzug an. Meinen Schmuck habe ich nämlich versetzt.«

Nun war es an Bastubbe, erstaunt und verärgert zugleich zu sein. Aber vielleicht sagte sie das nur, um ihn abzuwimmeln? Wer gibt schon freiwillig Geschmeide an einen Dieb?

»Darauf falle ich nicht rein«, widersprach er bestimmt.

In aller Seelenruhe setzte sich die blonde Tänzerin im Bett auf, griff nach der Nachttischlampe und knipste sie an. Helligkeit durchflutete das Schlafzimmer.

Der Bruder war ernsthaft verärgert. Niemand sollte bei seiner Arbeit sehen, wie er aussah. Der Anblick, der sich ihm bot, schien ihn für einen Moment zu versöhnen. Vor ihm lag in einem hellblauen Nachthemd eine reizende, junge Blondine. Schnippisch blickte sie den Mann an und griff wie im Trotz zu ihrer Handtasche, die auf dem Boden lag.

»Tun Sie das nicht!« konnte Bastubbe noch rufen. Er glaubte, nun würde sie einen Revolver herausholen. Aber sie hatte nur ihr Portemonnaie in der Hand.

»Hier«, damit warf sie es ihm zu.

Jetzt war der Bruder endgültig wütend. »Ich bin doch kein Bettler«, schimpfte er und ließ den Geldbeutel zu Boden fallen. Er sah ein, daß es hier nichts zu holen gäbe. Entweder war sie tatsächlich bankrott oder so kaltschnäuzig, daß er ihr Versteck nie erfahren würde.

Der Gentlemen-Einbrecher verbeugte sich höflich vor seinem Opfer und verschwand durch die Tür. Im Ohr hatte er das gehässige Kichern der schönen Blonden und im Kopf den Gedanken, daß der Vorstand diesmal ganz falsch gelegen hatte.

Der Ringbruder gab es für diese Nacht auf, in eine andere Villa einzusteigen. Statt dessen fuhr er zurück in das Revier. Er hütete sich, im Vereinslokal von seinem Pech zu erzählen. Der Spott aller Brüder wäre ihm sicher gewesen.

Zwei Tage später, in einem Straßencafé, las Bastubbe die »Tante Voss«, wie die *Vossische Zeitung* im Volksmund genannt wurde. Erstaunt erfuhr er aus der Zeitung von seinem Einbruch. Angeblich habe er »Schmuck im Wert von 15 000 Reichsmark« entwendet, den jetzt die Versicherung ersetzen würde.

Ein zweites Mal sah er sich betrogen. Ärgerlich legte er die Zeitung beiseite. Na schön, Gewinn hatte er keinen gemacht. Blieb die Hoffnung, daß die schöne Tänzerin der Polizei keine genaue Beschreibung des Einbrechers geben konnte. Sie war wirklich schön, dachte er.

Etwa drei Wochen später bummelte Manfred Bastubbe in der Innenstadt, schaute ins Café *Kranzler* und bei *Aschinger*, dem preiswerten Speiselokal, hinein. Er hatte Zeit. Die Passanten ruhten in der Sonne, löffelten Eis, schlürften Mocca oder kühle Getränke und genossen den Tag.

Auf einmal glaubte der Bruder, seinen Augen nicht trauen zu dürfen. An einem Tischchen saß die blonde Tänzerin und entspannte sich. Bei aller Enttäuschung über den mißlungenen Coup: Sie hatte ihm in der Nacht nicht nur gefallen, sondern auch imponiert.

Kurz entschlossen ging er auf sie zu, griff sich einen freien Stuhl und setzte sich neben sie.

Verblüfft blickte sie hoch und schaute in sein schmunzelndes Gesicht. »Na Kollegin«, meinte er mit süffisantem Lächeln, »Sie haben ja durch meinen Besuch ganz schön verdient.«

Der jungen Frau war die Situation einerseits unangenehm. Damit hatte sie wirklich nicht gerechnet. Andererseits fand sie Gefallen an dem forschen Auftreten des Mannes.

Wie das Gespräch sich entwickelte, ist unbekannt. Es muß in sehr freundlicher Atmosphäre verlaufen sein. Denn als sie später gehen mußte, gab sie dem Ringbruder ihre Telefonnummer.

Zwei Tage danach betrat Bastubbe abermals die Villa, in der er sich gut auskannte. Diesmal durch die Tür. Die Tänzerin hatte auf sein Klingeln geöffnet. Sie zog sich noch eine Jacke über, dann fuhren die beiden mit einer Droschke nach Potsdam. Als es dunkelte, kamen sie nach Berlin zurück und besuchten eine Bar am Bahnhof Zoo. In der Zwischenzeit hatte der Gentlemen-Einbrecher mächtig aufgeschnitten, sich als »Fred« vorgestellt und hochstaplerisch von gefährlichen Fassadenklettereien, Überfällen und brisanten Fluchten über die Dächer Berlins geprahlt.

Marianne, wie sie hieß, war bei den Schilderungen blaß geworden. So einen gefährlichen Burschen hatte sie im Schlafzimmer gehabt? Der Ringbruder merkte, daß seine Aufschneiderei das Gegenteil dessen bewirkte, was er wollte. Er gab zu, daß er ihr nur hatte imponieren wollen. Marianne war erleichtert.

In der Nacht fuhren sie zurück in die Villa, und Bastubbe blieb über Nacht. Am nächsten Vormittag verabschiedete er sich wie ein Kavalier von Marianne. In seiner Tasche raschelten 5000 RM, sein Anteil an Mariannes Versicherungsbetrug.

Schießerei im Scheunenviertel

Das Zuchthaus Brandenburg hatte so manch bewegte Geschichte erlebt. Auch im Sommer 1928 stand es wieder einmal im Interesse der Öffentlichkeit.

Ringbruder Flatau vom Verein »Moabit« war es mit einem Trick gelungen, zu flüchten. Nichts hatte bei ihm genützt: Weder daß Justizbeamte die Gitter vor seinem Zellenfenster täglich abklopften, noch daß bei ihm ständige Kontrollen stattfanden. Flatau brauchte so billige Hilfsmittel wie Strick und Säge nicht ...

Vor der Zuchthausküche hatten zwei große Kübel für Speisereste gestanden, die ein Bauer täglich zur Schweinefütterung abholte.

In einem unbewachten Moment zwängte sich Flatau in einen der Kübel hinein. Ein Haftkollege schob den nachgemachten Deckel über ihn und füllte das Faß mit Kartoffelschalen und Brotresten auf.

Der Bauer kam am Abend. Zwei Insassen stemmten die Fässer auf den Pferdewagen. Der Zuchthausbeamte öffnete das Tor, und der Bauer kutschierte hinaus – mit ihm Bruder Flatau im Kübel. Während der Fahrt lüftete er den Deckel, sprang vom Wagen und war frei.

Zwar blickten einige Passanten naserümpfend auf die verdreckte Gestalt, aber das war ihm ziemlich gleichgültig.

Als der wegen mehrfachen Einbruchs zu vier Jahren Zuchthaus verurteilte Mann später die Tür zum Vereinslokal *Moabit* öffnete, wurde er von den überraschten Ringbrüdern mit lautem Hallo begrüßt.

Nachdem er von seiner Flucht berichtet hatte, erklärte er, daß er eine dringende private Sache erledigen müsse. Dazu aber brauche er eine Waffe.

Der Vorsitzende machte ein bedenkliches Gesicht. Waffen könne er haben, so viele er wolle. Aber was bezwecke er damit? Flatau wiegelte ab. Es ginge nur um Druck, den er machen müsse. Er brauche gewissermaßen einen Abschreckungsrevolver. »Gut«, meinte der Vorsitzende, »du wirst wissen, was du tust.«

Er gab einem der anwesenden Waffenschieber ein Zeichen, und der ging mit Flatau zu seinem Depot, wo der Bruder zwei schwere Revolver und die dazu passende Munition auswählte. Danach eilte Flatau zu einem befreundeten Ringbruder. Mit Paul Zecinski hatte er sich immer gut verstanden. Ihm sagte er, daß er seine Hilfe bei einer wichtigen Angelegenheit benötige.

In der gleichen Nacht noch, gegen zwei Uhr, klopfte Flatau an die Wohnungstür seiner ehemaligen Gattin.

Ahnungslos und müde kam sie angeschlurft. »Jott, ick komm ja schon«, maulte sie. Schließlich war es unverschämt, zu dieser Zeit Leute aus dem Schlaf zu reißen.

Kaum hatte sie die Tür geöffnet, brüllte Flautau auch schon los: »Du Scheusal hast mich bei der Polizei verraten!« Fassungslos starrte die Frau ihren Ex-Gatten an, und noch bevor sie irgendeiner Reaktion fähig war, hatte Flatau sie schon gepackt und in den Flur zurückgeschleudert.

Diesmal schrie sie. Aber Flatau hatte keine Nerven mehr. In der Dunkelheit des Flures in der Sickingerstraße gab er mehrere Schüsse auf seine Ehemalige ab.

Er wußte genau, daß sie mittlerweile mit einem anderen Mann zusammenlebte. Auch im Zuchthaus hatte man seine Zuträger. Genau darum war ihm an der Hilfe des Bruders Zecinski gelegen. Beide stürmten, Flatau voran, in das Schlafzimmer. Dort lag der Rivale, von den Schüssen wach geworden. Im gleichen Moment, als die beiden Männer das Zimmer betraten, hatte er bereits seine Pistole unter dem Bett hervorgezogen.

Ohne eine Sekunde zu verlieren, lieferten sich die drei Männer eine wilde Schießerei, bis sie die Waffen nachladen mußten.

Dem Paul Zecinski wurde die Angelegenheit zu heiß. Nein, so hatte er sich die Rache an der Ex-Frau wahrlich nicht vorgestellt. Ein paar saftige Ohrfeigen, gut und schön. Ein blaues Auge gehörte auch dazu. Er wäre bereit gewesen, den Rivalen in Schach zu halten. Aber drauflosballern, einen Mord begehen, nein, das kam nicht in Frage. Er ließ seinen Bruder in Stich und rannte aus der Wohnung. Jetzt war Flatau auf sich gestellt. Wütend lud er den Revolver nach, kauerte hinter einem Sessel. Endlich waren die Patronen in der Kammer. Vorsichtig blinzelte er über den Sesselrand. Die Luft schien rein. Hastig schoß er auf den Kerl, der sich hinter dem Bett seiner Geliebten sicher verschanzt hatte. Wieder wechselten die Platzhirsche mehr als 20 Schüsse. Plötzlich ein Schrei. Ein Stöhnen folgte. Es polterte ein Gegenstand. Hatte Flatau getroffen? Doch die Kugeln seines Gegners flogen ihm um die Ohren. Also weiter mit dem Nachladen und feuern.

Nochmals stöhnte der Rivale auf und blieb dann ruhig liegen. Er schoß auch nicht mehr.

Der Ringbruder lud nach und erhob sich vorsichtig. Langsam ging er mit gezückter Waffe voran an das Bett.

Da lag er, der neue Liebhaber, hingestreckt auf dem Fußboden, schwer verletzt, getroffen von elf Kugeln.

Aber das Ergebnis befriedigte den Bruder nicht. Seine Frau war es, die die Strafe treffen sollte.

Die hatte mittlerweile die letzten Nerven verloren und machte das einzige, was ihr blieb: Schreiend und um Hilfe rufend, rannte sie auf die Straße.

Nachbarn alarmierten umgehend das 23. Polizeirevier.

Wenig später drangen Polizeibeamte vorsichtig in das Haus ein.

Albert Flatau, der ehrenwerte Ringbruder des Vereins »Moabit«, betrogener und verratener Gatte, im Stich gelassener Rächer, sah sich auf der Suche nach der holden Gattin in der Falle. Doch so leicht sollte man keinen Bruder »kaschen«.

Er schloß die Wohnungstür und zog sich in die Küche zum Nachdenken zurück.

Holz splitterte, als die Beamten mit einem Rammbock die Tür aufbrachen. Von der Küche aus schoß Flatau auf alles, was sich im Flur bewegte. Im Hintergrund hörte er das Stöhnen des schwerverletzten Rivalen ...

Während einer Feuerpause, in der sich die Polizei eine Etage weiter nach unten zurückgezogen hatte, flüchtete Flatau über das Treppenhaus zum Dachfenster. Den Revolver seines Rivalen hatte er mitgenommen. Er hoffte, über die Dächer Berlins entkommen zu können.

Doch die Polizei war nicht zu unterschätzen. Das Viertel war abgeriegelt, und die Dächer wurden mit eilig aufgestellten Scheinwerfern abgeleuchtet.

Flatau kauerte neben dem Dachfenster und lud seine Revolver immer wieder nach.

Wütend über den geplatzten Fluchtplan, wollte er kein Erbarmen mehr kennen.

Eine Menschenmenge hatte sich an der Straßenkreuzung versammelt und starrte fasziniert zum Schatten auf dem Dach, bei dem immer wieder Mündungsfeuer zu sehen war.

Jetzt begann der eigentliche Kampf. Von allen Seiten rückte die Polizei gegen den wild schießendem Ringbruder vor.

Flatau schrie, fluchte und beschimpfte die Polizei.

Über zwei Stunden zog sich die Schießerei hin. Immer wieder wurde Flatau über Sprechtüten aufgefordert, die Waffen niederzulegen und die Hände zu erheben.

Dann endete die Schießerei plötzlich.

Vorsichtig drang die Polizei die Treppen hoch und enterte durch das Dachfenster das Dach.

Dort fanden sie den Schützen. Er lag flach atmend in seinem Blut. Ein schwerer Beckenschuß hatte ihn von den Beinen gerissen. Neben ihm lagen die leergeschossenen Revolver ...

In der Charité wurde er zusammengeflickt, danach in das Haftkrankenhaus verlegt.

Er wurde später zu einer lebenslangen Zuchthausstrafe verurteilt und als Berufsverbrecher 1940 in ein KZ überstellt. Von ihm hat man nie wieder gehört.

»Bar auf die Kralle, die Mäuse«

Flatau war kein wildgewordener Sonderling. Im Grunde benahm er sich ebenso verrückt wie die Gesellschaft um ihn herum. Alles war aus den Fugen geraten. Die Menschen lebten, als gäbe es kein Morgen.

Dem »Ring Groß-Berlin« aber paßte solch eine Schießerei nicht ins Konzept. Flatau hätte die Waffe nie erhalten, wenn der Vorstand geahnt hätte, zu welchem Zweck er sie gebrauchen wollte. Schließlich hatte er gesagt, er wolle lediglich jemanden einschüchtern.

Die Luft in Berlin war rauher geworden. Mittlerweile hatten sich weitere Vereine gegründet, wie »Libelle 1922« und die »Bergadler« sowie »Felsenfest« und die »Lustigen Brüder«. Alle wollten ein Stück vom Kuchen. Die ersten ernsthaften Reibereien entstanden. Nicht zwischen den Ringvereinen, sondern ausgelöst durch die »Ratten«, jene Rabaukenverbände, die gerne mal zuschlugen. Neidvoll wegen der straffen Organisation und der ihrer Ansicht nach schlechten Verteilung der Bezirke, wilderten sie in fremden Revieren.

Im Spätsommer 1928 versammelte sich der Ringvorstand. Anwesend waren unter anderem Herbert Lexer, der »Luchs« von »Deutsche Kraft«, Willi Stein von »Friedrichshain« und »Muskel-Adolf«, der mit seiner Braut, der »Aktien-Mieze« in der Köpenicker Straße 8 A bei Granzow in Untermiete lebte. Miezes richtiger Name lautete sehr trocken Hulda Spindler.

Die Männer beschlossen, es den »Ratten« einmal gründlich zu zeigen. Während in den Kinos gerade das »Kabinett des Dr. Caligari« anlief, die Wirtschaftskrise Schlagzeilen machte und die letzten Pferdeomnibusse den Dienst einstellten, eilten etwa 50 Brüder in das Vereinslokal der »Ratten«, die sich »Wilde 13« nannten.

Es lag in einer Ausflugsgaststätte am Rande der Stadt.

Die Sommergäste genossen gerade die letzten Sonnenstrahlen vor Einzug des Herbstes. Im Hinterzimmer tagten die »Ratten«. Sie hatten keine Chance. Die vor der Tür stehende Wache wurde schlichtweg überrannt. Wie ein Unge-witter erteilten die Ringbrüder ihre harte Lektion. Dazu ver-wendeten sie Totschläger, Schlagringe, abgebrochene Stuhl-beine und Dolche.

Die entsetzten Sommergäste ergriffen entsetzt schreiend die Flucht. Drinnen wurde das Vereinszimmer kurz und klein geschlagen.

Der Gastwirt alarmierte über Telefon die Polizei. Doch es dauerte mehr als eine halbe Stunde, bis ein Überfallkom-mando kam. Unterdessen waren die Ringbrüder längst über alle Berge ...

Die Polizei kam meistens zu spät bei Auseinandersetzun-gen, die der »Ring« führte. »Die hatten Angst vor uns«, meinte Bruder Kiefert.

Ob die Keilerei gegen die »Wilde 13« etwas genutzt hat, ist fraglich. Denn es war nicht das erste Mal, daß der »Ring« ver-suchte, die »Wilde 13« zur Ordnung zu rufen.

Bereits zwei Jahre zuvor, 1926, war es auf dem Alexander-platz, zwischen fahrenden Straßenbahnen, wild hupenden Autos, schimpfenden Fußgängern und verblüfften Ver-kehrsschupos zu einer Schlacht mit der gleichen Gruppe ge-kommen. Damals waren es die »Nordpiraten« gewesen, die Zucht und Ordnung unter die »Ratten« bringen wollten. Sinnlos.

Mittlerweile hatten der »Ring« und seine Vereine die selbstauferlegte Zurückhaltung gelockert. Sie waren seit Gründung des »Reichsvereins« nun über 35 Jahre im gesell-schaftlichen Bewußtsein. Da gab es viele Neider und Geg-ner, denen nicht mit freundlichen Worten zu begegnen war. Und vor allem galt es, die Position zu behaupten, die Ein-nahmequellen zu sichern.

Davon hatte man inzwischen wieder eine neue entdeckt.

Durch Erpressung von Geschäftsleuten waren die Brüder gewillt, am wirtschaftlichen Aufschwung Deutschlands teil-zunehmen.

Das Geschäft mit der Schutzgelderpressung boomte jedoch nicht nur in einschlägigen Kneipen. Tanzbars wie feine Restaurants, Cabaretts wie Kinohäuser und Läden, alle muß-ten sie zahlen.

Die Friedrichstraße war schon zu Beginn der 20er Jahre illuminiert wie ein Christbaum. Da gab es Pelzgeschäfte neben Juwelieren, Bars neben Cabaretts. Über 140 dieser Kleinkunstbühnen fanden sich in der Reichshauptstadt. Besonders das flotte, leicht frivole Cabarett war beliebt.

Der Tauentzien war das Reich der mondänen Damen von Welt, die vom Geschäftsführer des Schmuckladens mit Verbeugung begrüßt wurden. In den Cafés langweilten sie sich beim Mokka und zeigten sich stramm geschnürt. Der Kurfürstendamm aber war das Aushängeschild der Stadt. Hier, wo es Türklinken aus Gold und perlenbesetzte Badewannenhähne gab, lebte der Geldadel. Stehcafés fanden sich neben Tanzbars, Cabaretts neben Goldhändlern. Eintänzer strichen sich die Pomade ins glatt gestriegelte Haar, bevor sie mit tänzelndem Schritt die Tanzbar betraten. Hier fand jeder, was sein Herz begehrte, vorausgesetzt, er nannte genügend Geld sein eigen. »Die Stadt war ein unendlich anregendes Pflaster geworden. Aus der ganzen Welt kamen die Besucher, aus Indien, Rabinien, Matagor. Mehr und mehr wurde Berlin zu einem Kulturmittelpunkt, sowohl im Bereich der hohen Muse wie der leichten Muse«, erinnert sich Prof. Heinitz, seinerzeit Rechtsreferendar bei Prof. Alsberg. Aber wer hatte so bald nach dem großen Krieg Ersparnisse? Wer konnte sich all das leisten?

Die Kriegskrüppel, die um eine Scheibe Brot betteln gehen mußten? Die abgemagerten Hausfrauen aus dem Wedding, die stundenlang beim Händler um ein paar Äpfel anstehen mußten? Und jene, die Glücklichen, die etwa bei Siemens oder Borsig eine Arbeit gefunden hatten? Die waren nach Feierabend viel zu erschlagen, um die »goldenen Zwanziger« mitfeiern zu können.

»Nach dem Krieg kamen die Leute hoch, die am unsolidesten waren. Die Menschen, die ihr Geld in Hypotheken angelegt hatten, oder auf Konten, die machten Pleite. Dagegen die Unsoliden und Gebrauchtwarenhändler, die Devisenschieber, denen ging es gut«, so Professor Heinitz.

Im Scheunenviertel erfroren im Winter die Menschen, da ihnen Brennholz fehlte, Unter den Linden aber schlemmte der Geldadel in feinsten Restaurants.

Und so nahmen sich die Herren der Unterwelt eine moralische Berechtigung zum Rauben und Stehlen. Denn angeblich plünderten sie nur die dicken Geldbörsen (wo sonst hätte es sich gelohnt?) wie moderne Robin Hoods. Das geraubte Gut allerdings haben sie nie mit den Armen geteilt.

Wütend schlug der Besitzer der Gaststätte *Rhode-Rhode* in Moabit die Tür des Lokals zu. Jetzt hatte er den ganzen Tag auf sein Personal warten müssen. Weder Koch noch Putzfrau, weder Kellner noch die Bardame waren erschienen. Als wenn es nicht genügend Arbeitslose gäbe, die nur auf eine Beschäftigung lauerten.

Er hatte das Lokal seit drei Wochen. Und jetzt das. Sämtliche Arbeiten hatte er selber erledigen müssen. Bestellungen entgegennehmen, Essen zubereiten, abräumen, kassieren, zwischendurch wieder nach den Töpfen schauen, Tische wischen und den Schankbetrieb regeln. Natürlich war es ein Chaos geworden. Die Gäste hatten sich über die schleppende Bedienung und die langen Wartezeiten beschwert. Einige Kunden waren sogar ungeduldig wieder gegangen.

Ob das mit den beiden Gents zusammenhing, die gestern erschienen waren?

Sie waren gut gekleidet und hatten eine großzügige Bestellung aufgegeben. Hernach hatten sie eine Zigarre und den Geschäftsführer verlangt. Der war freundlich an den Tisch der beiden Herren gekommen. Wirklich ein feines Lokal, lobten die Gents, gutes Essen, zuvorkommende Bedienung, alles vom Feinsten. Nur die Umgebung, in der das Speiserestaurant lag, nein, die war nicht zu empfehlen. Hier gäbe es zuviele Rabauken, Taschendiebe und Schläger. Das wäre nicht gut für das Geschäft. Wer wollte schon zwischen betrunkenen Krakelern sein Schnitzel verspeisen? Solche schlimme Finger würden garantiert dem Umsatz schaden.

Der Gastwirt hatte gestutzt. Als er das Lokal pachtete, war gerade die gute Lage ausschlaggebend gewesen.

Doch, doch, wiederholten die Herren, dies hier sei eine verrufene Gegend. Aber sie, die Vertreter einer Interessengemeinschaft, würden dafür sorgen, daß das Lokal frei bliebe von Krawallmachern und Taschendieben. Natürlich würde dies eine Kleinigkeit kosten. Immerhin hätte man seine Ausgaben, und ein ständiger Aufpasser müsse abgestellt werden. Wenn der Wirt also einen kleinen Obolus in die Kasse täte, ganz freiwillig natürlich, könne alles geregelt werden

»Unsere Aufgabe war«, formuliert Ringbruder Kiefert, »auf Lokale aufzupassen, denen Schutz zu geben. *Rhode-Rhode, Hohlemann, York-Stuben, Fatima* und so weiter. Und dann haben wir einen gewissen Obolus gekriegt. Vielleicht tausend, vielleicht zweitausend. Na, umsonst konnte der Verein ja nicht … Also, ich bin wer, und gleichzeitig habe ich damit Verantwortung für dieses Revier.«

Der Besitzer hatte ein Stück vom Kuchen abzuschneiden. Im anderen Fall würden die Brüder dafür sorgen, daß der Kuchen auf den Müll wanderte.

Die Brüder der »Ratten« erpreßten auf die grobe Art. Sie schickten Schlägertrupps. Dazu engagierten sie Jugendliche aus dem Trebelokal bei *Muttchen Brand*. Die überfielen dann die Geschäfte. Wurde einer der Jugendlichen von der Polizei geschnappt, dann waren die Anstifter der »Ratten« fein raus. Ihnen war nichts zu beweisen gewesen.

Der »Ring« aber wandte die feinere Methode an. Brutale Gewalt hatte er nicht nötig.

Am gleichen Abend, da der Wirt zu zahlen sich weigerte, wurden seine Arbeitskräfte durch Ringbrüder aufgesucht.

Konkret bedeutete dies: Putzfrauen, Kellner, Spucknapfleerer fand man nicht in den begüterten Stadtteilen, sondern im »Kiez«. Sie kamen aus Moabit, dem Wedding, dem Scheunenviertel. Genau dort, wo die Brüder aufgewachsen waren und ihren Sitz hatten. Die Kontrollfunktion des Bruders ließ ihn neugierig sein. Er kannte nicht nur die Hausnachbarn. Auch der Gemüsehändler, Schnürsenkelverkäufer, der Zeitungsjunge waren ihm bekannt. Mit der Zeit wußte er, wer eine Arbeit hatte und wer nicht. Durch Freunde und Bekannte erfuhr man, wer wo welcher Arbeit nachging.

So hatte der »Ring« keine Schwierigkeiten, die betreffenden Arbeitskräfte zu finden, in diesem Fall das Personal der Gaststätte *Rhode-Rhode*. Der Koch wurde aufgesucht. Ihm wurde eindringlich vor Augen gehalten, wie seine Zukunft aussehen könnte. Entweder er lief am nächsten Tag mit einem blauen Augen zur Arbeit und lebte mit der Gefahr, daß es sich am nächsten Tag wiederholte, oder er strich sein Gehalt ein und ging nicht arbeiten. Der »Ring« zahlte ihm für jeden Tag, da er zu Hause blieb, sein volles Gehalt aus der Kasse. Bis auf Widerruf natürlich. Keiner wagte es, sich mit den Herren vom »Ring« anzulegen; außerdem, wo gab es das: Geld fürs Nichtstun? Die Entscheidung war einfach.

So übernahm der »Ring« im Laufe der Zeit die Kontrolle über die Vergnügungsindustrie. Ein Cabarett benötigte nicht nur Künstler, auch Garderobiere, Klomann, Kassierer waren nötig. Im Theater ebenso. »Überall waren die Vereine drin, in jedem Lokal, war alles besetzt von ›Immertreu‹, ›Felsenfest‹, ›Hand in Hand‹, und so weiter«, erzählte Bruder Kiefert.

Eingetrieben hatte die Schutzgelder der »Knolle«, der Geldeintreiber. Das war oft ein Bruder mit auffallender Statur. Die Wirte wußten, daß es sinnlos war, zur Kripo zu gehen. Zum einen war den Brüdern nichts zu beweisen. Gewalt hatten sie nie angewendet. Zum anderen konnte die Polizei weder den Kellner noch die Bardame ersetzen.

Auch der Besitzer von *Rhode-Rhode* mußte sich schließlich beugen. Nachdem er mehrere Tage versuchte hatten, das Restaurant zu halten, stand er vor der Wahl, bankrott zu gehen oder nachzugeben. Mittlerweile waren die Gents wieder erschienen. Scheinheilig hatten sie gefragt, wie die Geschäfte denn liefen und wo das ganze Personal sei. Der Wirt zahlte.

»Zehn Zentner für die schweren Jungs«, wurde Anfang der 20er Jahre zu einem geflügelten Wort. Bezeichnenderweise nannte sich einer der großen mafiosen Vereine »Hand in Hand«. Er wurde 1926 gegründet und am 8. Dezember des Jahres beim Amtsgericht Mitte als »Freier Rabatt-Sparverein Groß Berlin Hand in Hand« eingetragen. Mit Sitz in der *Weserklause* in der Weserstraße gehörte er zum »Ring«.

Aber Geschäftsleute wurden nicht nur der Schutzgelder wegen erpreßt. Auch um persönliche Interessen durchzusetzen, nutzten die Vereinsmitglieder ihre Macht.

In den Tanzlokalen am Alexanderplatz arbeiteten auch Barmädchen. Eine der jungen Frauen war von ihrer Qualität als Tänzerin überzeugt. Sie wollte gerne dem Publikum etwas Gewagtes darbieten. Der Inhaber des Lokals allerdings sträubte sich. Er war nicht sicher, ob sie die nötige Qualifikation mitbringe.

Das Mädchen beklagte sich bei ihrem Freund, einem Ringbruder. Kurzerhand marschierten etwas später zwanzig Brüder in die Tanzstube und zerlegten das Lokal. Danach forderten sie den Besitzer auf, die »neue Tänzerin« dem Publikum nicht länger vorzuenthalten. Sie bekam den Job.

Die Macht des Rings schien unerschütterlich.

Überall hatten die Brüder ihre Hände mit drin, ob in den Spielclubs, die Berlinbesuchern als »geheime Lokale der Unterwelt« vorgeführt wurden, oder im Geschäft mit Mädchen.

Im Sommer 1926 kam es in Berlin zu einem großen Zuhältertreffen. Strizis aus Österreich, Alphonse aus Frankreich und die »Apachen« aus dem »Ring Großdeutsches Reich« waren in der Stadt zu Gast.

Leider sind nähere Einzelheiten dessen, was dabei besprochen wurde, nicht mehr ermittelbar.

Es ist aber davon auszugehen, daß drängende interne Probleme und der Wunsch nach überregionalen Geschäften dieses Treffen inspirierten.

Denn auch unter den »Apachen« waren die Sitten rauher geworden. Die Konkurrenz war groß, und man mußte sich sogar schon hin und wieder gegen aufsässige Mädchen durchsetzen.

»Titten-Erni« war zum Beispiel eine, die sich nicht mehr alles gefallen ließ. Ihr Loddel war vielleicht zu geizig, eventuell prügelte er auch zuviel. Wie auch immer, sie hatte den Mut, im Sommer 1926 vor ihrem Zuhälter zu flüchten. Vielleicht hätte der Apache dies noch verkraftet. Daß sie aber ausgerechnet bei einem Konkurrenten Schutz suchte, ging doch gegen seine Ehre. Der Zuhälter trommelte seine Brüder zusammen. Mit zwei Automobilen kamen die Apachen vor dem Lokal des Konkurrenten an. Der Portier des fragwürdigen Etablissements, ein ehemaliger Boxer, wurde sofort niedergeschossen. Sie drangen in die gastliche Stätte ein. Dort hatte der Besitzer die anwesenden Aufpasser jedoch schon alarmiert. Sofort entwickelte sich eine Schlägerei, wobei einiges Mobilar in die Brüche ging. Die anwesenden Mädchen waren schreiend in die obere Etage geflüchtet. Auch »Titten-Erni« war unter ihnen. Noch während der Konkurrent versuchte, sie in Sicherheit zu bringen, tauchte bereits die alarmierte Polizei auf, die dann die massive Auseinandersetzung beendete.

Der »Konkurrent« muß von einem der »Rattenvereine« gewesen sein, denn innerhalb des »Rings« wäre es niemals zu solchen Kriegsaktionen gekommen. Auch die Schüsse auf den Portier deuten darauf hin.

Einen Ringbruder niederzuschießen, wäre einer Kriegserklärung gleichgekommen. Davon abgesehen, der namenlos gebliebene Konkurrent hatte sich schuldig gemacht. Er wußte, daß der Zuhälter einen Anspruch auf »Titten-Erni« hatte. Sie bei sich aufzunehmen, wäre nur möglich gewesen, wenn er sie gegen Zahlung einer hohen Summe ausgelöst hätte.

Mag sein, daß dies einer dieser Vorfälle war, die schließlich zum Zuhältertreffen führten.

Sicherlich aber wurde auf diesem Treffen aber auch intensiv über eine andere Form der Prostitution diskutiert, die traumhafte Gewinne versprach: der internationale Mädchenhandel. Denn darin lagen die besten Verdienstmöglichkeiten. Die Bewerber in Brasilien oder Nordafrika zahlten gut für die blonde Frau, und der Zuhälter hatte keine weitere »Arbeit« mit ihr, dafür aber den dicken Gewinn gemacht.

Viele junge Frauen, gerade aus den ärmeren Bezirken, träumten davon, ihrem Elend zu entrinnen. Dafür gab es im Grund nur zwei Möglichkeiten: entweder man heiratete einen reichen Mann, oder man wurde berühmt – als Tänzerin vielleicht. Solche Frauen wurden oft leichte Beute für Mädchenhändler.

In Caféhäusern, auf der Straße, beim Tanz wurden sie von gutgekleideten Herrn angesprochen, die ihnen eine Karriere in schillernden Farben schilderten, große Auftritte versprachen und das große Geld ...

Irgendwann erschienen viele dieser Frauen dann in einem gutausgestatteten Büro, wo sie freundlich und zuvorkommend behandelt wurden, wo man in solider, geschäftsmäßiger Form über die Karriere sprach. Man hatte es geschafft.

Man unterschrieb einen Vertrag als Tänzerin in Algerien, Bolivien, der Elfenbeinküste. Die Welt lag einem von nun an zu Füßen. Alls war solide und seriöse – Vertrag, eine kurze Tanzausbildung, Vorschuß …

Dann machte sich die zusammengestellte Tanztruppe auf die Reise.

Aus Algier, aus Rio oder sonstwoher kam noch eine Karte an die Eltern, danach hörte man in den meisten Fällen nie wieder von den »Tänzerinnen«. Ohne gültige Papiere, ohne Paß (den hatte der »Manager« vorsorglich an sich gebracht) beendeten die meisten von ihnen den Traum von der Karriere in einem drittklassigen Bordell, in einem Goldgräberlager oder einem orientalischen Harem.

Und auch die Prostitution – ob in großen Stil im Bordell oder in schmutzigen Absteigen – war organisiert und reglementiert. Die Zuhälter hatten sich im Verein »Apachenblut« zusammengefunden, ständig auf der Suche nach frischen jungen Frauen, die sie für ihre Zwecke gefügig machen konnten. Junge Mädchen vom Lande, die in die Stadt gekommen waren, um hier eine Stellung zu finden, waren bevorzugte Opfer. An die hilflos Herumstehenden, vom Getriebe der Großstadt Verwirrten machten sich die eleganten, freundlichen jungen Männer heran, boten ihre Hilfe an, luden sie ein – und es endete zumeist im Bett. Und dann war es nur noch ein kurzer Schritt bis zum Ziel: Entweder das Mädchen tat den in Problemen steckenden Geliebten einen »Gefallen« – und bei einem blieb es dann natürlich nicht – oder sie wurde mit brutaler Gewalt dazu gezwungen.

Es gab allerdings auch Mädchen, die als Tänzerinnen oder Künstlerinnen auftraten und keinen Zuhälter hatten und wollten. Anita Berber war eine davon. Sie tanzte zwar niemals »unten ohne«, trat auch nicht in den einschlägigen Lokalen wie dem *Hellas* oder dem *Pegasus* auf. In der *Muse* am Kurfürstendamm war sie auch nicht zu finden. Dennoch war die Berber ein Symbol der Halbwelt in den 20er Jahren. Ihr Name stand für Kokainsucht, Hurerei und »Ausdruckstanz«, wie die erotisierenden Körperbewegungen genannt wurden. Was die Berber immer brauchte, war Geld. Dafür tat sie alles. Die Berber schlief mit jedem, der ihr gefiel.

111

Nachdem sie in Berlin mehrere kurze Ehen hinter sich gebracht hatte, versuchte sie, einen serbischen König an die Leine zu bekommen. Das mißlang. Sie ging in den Nahen Osten, tanzte in ägyptischen Bars und griechischen Nachtlokalen und kam schließlich aus Heimweh zurück.

Sie starb 1929, ihr ausschweifender Lebenswandel hatte seinen Tribut gefordert. An ihrem Grab standen Künstler, Geschäftsleute und Leute aus der Unterwelt.

Diese Art der Prostitution irritierte natürlich das Geschäft der Apachen. Wozu in ein Bordell, eine *maison de tolérance* zur *sousmaitresse*, der Puffmutter gehen, wenn der Bürger dank der sexuellen Freizügigkeit sich einfach ein Mädel für die Nacht anlachen konnte?

Durchaus möglich, daß sich beim Zuhältertreffen 1926 die Herren Apachen auch um Klärung dieses Problems bemühten.

Doch eines wissen wir über die Versammlung der Herren ganz genau: Es gab ein grandioses Fest, eine Hochzeit.

Davon hatte Hanne immer geträumt: vom weißen, bodenlangen Schleier, dem züchtigen Brautkleid und der Kutsche mit den Schimmeln. Sie war Berlins bekannteste Kurtisane und so nannte man sie auch: Kurtisanen-Hanne. Eine große Schar begüteter Männer hatte sich um sie beworben, doch ihr Herz war längst vergeben.

Es gab nur einen, den sie heiraten wollte: Ihren Zuhälter. Natürlich war ihr Zuhälter ein Bruder bei »Apachenblut«. Er ließ seine Hanne nicht einfach auf den Straßenstrich gehen. Sie fand man nur in den Bars der größeren Hotels und den Tanzpalästen, wo einsame, begüterte Herren um sie warben.

Die Kapelle in Wilmersdorf, in der die Trauung stattfand, war überfüllt. Dicht an dicht saßen die Zuhälter mit ihren Bräuten. Alle Herren waren im Frack und Zylinder erschienen, die Damen trugen teure Kleider.

Aber ach, so feierlich wie es sich Hanne wünschte, ging es dann doch nicht zu. Der ganze Rummel um Predigt und Treue in der Ehe dauerte einigen Brüdern zu lange. Der geistliche Herr schien das Zeremoniell künstlich hinauszuzögern, wer weiß aus welchem Grund, mag sich so mancher Zuhälter gedacht haben.

Mit den scharfen Worten »Mach hinne Mann!«, wurde der Pfarrer während der Trauung zur Ordnung gerufen. Das forderte Widerspruch heraus. Kein Apache hatte das Recht, den Genuß des anderen Apachen zu unterbrechen. Denn die Predigt des Geistlichen schien zu ergreifend gewesen zu sein, um sie einfach unterbrechen zu lassen. Also forderte ein anderer Block der Apachen ebenso lautstark »Zugabe, Zugabe«.

Man kann sich die lustige Stimmung in der Kirche sicher vorstellen.

Was aus Kurtisanen-Hanne später wurde, ist unbekannt. Ob sie als Ehegattin auch so behandelt wurde, wie die meisten Mädchen?

Die Polizei hatte in den 20er Jahren einen schweren Stand im Kampf gegen das Zuhälterunwesen. Schon damals fanden sich nur selten Zeugen, die die Brutalität der Apachen bestätigten. Mögen sie sich auch bei der Trauung von Kurtisanen-Hanne lustig gegeben haben, daß sie rücksichtslose Schläger waren, denen das Schicksal der Mädels gleichgültig war, darf nicht vergessen werden.

Einer dieser liebenswerten Zeitgenossen war Bruno Herzlieb. Der am 6. Juni 1897 geborene Apache kam mit 18 Jahren in des Kaisers Stahlbad. Das brachte ihm später einen Vorteil.

Herzlieb war einer der wenigen Zuhälter, der eine Strafanzeige bekam. In seinem Urteil vom 24. Juni 1926 stand in holprigem Beamtendeutsch: »Er hatte ihr das Nasenbein zertrümmert. Dann hat er sie in der Rippengegend verletzt« und weiter: »Er stieß sie meistens mit seinen Stiefeln gegen ihr Schienbein, warf sie zu Boden und zertrat ihr Leib und Gesicht.« Die so schmerzhaft behandelte Lola Schneider war neun Monate lang seine Geliebte, so lange, wie eine Schwangerschaft dauert. Doch es war kein Kind der Liebe, das Lola Schneider erwartete, nicht Stolz und Zuwendung kamen vom Vater, sondern Demütigung und Quälerei. Vielleicht hatte Lola deshalb den Mut, Anzeige gegen ihren Zuhälter zu erstatten. Herzlieb wurde zu sechs Monaten Haft verurteilt, die er wohl »auf einer Backe absaß«. Das Gericht hielt ihm zugute, daß er während des Krieges bei der schweren Artillerie eingesetzt und seitdem »sehr nervös« war. Auch die Verleihung des »Eisernen Kreuzes« sowie des »Österreichischen Ordens« wurde ihm zugute gehalten. Ob Lola später aus Rache mißhandelt, krankenhausreif geschlagen oder mit dem Rasiermesser bearbeitet wurde, ist unbekannt. Anzunehmen ist es. Denn die Wirkung des Zuhälters beruht auf Angst. Wenn erst mal ein Mädel Anzeige erstatten konnte, ohne daß ihr etwas geschah, würden bald viele folgen. Es wäre das Ende des leicht »verdienten« Geldes gewesen.

Die Bevölkerung Berlins zeigte vor den Brüdern zugleich Angst und Respekt. Denn mittlerweile gehörten sie zum Straßenbild. Das ganze »Poetenviertel«, die Schlegel-, Tieck-, Eichendorffstraße, sah aus wie ein großes Bordell. Eine Vielzahl kleiner Hotels, nichts anderes als Absteigequartiere, waren hier zu finden. Es war eine der billigsten Hurenmeilen.

Zwischen 1924 und 1928 hatte sich der »Ring« fest etabliert. Neue Strömungen gab es keine.

Doch es blieb dabei: nur die zehn größten Vereine gehörten dem »Ring« an.

Schnee aus Asien

Im Spätsommer 1926 suchte Herbert Lexer, der »Luchs«, seinen Bruder und Freund Manfred Bastubbe auf und bat ihn um Mithilfe, bei der Abwicklung eines Geschäfts.

Es ging um Kokain. Längst war es kein Geheimnis mehr, daß der »Ring« kräftig im Kokain-Geschäft mitmischte und daran verdiente. In schöner Regelmäßigkeit kam der Nachschub aus Hamburg, von chinesischen Schiffen, die dort vor Anker lagen. Eingefädelt wurden die Geschäfte über Kontaktleute, die in China und Japan saßen und wiederum dort Verbindungen zur Unterwelt hatten. Auf den Schiffen fand sich meistens ein Matrose, der einige Brocken Deutsch kannte. Zumindest genügend, um das Geschäft abzuwickeln.

Doch eines Tages kam es zu einer Störung. Ein Schiff lag im Hamburger Hafen, und keiner der Ringbrüder in der Hansestadt konnte sich mit dem Kurier verständigen.

Kurzerhand bat der »Norddeutsche Ring« um brüderliche Hilfe beim »Ring Groß-Berlin«.

Bastubbe wurde mit der Klärung der Geschäfte beauftragt. Daß die Wahl auf ihn fiel, war naheliegend. Da er in China aufgewachsen war, verfügte er über ausreichende Sprachkenntnisse.

»Einen Haken gibt es«, warnte der »Luchs« seinen Freund, »das Alibi.« Zwar würde der »Ring« jeden Eid darauf leisten, daß die beiden Männer zur fraglichen Zeit mit zehn Zeugen am Kartentisch gesessen hätten, aber Kriminalkommissar Werneburg, der Leiter des Rauschgiftdezernats, sei äußerst mißtrauisch. Es wäre also besser, wenn unverfängliche Personen eine gute »Deckung« liefern würden. Der »Luchs« hatte einen Plan, mit dem er allerdings den jüngeren Bastubbe nicht überzeugte. Dieser ließ sich dennoch darauf ein. In Erwartung des Mißlingens.

Die beiden Brüder trafen sich am Anhalter Bahnhof. Sie waren hochelegant gekleidet und hatten mehr Geld in der Tasche, als sie normalerweise ausgaben.

Gegen 19 Uhr saßen die Ringbrüder bei *Mokka Efti* und ließen die Sektkorken knallen. Der Anhalter Bahnhof zählte nicht zu den Plätzen Berlins, an denen Sekt zur Tagesordnung gehörte. Die Brüder wurden deshalb von den anwesenden Gästen aufmerksam gemustert. Auch verschiedene junge Damen vergnügten sich dort bei einem Getränk. Es war keine Schwierigkeit für die Männer, sich zwei geeignete herauszupicken. Nur eine Bedingung mußten die Mädchen erfüllen: Sie sollten gemeinsam an einem Tisch sitzen, also zusammengehören. Bald waren die Brüder heftig beim Flirten und Augenzwinkern. Mit einer Handbewegung wurden die Männer an den Tisch der Mädchen eingeladen. Zu viert tranken sie genüßlich ihren Sekt. Ein Stehgeiger spielte auf, es wurde getanzt.

Später gingen sie gemeinsam in das Hotel *Zur Post* ganz in der Nähe.

»Zwei Doppelzimmer mit Verbindungstüren«, verlangte

der »Luchs«. Die Pärchen ließen sich Champagner auf die Zimmer kommen. Die Verbindungstüren waren geöffnet. Fröhlich wurde getrunken. Die Nacht näherte sich. Die Damen wollten, was alle Damen zu dieser Zeit wollen: sich frisch machen.

Während die Mädchen im Bad waren, streute der »Luchs« ein schweres Schlafpulver in die Sektgläser der Frauen.

Kichernd kamen sie zurück. Bevor man ins Bett ging, hoben alle nochmal das Glas und stießen an.

Die jungen Damen glaubten sicher, nun könne man zur Sache kommen. Statt dessen überkam sie das große Gähnen. Das »K.O.-Pulver« wirkte schnell und senkte sie in den Tiefschlaf.

Darauf hatten die Ringbrüder nur gewartet. Hastig sprangen die beiden Männer aus den Bett, streiften ihre Kleidung über und stürzten an das Fenster. Die Zimmer lagen in der ersten Etage. Geschickt kletterten sie an der Hotelfassade hinunter. Auf der Straße parkte ihr Automobil. In rasender Fahrt preschten sie nach Hamburg. Während der »Luchs« am Steuer saß, suchte Bastubbe anhand der Karte den kürzesten Weg zur Mole. Die war bald gefunden. Das Schiff lag vor Anker. Sie betraten die Gangway. Auf Deck fragte Bastubbe auf chinesisch einen Matrosen nach dem Verbindungsmann. Auch der wurde gefunden. Der »Luchs« legitimierte sich als richtiger Geschäftspartner. In einer Kajüte kam es zum Deal. Fünf Kilo Kokain wechselten den Besitzer.

Ohne Umschweife setzten sich die Brüder wieder ins Auto, und die Fahrt ging nicht minder rasant zurück nach Berlin. Hier fuhren sie allerdings erst einmal zur *Excelsior-Bar* am Alexanderplatz, denn sie konnten das Kokain unmöglich mit ins Hotel zu den Mädchen nehmen. Ein Kellner, ebenfalls Ringbruder, übernahm die Ware. Dann ging es endlich in das Hotel zurück. Auf dem gleichen Weg, wie sie das Zimmer verlassen hatten, betraten sie es wieder und schlüpften in die Betten zu den beiden jungen Frauen.

Es war später Mittag, als die Pärchen aufwachten. Die Mädchen klagten über Kopfschmerzen. Wird wohl der Sekt gewesen sein, wurde ihnen erklärt. Nach einem gemeinsamen Mittagessen gingen sie auseinander. Doch vorher ließen sich die Männer die Adressen der beiden Bettpartnerinnen geben.

Bastubbe ging zurück nach Hause. Der »Luchs« fuhr in das *Excelsior*. Der Kellner hatte ihn bereits erwartet und gab ihm den wertvollen Schnee zurück. Am folgenden Tag überreichte Lexer das Kokain dem Vorsitzenden des Vereins »Deutsche Kraft«. Für den erledigten Auftrag erhielt er eine größere Summe.

Danach traf er sich mit seinem Freund Bastubbe. Ihm gab er für den Beistand mehrere hundert Mark.

Das Geschäft war gelaufen, die Deckung gesichert, und verdient hatte jeder.

Der Berliner »Ring« konnte das Kokain in aller Ruhe nach Hamburg zum »Norddeutschen Ring« bringen lassen. Doch so clever die Brüder waren, die Kripo war es nicht minder. Auch sie hatte ihre »Zuträger«, und so erfuhr Kommissar Werneburg von dem gelaufenem Deal.

Einige Tage danach schellte es am frühen Morgen bei Bastubbe. Schlaftrunken öffnete er die Tür.

Werneburg fragte erst gar nicht, ob er eintreten dürfe. Kripo und Unterwelt gingen oft recht formlos miteinander um. »Wo waren Sie Montagnacht?« bellte er gleich los.

»Immer langsam«, meinte der Bruder und stellte sich unwissend. Er murmelte etwas von Nicht-wissen und ob ein Alibi denn wichtig sei.

»Sie haben mit dem Luchs Kokain aus Hamburg geholt«, stellte Werneburg fest. Aber auch dieser Vorwurf reichte dem Ringbruder nicht. Wieder meinte er, sich nicht genau erinnern zu können.

Das hatte System. Nur wer ein schlechtes Gewissen hat oder auf ein bestimmtes Datum fixiert ist, kann schlagartig Antwort geben. Bastubbe mußte sich als Ahnungsloser geben, nur so konnte er glaubwürdig sein, wenn er endlich ein Alibi liefern mußte.

Er mußte mit ins Polizeipräsidium. Hier ging das Verhör weiter.

Langsam schien der Bruder zu begreifen, worum es ging, und er erinnerte sich, was er vor einigen Nächten gemacht hatte. »Natürlich«, meinte er, »die Mädchen.« Dem verblüfften Werneburg tischte er die Geschichte der Liebesnacht auf. Nicht mal allein war er gewesen, sogar sein Freund, der Luchs war dabei, und jetzt würden beide als Kokainhändler verdächtigt? Nein, was wurde ihnen doch für ein Unrecht getan.

Er nannte die Namen und Anschriften der beiden jungen Damen. Sogar, wo sie arbeiteten, wußte er.

Werneburg ließ sofort im Hotel das Alibi überprüfen. Portier und Zimmermädchen bestätigten die Angaben: Stimmt, die Herren waren anwesend. Auch die beiden Mädchen waren schnell gefunden worden. Natürlich bekräftigten sie die Alibis.

Nach zwölf Stunden mußte ein zähneknirschender Werneburg den Ringbruder wieder laufen lassen. Nicht ohne ihm eine Warnung mit auf den Weg zu geben: »Diesmal warst du besser mein Sohn, das nächste mal bin ich es.«

Beide wußten, daß dies nicht das letzte Mal war, daß sie sich gegenübersaßen.

Ein gelinkter Betrüger

Die Reichshauptstadt wurde mehr und mehr zu einer Weltstadt. Berlin himmelte Lil Dagover an; Josephine Baker im Bananenkostüm riß die Zuschauer von den Sitzen; das große Schauspielhaus, diese »Riesentropfsteinhöhle«, wie der Volksmund es nannte, war allabendlich mit 3000 Menschen gefüllt. Eine komplette »Negertruppe« bereicherte das Revueleben in der Stadt, die »Chocolate-Kids« wurden als »letzte Sensation Amerikas« bezeichnet, es waren 45 Künstler. Es fanden sich drei große Revuen in Berlin. Die Haller-Revue: Hier traten die englischen »Tiller-Girls« mit preußischem Stechschritt auf. Das »Theater des Westens« zeigte die Wiener Revue von Emil Schwarz und in der »Komischen Oper« sang man Couplets mit so anzüglichen Texten wie »Was guckst Du mir immer in die Bluse«. Auf dem Kurfürstendamm dirigierten Kapellmeister in Kaffeehäusern, während die Straßenbahn ratternd die Musik störte. In dieser turbulenten Zeit gab es keine bestimmte Richtung außer der einen: Geld, Geld, Geld. Egal woher es kam, egal wie man es beschaffte, Hauptsache man hatte es. Die Sinne wollten befriedigt werden, schnell, oberflächlich und vor allem amüsant.

Die Berliner Nachtbetriebe zerfielen laut Kommissar Engelbrecht in zwei Gruppen. Zunächst die konzessionierten Lokale, in denen nach dem offiziellem Schankschluß der Betrieb heimlich fortgesetzt wurde. Das waren noch die harmlosen

Eine Mehrzahl aber waren »wilde Betriebe«, die oft nur für eine kurze Zeit eingerichtet wurden. Zu solch einem Nachtlokal gehörte ein ganzer Stab von Mitarbeitern. Der »Ring« konnte so viele seiner Brüder in Lohn und Arbeit setzen. Kellner, Spanner, Anreißer und Schlepper wurden dazu benötigt.

Der »Anreißer« stand in einer Nische oder an einer Ecke zum Beispiel in der Friedrichstraße. Er lockte Gäste mit den grellsten Schilderungen, was alles an Genuß den Kunden entgehen würde, wenn er nicht das Lokal betrat. War ein Kunde bereit, das Lokal aufzusuchen, trat der »Schlepper« in Erscheinung. Er brachte den Gast oft mit einem Auto zu dem Nachtbetrieb. Aus Sicherheitsgründen lag es mehrere Häuser vom »Anreißer« entfernt. Vor dem Haus wartete der »Spanner«. Dessen Aufgabe bestand darin, den Gast unter Berücksichtigung von Sicherheitsmaßnahmen in das Lokal einzuschleusen. Da gab es bestimmte Klopfzeichen, es mußte aufgepaßt werden, daß niemand folgte, und natürlich mußte der Barraum »gefunden« werden.

In solch einer »Bar« gab es nur Sekt oder Wein, natürlich eine minderwertige Ware, die zu Höchstpreisen ausgeschenkt wurden.

Das Publikum war sensationslüstern, wollte jetzt auch etwas »erleben«, was es in Dortmund oder Kassel nicht erleben konnte. Es gab ein wenig Körpertanz. Wer protestieren wollte, unterließ es angesichts der Rausschmeißer, die nicht zu übersehen waren. Die im Lokal befindlichen Mädchen hatten geschickte Finger und der »Freund« neben dem Gast ebenso. Da gab es auch mal Schlafmittel in das Getränk, oder einem Gast wurde angeboten, ihn zum Hotel zu begleiten, da er den Weg nicht mehr wußte. In der Dunkelheit wurde schließlich mit ihm eine Schlägerei vom Zaun gebrochen. Natürlich geschah dies nur in den »stillen Straßen«, und dem Opfer wurde die Brieftasche geraubt.

Wenn der so gedemütigte und ausgeplünderte Gast am nächsten Tag der Polizei die Bar zeigen wollte, fand er sie nicht mehr, oder sie war bereits wieder aufgelöst. In den meisten Fällen war es für die Polizei schwierig, solche Nachtlokale auszuheben. Darum ging sie gleich radikal vor, umstellte bestimmte Häuserblocks und durchsuchte sie, in der Hoffnung, so eine »Hochburg« des »Rings« zu finden.

Dabei waren sie oft recht einfach »getarnt«. Als »Lotterielokal« zum Beispiel, das klang harmlos und redlich. Der Ringverein »Letzte Hoffnung« machte sich dies zu nutze. Er wurde am 18. August 1924 gegründet, hatte seinen Vereinssitz in der Kuglerstraße 151 und in der gleichen Straße, Hausnummer 131, in der Spelunke des Max Mathäus, sein Vereinslokal. In der Satzung formulierte der Vorsitzende Otto Kettering : »Der Zweck der Gründung ist, die Geselligkeit unter den Mitgliedern zu pflegen und, wenn es das Glück will, durch Lotteriespiel einen geldlichen Vorteil der Mitglieder zu erlangen.« Der »Freie Rabatt-Sparverein Groß-Berlin Hand in Hand«, der am 6. Dezember 1927 ins Leben gerufen wurde, arbeitete auf der gleichen Basis.

Neben den organisierten Verbrechen gab es natürlich auch Einzeltäter, die vorher nie als Kriminelle in Erscheinung getreten waren. Bürger, die 40 Jahre gesetzestreu lebten, um einmal aus ihrer Rolle zu fallen.

Weder der »Ring« noch die Kripo konnten solche Täter kontrollieren oder beeinflussen. Oft handelte es sich um Scheckbetrüger, aber auch Geldfälscher zählten dazu. Unter diesen »Künstlern« war sicher der eine oder andere, den der »Ring« gerne als Spezialist im Syndikat gehabt hätte.

Einer war der Kaufmann Oskar Grabenstein, der 1923 vor Gericht stand. Ihm wurde die Fälschung von Dollarnoten vorgeworfen und zwar auf eine recht mühevolle Weise. Er nahm Eindollarscheine und funktionierte sie durch das Hinzufügen von zwei Nullen zu Hundertern um. Der entsprechende Text dazu wurde natürlich auch geändert. Die vorherigen Schriftzeichen hatte er teils durch Ätzung, teils durch Radierung entfernt.

Im Juni 1925 mußte sich dann die Kripo abermals mit ihm befassen. Grabenstein hatte im Zuchthaus einen Schwerkranken simuliert. Die Haftärzte konnten aber nichts Konkretes finden. Da der Fälscher über starke Schmerzen klagte, wurde er sicherheitshalber in die Charité zur Untersuchung gebracht. Von dort aus war es für ihn ein Kinderspiel zu flüchten. Man vermutete, daß er sich in die Tschechoslowakei abgesetzt hatte. Dort war er aufgewachsen, dort lebte noch sein Bruder, dessen Anschrift allerdings unbekannt war. Zwar verständigte man telegrafisch alle Polizeidienststellen und bat auch die tschechischen Kollegen um Mithilfe – ein Auslieferungsbegehren aber konnte nicht gestellt werden. Es war ja noch nicht einmal bekannt, ob Grabenstein tatsächlich in die Tschechoslowakei zurückgegangen war. Die deutschen Justiz jedenfalls sah Grabenstein nie wieder.

Geldfälscher waren auch die beiden Studenten Golubozyk und Pfeffer oder die Herren Schweza und Friedmann, die sich 1924 in der »Umarbeitung« von Ein- und Zweidollarnoten in Hunderter und Zweihunderter geübt hatten. Warum sie allerdings auch 500 Rubelnoten nachzuahmen versuchten, bleibt ein Rätsel.

Solche »Kamikaze-Ganoven« hatten kaum eine Chance, sich längerfristig zu halten. Da war der »Ring« vor. Auf dieser Ebene kam es sogar zu einer Zusammenarbeit zwischen Kriminalpolizei und »Ring«.

Sobald die Brüder Konkretes über Straftäter wußten, die dem »Ring« nicht angehörten, meldeten sie es der Polizei. So mancher Mord und einige Sexualdelikte konnten dadurch aufgeklärt werden.

Daß der »Ring« einerseits nur die Besten aufnahm und andererseits zum Schutz seiner Mitglieder auch auf Ordnung schaute, zeigt sich in einem Fall, der sicherlich anders ausgegangen wäre, wenn die betreffenden Täter Mitglieder der Brüderschaft gewesen wären.

Im Jahre 1926 machte eine Bande durch eine ganze Reihe

von rüden Überfällen und Einbrüchen von sich reden, der man bald den Namen »BVG-Räuber« gab. Die Bande hatte nämlich einen bewaffneten Banküberfall im Westen der Stadt verübt und dabei zwei Kassierer der Berliner Verkehrsgesellschaft, die gerade Lohngelder hatten abholen wollen, erschossen. »Papa Gennat« verfolgte die Spur der sechsköpfigen Truppe unter ihrem Anführer Hoheisel voller Eifer. Er ließ Razzien in den einschlägigen Lokalen und Pensionen durchführen, allerdings mehr, um die Unterwelt zu verunsichern, denn in der Hoffnung, die Bande schnappen zu können. Unter den Brüdern herrschte bald Aufruhr. Ihre Geschäfte waren in Gefahr. Ständig mußte mit Razzien gegen Hehler gerechnet werden, was bedeutete, daß es gefährlich wurde, »heiße Ware« zu veräußern. Und da die »B VG-Räuber« brutal waren, fiel auch ein Schatten auf die Vereine.

Etwas später überfielen die selben Männer ein Nobellokal und raubten die Gäste aus. Dabei waren mehrere Gäste erschossen worden. Kein Wunder, daß der »Ring« größtes Interesse zeigte , die Bande unschädlich zu sehen.

Der Erfolg ging letztlich jedoch auf das Konto der Polizei. Zwei Mitarbeiter von »Papa« Ernst Gennat, die Kommissare Thiemann und Zimmermann, gingen auf eigene Faust auf die Suche. Mehrere Tage meldeten sie sich »krank« im Revier. Gennat ging zwischendurch zu Thiemann, um sich zu erkundigen, wie es ihm ginge. Von dessen Frau erfuhr er, daß der Kripokollege keinesfalls krank sei. Nun kam das Präsidium in Aufregung. Denn auch die Nächte hatten die beiden Beamten nicht zu Hause verbracht. Die Ehefrauen wähnten sie dienstlich unterwegs, während das Präsidium von der Krankschreibung ausging. Alles Mögliche wurde gemutmaßt: Von Mord an den beiden bis zu Entführung. Vier Tage später erschien der ansonsten bürgerlich gekleidete Zimmermann in greller Aufmachung im Revier. Er gab an, daß er mit Thiemann zur Zeit in einer völlig heruntergekommenen ehemaligen Werkstatt genächtigt habe. Sie schliefen auf Matratzen, die sie sich von der Müllabfuhr besorgt hatten. Zimmermann trug eine »wilde Schlägermütze«, lila Sakko und helle, großartige Breeches. Ruhig erzählte er, daß sie beide Zutritt zu der »BVG-Bande« bekommen hätten. Er nannte Namen, Anzahl der Mitglieder, und, was am wichtigsten war, er kannte den Aufenthaltsort der Bande: ein Haus im Stadtteil Charlottenburg. Gennat wollte sofort ein Überfallkommando losschicken, aber Zimmermann winkte ab. Das gäbe nur eine Schießerei, meinte er. Er hatte einen anderen Plan. Von der Bande wußte er, wann der nächste Raub durchgeführt werden sollte. Dazu wurden nur vier Mann gebraucht. Die anderen beiden blieben in der Wohnung. Erst am Tag des Überfalls solle die Polizei kommen. Er, Zimmermann, würde mit Thiemann sorgen, daß keine Waffen vorhanden wären. Die Kripo müßte dann lediglich in der Wohnung auf die Rückkehr der restlichen Bande warten. Der Zugriff wäre sicher und leicht, und schnell könnten die Mörder außer Gefecht gesetzt werden.

Diese Aktion gelang und mehrte den Ruhm von Ernst Gennat.

Zu bestaunen ist dabei allerdings die Naivität beider beteiligten Parteien: der Kripobeamten Thiemann und Zimmermann und der BVG-Mitglieder. Das Klischee des Verbrechers steckte in den Köpfen der beiden Beamten: lila Sakko, wilde Schlägermütze – dies also sollten Symbole der Unterwelt sein. Die Bande hingegen verstieß durch die Morde nicht nur gegen elementare Grundregeln, sondern vertraute außerdem zwei Männern, nur weil sie in einer verwahrlosten Werkstatt hausten und sich grell kleideten.

Die »wirbelnde Zeit« der »goldenen 20er« griff auch auf die Vereine über. Je größer der Reichtum Berlins wurde, um so mehr dunkle Elemente versuchten ihren Teil davon abzubekommen. Abgesehen von den Geschäften der Ringbrüder griffen die »Ratten« mehr und mehr in das Getriebe hinein. Ihr Verhalten wurde aggressiver, rabaukenhafter. So wurde im August 1928 der Gastwirt Puesemuth in der Danziger Straße von den Rabauken erschlagen. Er hatte sich geweigert, Schutzgeld zu zahlen.

Ein Zigarettenhändler kam noch relativ glimpflich davon. Auch er sträubte sich, sein sauer verdientes Geld den »Ratten« oder sonstwem in die unsauberen Taschen zu stecken. Ihm wurden innerhalb eines Monats dreimal sämtliche Fensterscheiben eingeschlagen.

Aber auch der »Ring« mußte sich gegen »betrügerische Geschäftskunden« erwehren.

Wieder einmal bekam Manfred Bastubbe einen Auftrag. Diesmal ging es um Morphium. Gleich 1000 Ampullen sollte er nach Hamburg bringen. Dort gab es das Lokal *Alkaza*. Der Direktor Witkowsky würde ihn in seinem Büro erwarten. Der Ringbruder fuhr los. Diesmal war es nicht eine solche Hetze wie beim letzten Mal, als er Kokain vom Schiff holte. Er fand auch ohne nennenswerte Probleme die gesuchte Nachtbar. Der Direktor war ein alter Kunde, von dem der »Ring« nicht zu befürchten brauchte, daß die Morphiumbestellung eine Falle wäre.

Begierig starrte Witkowsky auf die Ampullen und legte ein Bündel Dollarscheine auf den Tisch. Bastubbe müsse entschuldigen, er habe nicht genügend deutsches Geld im Haus, er wisse doch, viele Gäste kämen aus Übersee und hätten nur Dollars dabei.

Der Ringbruder sah keine Probleme. Dollars einzutauschen war praktisch überall möglich. Er steckte das Geld ein, ging in der Bar an die Theke und fragte den Mixer, wo er noch diese Nacht Dollars einwechseln könne.

»Im Neuchina«, war die Antwort.

Bastubbe ließ sich den Weg beschreiben und fuhr zu der genannten Bar, die an der »Großen Freiheit« lag.

Dort setzte er sich an einen Tisch und forderte die Bedienung auf, den Oberkellner zu holen. Als dieser kam, bat der Ringbruder um die Gefälligkeit.

»Gehen wir ins Büro«, war die Antwort.

In den Geschäftsräumen prüfte der Oberkellner kurz die grünen Dollarscheine, riß dann ohne ein weiteres Wort die Tür auf und rief den Rausschmeißer und einige Kellner zu sich. Als die Männer den Raum betraten, erklärte der Oberkellner voller Wut: »Fälschungen. Sie wollen mich reinlegen.« Er warf Bastubbe das Geld vor die Füße. Im gleichen Moment stürzten die Angestellten auf den Bruder. Er bekam fürchterliche Prügel und wurde danach auf die Straße geschmissen.

Zwei Tage mußte er bei einem befreundeten Bruder des »Ring Norddeutschland« unterkriechen, bis er einigermaßen wiederhergestellt war.

Voller Empörung fuhr er zurück nach Berlin. Auf eigene Faust konnte er nichts machen. Nicht mal die Norddeutschen Brüder um Hilfe bitten. Denn er hatte nicht für sie, sondern für den Berliner »Ring« den Auftrag erledigt und dieser mußte die nächsten Entscheidungen treffen. Dem Vorstand von »Deutsche Kraft« schilderte er, noch immer zornig, den Betrug. Es gab keinen Zweifel, Witkowsky mußte vom »Ring« bestraft werden. Doch erst mal wurde ein Protokoll durch den Schriftführer aufgesetzt. Immerhin hatte »Deutsche Kraft« Verluste, die in der Vereinskasse geklärt sein mußten.

Zwei Monate später geschah das Unwahrscheinliche. Direktor Witkowsky orderte abermals 1000 Ampullen Morphium. Nun kam die Stunde des »Rings«. Er bereitete alles vor. Wieder bekam Bastubbe den Auftrag, nach Hamburg zu fahren. Unterwegs grübelte er, wieso der Direktor die Frechheit besitzen konnte, erneut eine Bestellung aufzugeben. Er mußte wohl annehmen, Bastubbe habe die falschen Dollarscheine wechseln können.

Freudig wurde Bastubbe durch Witkowsky im *Alkaza* begrüßt. Der Bruder legte die Schachteln mit den Ampullen auf den Tisch. Abermals zückte der Kunde ein Bündel Dollarnoten.

Diesmal aber lehnte Bastubbe ab. Er habe zu viele Schwierigkeiten beim Wechseln gehabt, solche Mengen wolle niemand auf einen Schlag eintauschen. Er wolle lieber deutsche Mark haben. Nun mußte Witkowsky seinen Safe öffnen. Er bezahlte mit deutschem Geld.

»Diesmal ist es etwas teurer«, meinte der Bruder, »es mangelt an Nachschub.« Zähneknirschend legte der Barbesitzer noch einige Scheine drauf. Ein lächelnder Bastubbe verabschiedete sich höflich von seinem Geschäftspartner.

Witkowsky wird sich sehr gewundert haben, daß das Morphium keine Wirkung zeigte. Sämtliche 1000 Ampullen waren vom »Ring« präpariert und mit Aqua Destillata gefüllt worden.

So bekam der Ring doch sein Geld und einen Schadenersatz dazu. Der Direktor hat sich nie darüber beschwert und alle zukünftige Geschäfte mit deutschem Geld beglichen.

Daß er es aber gewagt hatte, einen Ringbruder aufs Kreuz

zu legen, zeigt, daß langsam Widerstand gegen das Kartell »Großdeutscher Ring« entstand.

Kriminalkommissar Werneburg erfuhr später von dieser Geschichte und meinte nur, daß es endlich mal den richtigen erwischt habe.

Längst war man sich im Präsidium am Alexanderplatz bewußt, daß der »Ring« eine gefährliche Bruderschaft war, die weder von Kleinkriminalität noch von Geselligkeitsabenden lebte.

Der erste Schlag gegen den »Ring« erfolgte am 27. November 1928, als sich die Vereine »Moabit« und »Norden« mit einer größeren Gruppe »Ratten« herumschlagen mußten.

Leider ist die Örtlichkeit nicht bekannt. Lediglich, daß diesmal die Polizei pünktlich erschien, und zwar mit großem Aufwand. Dreiundfünfzig der beteiligten Schläger wurden verhaftet und kamen in Polizeigewahrsam. Die meisten wurden schnell wieder auf freien Fuß gesetzt. Doch einige, gegen die ein Haftbefehl vorgelegen hatte, blieben in Gewahrsam. Sie gehörten den Nordpiraten an. Nicht einmal die Anwälte schafften es, die Brüder gegen Kaution freizubekommen. Das empörte den »Ring«. Der zuständige Richter war sicher nicht erpreßbar, denn man darf wohl davon ausgehen, daß es versucht wurde.

Auch eine anderer spektakulärer Plan mußte aufgegeben werden.

Der Verein »Norden« mit seinen Nordpiraten, wie sie sich nannten, hatte für den 13. Dezember 1928 beim Polizeipräsidenten eine Demonstration beantragten. Öffentlich wollte man gegen »Ungerechtigkeit« und »Justizwillkür« protestieren. Polizeipräsident Zörrgiebel aber erließ ein Versammlungsverbot.

Die Stimmung unter den Brüdern muß auf einem Tiefpunkt gewesen sein.

Aber, was niemand ahnen konnte, nur Tage später fiel der »Ring« in die tiefste Niederung seit seinem Bestehen, um direkt anschließend seinen spektakulärsten Höhepunkt zu erreichen.

Kleinkrieg am Schlesischen Tor

Am 28. Dezember 1928 betrat der Nordpirat Malchin das Lokal des Gastwirtes Bach in der Madeistraße. Dort waren neben weiteren Brüdern auch einige der verhaßten Zimmerleute aus Hamburg, die in Berlin seit einiger Zeit beim Ausschachten der U-Bahn halfen. Immer wieder gab es Streiterein mit den Handwerkern. Aber Malchin wollte eigentlich nur in Ruhe mit den Brüdern plaudern und sein Bier schlürfen. Trotz der guten Vorsätze fragte er sich allerdings nach einer Weile, warum dieser Kerl von Zimmermann, der da in seiner Nähe stand, unbedingt so nahe zu ihm rücken mußte. Verschwinden sollte er, dieser, wie war doch der Name? Richtig, Schulmieß wurde er gerufen. Er sollte endlich die Flatter machen, abhauen.

Schulmieß sah dies nicht ein. Zwischen ihm und Malchin gab es Widerworte. Andere Zimmerleute mischten sich ein. Das hätten sie besser unterlassen. Sofort waren die Brüder zur Stelle. Niemand wußte genau, wie es begann – mit einem Male war man in der schönsten Schlägerei.

Die Zimmerleute waren in der Minderheit. Sie hatten keine Chance. Schon drängten sie zur Tür, doch auch der Fluchtweg war durch die Brüder versperrt. Schulmieß bekam Angst, Todesangst. In seiner Not griff er zu seinem Zimmermannsmesser. Er wollte drohen, niemanden verletzen. Da kam dieser verfluchte Malchin, der ihn angepöbelt hatte, auf Armeslänge heran. Weg, dachte Schulmieß, hau ab. Und zur Warnung stach er blind mit dem Messer in die Luft. Dabei muß er den Malchin erwischt haben. Nur am Ohr. Und an der linken Schläfe. Und am Arm. Am Hals auch ein bißchen. Schlimm war es ja nicht, aber das Blut, das viele Blut.

Die Brüder waren perplex. Hatte man so etwas schon erlebt? Wagte so ein Zimmermann in ihrem Beisein einen Bruder abzustechen. Da mußte man erst mal stehenbleiben, sich von der Überraschung erholen.

Diesen Moment nutzte Schulmieß, um sich in einer heftigen Aktion an die Tür zu drängen und wegzurennen, sozusagen über alle Pflastersteine. Die Brüder hatten nur eines im Kopf: Malchin zu retten. Sie packten ihn in ein Auto und preschten in das nächste Krankenhaus …

Mitglieder der Ringervereine waren verpflichtet, zur Beerdigung eines Bruders zu erscheinen. Das taten sie. Pompös. So konnte es geschehen, daß vom Zuchthaus Plötzensee ein Leichenbegräbnis seinen Anfang nahm. Vorweg ein beschlagener stabiler Eichensarg, der hinter Spiegelscheiben eines von sechs Rappen gezogenen Leichenwagens stand. Dahinter eine Männerkapelle, die spielte mal »Ich hatte einen Kameraden« oder den »Trauermarsch« von Chopin. Es folgten Hunderte, bei Vorstandsbrüdern sogar Tausende von Trauergästen. Alle in Frack und Zylinder. Die Vorstände der Vereine zeigten sich geschlossen im Block und trugen die Vereinsschärpe um den Leib. Selbstverständlich waren auch die reichbestickten Vereinsstandarten zu sehen.

Muskel-Adolf, der Vorsitzende von »Immertreu«, begründete diese Schau später in den 20er Jahren wie folgt: »Meene Mutter hat immer gesagt, Adolf, wenn du so weitermachst, wird nicht mal ein Hund hinter deinem Sarg hergehen. Und dett is mir in die Knochen gefahren.« Natürlich waren die Beerdigungen zu Beginn des neuen Jahrhunderts noch nicht derart augenfällig. Noch waren die Brüder bescheidener, aber trotzdem wurde ein Todesfall zu einem Ereignis, dessen in Würde gedacht wurde.

Am offenem Grab stand der Vorstand. einer hielt die Trauerrede. Es wurde nur Gutes über den toten Ringbruder gesagt, denn »zu seiner Lebenszeit wurde ihm genügend Schlechtes nachgesagt«, so unser stämmiger Muskel-Adolf.

Berge von Kränzen und Blumengebinden wurden abgelegt, einmal noch spielte die Kapelle und dann gingen die Brüder würdigen Schrittes vom Friedhof.

Was dann folgte, kann nur als Völlerei bezeichnet werden: Der Leichenschmauß. »Es wurde unverschämt getrunken«, erzählt Kiefert, »das ging über zwei, drei Tage«.

Am 29. Dezember 1928 fand auf dem Friedhof Wilhelmsberg bei Hohenschönhausen die Beerdigung eines Ringbruders statt. Alle waren sie gekommen, über 300 Brüder, korrekt bekleidet mit Frack, Zylinder und Lackschuhen. Auch Muskel-

Adolf war da. Noch am selben Abend hatte er von den Vorkommnissen und von Malchins schwerer Verletzung erfahren. Noch aber war keine Entscheidung gefallen ...

Eisig pfiff der Wind. Der Trauerzug formierte sich. Vorweg schritt eine Kapelle. Ihr folgte der schwere Sarg auf dem schwarzen Leichenwagen. Er war überhäuft mit Gebinden und Kränzen. »Letzte Grüße, Nordpiraten« oder »Bis später. Deutsche Kraft« war zu lesen. Der Pfarrer ging gemessenen Schrittes. Nach ihm kam Adolf, flankiert von den Bannerträgern. Die übrigen Trauergäste gingen bedrückt hinterher.

Am offenen Grab senkten sich die Banner ein letztes Mal. Der Sarg wurde behutsam in die Gruft gelassen. Der Männerchor intonierte »So nimm denn meine Hände«. Alle hoben die Zylinder und grüßten zum Abschied.

Muskel-Adolf trat hervor. Feierlich zählte er die guten Eigenschaften des verstorbenen Bruders Herzog auf. Danach warf er eine Handvoll Erde auf den Sarg. Nochmals spielte die Kapelle »Ich hat' einen Kameraden«, die 300 Brüder flanierten am Grab vorbei und strebten danach mit würdigem Schritt dem Ausgang zu.

Die Fahrt ging in die Gastwirtschaft Schulz. Dort wurde der Leichenschmaus gehalten. Gegen 19 Uhr fuhr Muskel-Adolf in die Münchebergerstraße. Das Banner befand sich im Auto. Eine halbe Stunde danach ging er allein in die Madeistraße 11, in die Wirtschaft *Kuhn*. Dort traf er weitere Brüder.

Gegen Mitternacht trat ein Besucher in den Gastraum ein. Gastwirt Bach. Neben ihm zwei weitere Begleiter. Bach strebte auf den Tisch von Adolf zu und teilte ihm mit, daß Schulmieß, der Messerstecher vom Vorabend, sich im Moment in der Breslauer Straße 1 bei Naubur, im Zunftlokal der Zimmerleute, aufhalte.

Später erklärte Adolf der Kriminalpolizei, er habe weder Malchin noch den Gastwirt Bach gekannt. Er wisse auch nicht, wieso Bach gerade auf ihn zugegangen sei. Dennoch sei er sofort bereit gewesen, in das Zunftlokal zu gehen, um die Personalien von Schulmieß festzustellen. »An eine Prügelei war nicht gedacht«, sagte der stämmige Vorsitzende, was schon daraus hervorgehe, »daß ich ja bloß mit ungefähr sechs Mann« in das Lokal ging.

Im Smoking und Frack gingen die Brüder in das besagte Lokal *Naubur*. Dort tranken sie ein Glas Bier, bis der Wirt vom Klosterkeller den Hinweis gab: »Da ist er ja!«

»Im höflichen Ton«, so Adolf weiter, forderte er Schulmieß auf, mit auf die Straße zu kommen, um »die Sache draußen« zu regeln. Doch der Zimmermann wich zurück, bis er durch den Weihnachtsbaum im Gastraum aufgehalten wurde. Danach folgte er zitternd zur Tür.

Adolf erzählte, er sei »alleine mit dem Klosterkellerwirt« an die Tür gegangen.

Von den nächsten Minuten liegen etwa 30 verschiedene Aussagen vor. Jeder bezichtigte den anderen, als erster angefangen zu haben. Tatsache aber ist, daß sich die Ringbrüder plötzlich einer Übermacht von Zimmerleuten gegenübersahen. »Im Handumdrehen« wurden sie auf die Straße gedrängt. Doch vorher gelang es einem der Brüder, auf Schulmieß einzuschlagen. Adolfs Begleiter Bruno Pietrzak erhielt einen Bierseidel an den Kopf. Allerdings erzählte der Zeuge Paul Wegner später, er habe gesehen, daß die Brüder aus ihren Taschen »die Böden von zerschlagenen Gläsern zogen«, auch »Gummiknüppel« habe er gesehen. Sämtliche Brüder hätten zuerst auf den Schulmieß eingeschlagen. Blutüberströmt sei dieser auf der Straße, an der Lokaltür, zusammengebrochen.

Nun stürzten jedoch die Zimmerleute mit Stuhlbeinen und Besenstielen bewaffnet auf die ehrenwerten Herren vom Syndikat. Die schlugen sich tapfer. Doch Adolf sowie die Brüder Pietrzak, Laß, Franke und Schulze bekamen Prügel. Pietrzak und Franke wurden verwundet. Sie konnten mit Adolf flüchten. Der Bruder Laß rannte davon, traf eine ihm bekannte Hure und blieb bei ihr stehen, um das Lokal zu beobachten. Mittlerweile hatte der Wirt vom *Klosterkeller* die Polizei alarmiert. Als die kam, waren die Brüder verschwunden. Die Zimmerleute diskutierten erregt vor der Kneipentür. Plötzlich entdeckten sie den Ringbruder Laß und teilten es aufgeregt der Polizei mit. Laß wurde festgenommen.

Die Flucht der Ringbrüder endete in *Leos Hof*, der Wirtschaft von Rauhut in der Breslauer Straße. Von dort aus wurde im Verkehrslokal von »Immertreu«, dem *Schwarzen Walfisch* angerufen. Adolf gab »Ringalarm«.

Binnen kurzer Zeit kamen mehrere Kraftwagen vor *Leos Hof* an.

Insgesamt versammelten sich laut Akten der Staatsanwaltschaft etwa 150 Ringbrüder. Bewaffnet waren sie mit Revolvern, Messern, Totschlägern und Gummiknüppeln.

Aber auch die Zimmerleute wollten nicht ungeschützt bleiben. Kaum war die Polizei mit Laß ins Revier zurückgefahren, riefen die Handwerker in einem anderen Innungslokal an. Dort waren aber nur wenige Zimmerleute anwesend. Die erklärten sich allerdings bereit, zu kommen. Auch zwei Maurer, die sich dort aufhielten, boten ihre Hilfe an.

Mit dieser Taktik hatte Muskel-Adolf gerechnet. Deshalb hatte er alle Straßen in der Umgebung des *Klosterkellers* durch seine Brüder absichern lassen. Ahnungslos näherte sich die Unterstützung der Zimmerleute. Sie wurde auf der Straße von einer Übermacht abgefangen und zusammengeschlagen. Lediglich einem der beiden Maurer gelang es, das Lokal von Bach zu betreten. Und dann begann es.

Der Kriegsschauplatz: Breslauer Straße, Zunftlokal bei *Naubur*, sowie Seitenstraßen.

Die Beteiligten: Etwa 20 Zimmerleute, ein Maurer, circa 150 Ringbrüder.

Der Schlachtplan von Muskel-Adolf: Reinstürmen, zusammenschlagen.

Es war einfach und doch überwältigend.

Mittlerweile war es Nacht, gegen 2 Uhr.

Überhitzt gab Adolf das Zeichen. In Kompaniestärke stürmten die Ringbrüder auf das Lokal am Schlesischen Tor zu, traten die Eingangstür ein und versuchten, in das Lokal einzudringen. Gleichzeitig drängten die eingesperrten Zimmerleute auf die Straße. Zwischen etwa 180 Personen entwickelte sich die größte Massenschlägerei, die es zur damaligen Zeit in Berlin gegeben hatte. Gekämpft wurde mit allen Waffen. Die Zimmerleute verteidigten sich mit Äxten, Billardqueues, ihren Messern, abgebrochenen Stuhlbeinen und ähnlichem. Die Ringbrüder mit Dolchen und Schlagwaffen sowie mit ihren Revolvern.

Die Handwerker aus Hamburg erwehrten sich einer etwa achtfachen Übermacht. Der Kampf fand im Lokal statt, das innerhalb kürzester Zeit zertrümmert wurde, und auf der Straße, die bald vom Schreien und Stöhnen der Verletzten erfüllt war.

Ringbruder Kiefert hat die Schlacht erlebt. »Ja ja, das habe ich miterlebt. Ja, da sind Immertreu, waren 5–6 Mann, mit der Puste hin und die ham dett Ding aufgeräumt. ... Die Zimmerleute wollten den Verein angehen, die wollten den Verein kaputtmachen, dett hätten die ja nie geschafft, davon abgeseh'n, des sind ja nur ne Handvoll, und denn sind det ja auch ganz andersartige Menschen.«

Die »andersartigen« Zimmerleute schlugen zu, wie sie konnten.

Zwanzig quälende Minuten lang gab es gebrochene Rippen, blaue Augen, eingeschlagene Köpfe und jede Menge Blut. Innerhalb dieser Zeit fielen etwa 100 Pistolenschüsse, wie später anhand der Hülsenfunde festgestellt wurde. Viele Zimmerleute wurden schwer verletzt, der Maurer starb später im Krankenhaus.

Von den Ringbrüdern sind Verletzungen bei Pietrzak bekannt. Er tauchte erst am nächsten Abend wieder im Lokal von Slag in der Breslauer Straße auf. Muskel-Adolf hatte eine verletzte Hand. Ein weiterer Bruder hatte mit einer Eisenstange einen Schlag auf den Rücken bekommen.

Als die Polizei endlich eintraf, waren sämtliche Ringbrüder unter Mitnahme ihrer Verletzten längst verschwunden.

Ein großer Teil traf sich, wie Pietrzak, bei Slag wieder. Unter den Brüdern gab es lange Gespräche. Laut Aussage von Hübner »bedauerten« sie die Tatsache, daß der Maurer zu Tode gekommen war.

Diese Aussage schien eher zum Selbstschutz geäußert worden sein. So zimperlich, daß sie den Tod eines fremden Menschen bedauerten, waren die Männer nun auch wieder nicht.

Am 30. Dezember erschien die erste kurze Nachricht über die Massenschlägerei. Dann kam Silvester. Die Brüder feierten ein rauschendes Fest und fragten sich, ob es wohl Haftbefehle gab oder nicht, während die Kripo ebenso feierte.

Auf diesen Festen wurde ein Lied mit folgendem Wortlaut gesungen:

Alle Ein- und Schwerverbrecher
Diebe, Hehler, Meineidsbrecher
Räuber, Fälscher, Attentäter
Ehebrecher, Hochverräter
Autofahrer ohne Lichter
Mörder, unsittliche Dichter
Maler nackter Körpermassen
Kurz: Betrüger aller Klassen
Rufen: Fein! Wir haben frei
Heute tanzt die Polizei!

Turbulent wurde es wieder ab dem 2. Januar 1929. Nun waren die Schlagzeilen dick und fett: »Straßenschlacht am Schlesischen Tor« formulierte »Tante Voss«. In immer neuen Variationen wurde die Schlacht kolportiert.

Im Polizeipräsidium herrschte große Aufregung. In letzter Zeit hatten die Vereine immer wieder durch Schlägereien von sich reden gemacht. Polizeipräsident Zörrgiebel wußte, daß er etwas unternehmen mußte. Sämtliche Zimmerleute, Anwohner, Gastwirte und Rabenjungs wurden zum Verhör geholt. Die Kripo wollte die Wahrheit wissen, vor allem, ob jemand erkannt worden war. Nun konnten sie sich melden, die erpreßten Wirte und Geschäftsleute, die Neider und Mißgünstler. Sie meldeten sich. Der Gastwirt Naubur, natürlich. Er hatte den größten Schaden davongetragen. Auch Paul Wegner sagte bereitwillig aus. Unter anderem, daß »die Vereinsmitglieder gezwungen [sind], wie beim Militär« sich an Schlachten zu beteiligen. Er selbst war kein Ringmitglied.

Am 4. Januar 1929 erhielt das Amtsgericht Lichtenberg ein anonymes, maschinengeschriebens Schriftstück. Das Gericht wurde darin aufgefordert , den »Vereinsbruder Zelle«, der in ganz anderer Sache vor Gericht stand, »freizusprechen«. Sonst »rücken wir euch gehörig auf den Leib«. Mag sein, daß dieser Erpressungsversuch den Ausschlag für die folgenden Haftbefehle gab.

Die Kripo hatte mittlerweile die Namen mehrerer Ringbrüder ermittelt, die bei der Straßenschlacht beteiligt gewesen sein sollen. Am 5 . Januar gingen die Haftbefehle raus. Vorweg auf der langen Liste stand der »Geschäftsführer Adolf Leib«. Bruno Steinke, Max Hehde, Kurt Höhne und weitere drei Ringbrüder sind darauf verzeichnet. Unter der Geschäftsnummer 23. J. 6/29 werden sie der Zusammenrottung und Gewalttätigkeit bezichtigt.

Die Massenverhaftung schlug im »Ring« ein wie eine Bombe.

Die Vorstände waren sich grundsätzlich einig: Hier ging es nicht um einzelne Personen, sondern der ganze »Ring«, die Organisation war in Gefahr. Wenn es die Justiz wagen würde, führende Köpfe des »Rings« in Haft zu nehmen, bestand die Gefahr des inneren Zusammenbruchs.

Es war völlig klar: Die besten, die Spitzenanwälte mußten her.

Die große Stunde von Hulda Spindler, der »Aktien-Mieze«, schlug. Sie war es und nicht die Brüderschar, die ihre Mädchen zusammentrommelte. Gemeinsam marschierten sie in die Kanzlei der juristischen Koryphäe Dr. Dr. Erich Frey. Weder von der Sekretärin noch von einem Referendar ließen sie sich aufhalten. Ihre Männer säßen im Gefängnis, litten gar unter der Haft und verzehrten sich vielleicht nach Freiheit und Liebe. Da konnte es kein Halten geben. Vor dem Schreibtisch des verblüfften Anwalts machten sie halt. Aktien-Mieze blickte Dr. Frey bittend an. Dann streifte sie ihre Armreifen und Ringe ab, entledigte sich ihrer schweren Perlenkette und der brillantenverzierten Anstecknadel. Die anderen Mädchen taten es ihr nach. Mieze legte den gesamten Schmuck auf den Schreibtisch des Anwalts und meinte bestimmend: »Wir brauchen Ihre Hilfe. Und dett, Herr Doktor, ist keene heiße Ware.«

Dr. Erich Frey übernahm umgehend das Mandat.

Am 6. Januar ging er in die Untersuchungshaftanstalt Moabit zu Muskel-Adolf.

Das Gespräch der beiden stand unter Schweigepflicht. Das Ergebnis aber ist bekannt. Muskel-Adolf erklärte schriftlich: »Hiermit bestätige ich, daß von unserer Seite alle Feindseligkeiten eingestellt sind. Ihr A. Leib, Immertreu.« Dieses Schrei-

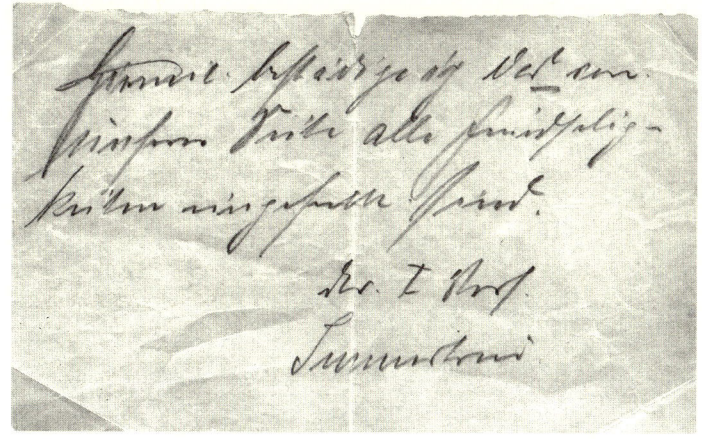

ben sollte den Zimmerleuten durch Anwalt Frey übergeben werden. Die Hoffnung dabei war, das Gericht damit milde zu stimmen. Der Versuch mißlang.

Muskel-Adolf und Co. blieben in Haft.

Das muß im »Ring« wie ein Schlag gewirkt haben. Es sollte noch schlimmer werden.

Polizeipräsident Zörrgiebel verbot Anfang Januar die beiden Vereine »Immertreu« und »Norden«.

»Polizei gegen Unterwelt« jubelte die »Tante Voss«, während Rechtsanwalt Dr. Frey versuchte, das Verbot wieder aufheben zu lassen. Die Empörung unter den Brüdern muß hohe Wellen geschlagen haben. Da wagte es tatsächlich ein Polizeioffizier, gegen den »Ring« anzugehen. Doch niemand wußte, was zu tun sei.

Die Brüder verhielten sich relativ ruhig. Jetzt ging es um mehr als nur eine Schlacht, mehr als um Aufklärung, wer am Tod des Maurers schuldig war. Jetzt ging es um die Existenz zweier bedeutender Vereine, ja im Grunde um den »Ring« selbst. Aufgrund dieser Überlegung unternahm Dr. Frey das einzig vernünftige. Er sprach es mit Muskel-Adolf ab, und dieser engagierte zusätzlich den Rechtsanwalt Max Alsberg.

Das war ein absolutes Novum. Niemals zuvor waren die berühmten Juristen gemeinsam in einem Prozeß als Verteidiger aufgetreten. Bisher waren sie immer Gegner gewesen.

Aber auch Alsberg erreichte nicht, daß das Verbot aufgehoben oder die Gefangenen aus der Haft entlassen wurden.

Am 4. Februar 1929 begann der Prozeß.

Im kleinen Schwurgerichtssaal herrschte fürchterliche Enge. Die Zeugenbänke waren dicht besetzt. Auf der Pressetribüne herrschte ein Gedränge, als ginge es um einen Staatsaffäre.

Amtsgerichtsrat Spaner betrat mit den Schöffen den Raum.

Die Angeklagten mußten sich erheben.

Danach verlas Staatsanwalt Dr. Zimmermann die Anklage. Schwerer Landfriedensbruchs und Körperverletzung mit Todesfolge sollten die Angeklagten sich schuldig gemacht haben.

Auch die Verteidigung war zahlreich erschienen. Neben Alsberg und Frey saßen Dr. Peschke, Dr. Freudenstein und Dr. Feblowitz.

Die 35 von der Staatsanwaltschaft geladenen Zeugen mußten den Raum verlassen. Danach stellte Dr. Frey als erstes den Antrag, den Vorsteher des 19. Polizeireviers, Rottmann, laden zu lassen. Der Polizeihauptmann solle erklären, wieso keiner der Zimmerleute auf der Anklagebank säße. Hier gehe es offenbar nur darum, Vorbestrafte als Alleinschuldige zu erklären.

Seinem Antrag wurde stattgegeben. Doch zuvor sollte Muskel-Adolf die Vorfälle schildern.

»Wir wollten uns überhaupt nicht schlagen, wir hatten ja unsere Begräbniskleider, lauter gute Sachen, Smokings und so weiter an«, beteuerte der Vorsitzende.

Damit kam er beim Richter nicht durch. »Sie sollen aber Gummiknüppel, Billardqueues und ähnliches in der Hand gehabt haben«, warf er ein.

»Das muß ich strikt ablehnen!« wehrte sich Adolf.

Kurz und gut, die Zimmerleute waren es, betonte er, die mit der Schlägerei angefangen hatten.

Der Richter insistierte: »Zwei Zeugen werden bekunden, daß Sie mit einem dicken Knotenstock auf die Zimmerleute eingeschlagen haben.« Doch so ließ sich der Bruder nicht reinlegen. »Das kommt gar nicht in Frage«, betonte er ausdrücklich und meinte vorsorglich weiter: »Ich streite es ab, daß wir jemand zu Hilfe holten und solche erhalten haben!«

Der Richter wunderte sich, woher denn die vielen Männer plötzlich gekommen wären.

Na, aus der Umgebung natürlich, der Nachbarschaft, alles Neugierige.

Dann wollte das Gericht etwas über die Struktur des Vereins wissen. Man richte ab und zu einen Ball aus, bagatellisierte Adolf die Sache. Der Richter schüttelte den Kopf. Er meinte, der Verein sei doch militärisch organisiert und jedes Mitglied müsse helfen, wenn ein anderes angegriffen werde, auch wenn dies durch die Polizei geschehen sollte. Zumindest ein Zeuge habe dies ausgesagt.

Nun konnte sich Muskel-Adolf nicht länger halten. Erregt sprang er vom Sitz hoch und rief: »Kommt gar nicht in Frage! Der Mann muß sich gründlich irren. Das muß er auch der Presse mitgeteilt haben, denn da stehen Sachen über uns drin, die sogar die Phantasie von Karl May übertreffen.«

Der Vorsitzende Richter gab das Verhör auf. Es gab noch andere Angeklagte, die würden nicht in Abrede stellen, was ermittelt wurde.

Er nahm sich den Bruder Höde vor. »Sie haben der Polizei gegenüber zugegeben, geschlagen zu haben.«

Aber nein, auch hier ging es nicht voran. Die Antwort lautete: »Diese Aussage ist mir von der Polizei abgepreßt worden.«

Eine nächste Komplikation gab es, als Rechtsanwalt Frey monierte, daß der Angeklagte Schultz vor Gericht stünde. Er habe doch nichts anderes getan, als Adolf Leib in das Lokal zu begleiten, wo denn hier schwerer Landesfriedensbruch vorläge.

Der Staatsanwalt wiegelte ab und meinte, darüber wolle man später reden, mochte der Rechtsanwalt im Moment noch so insistieren, später, später.

So endete der erste Tag ergebnislos.

Am nächsten Verhandlungstag wurde Polizeihauptmann Rottman vernommen. Er gab an, daß eine Feststellung nach der Straßenschlacht außerordentlich schwer war, denn nie-

mand von den Beteiligten habe mit der Polizei zu tun haben
wollen. Und die Zimmerleute, ja die! Die seien am »verstock-
testen«. Sicher, er habe von »Immertreu« schon einiges erfahren und »von einigen Beamten Mitteilungen erhalten, die
aber vertraulich sind«, so daß er keine weitere Angaben machen dürfe.

Anwalt Alsberg beantragte, Regierungsdirektor Dr. Hage-
mann als Sachverständigen zu laden. Er würde beweisen,
daß »Immertreu« einem idealen Zweck diene. Doch der Gönner des Vereins durfte leider nicht vor Gericht erscheinen.

Während des Prozesses teilte Rechtsanwalt Frey den Beteiligten mit, daß der Ringbruder Malchin soeben im Krankenhaus verstorben sei. Damit änderte sich die Stimmung im
Gericht.

Weitere Zeugen wurden vernommen.

Keiner machte eine konkrete Aussage. Jeder berief sich auf
die Dunkelheit, nannte plötzlich andere Zeiten oder deutete
auf Personen, deren Beschreibung gravierende Mängel in
der ersten Polizeiaussage aufdeckte. Der Vorsitzende mußte
feststellen, daß es »sehr auffallend« sei, »daß alle Zeugen
nichts Genaues davon wissen«.

Dann wollte er hören, ob mittlerweile eine Verständigung
zwischen den Brüdern und den Zimmerleuten stattgefunden habe. Daraufhin verlas Rechtsanwalt Peschke das Schreiben von Muskel-Adolf, daß »alle Feindseligkeiten« vergessen und vorüber seien.

Adolf meldete sich zu Wort. Mit lauter Stimme wiederholte er seine vorherige Aussage: »Ich bestreite überhaupt,
daß ich eine Eisenstange gebraucht habe, ich komme mit der
flachen Hand aus!« Und mit Blick auf einen Zimmermann
meinte er weiter: »Aber ich kenne den Zeugen«, der diese
Aussage machte, »ich erkenne ihn.«

Mehr und mehr wurde die Verhandlung zu einer Farce.
Ein Zimmermann behauptete, man hätte mit »Immertreu«
verhandelt, nahm die Aussage wieder zurück und meinte
nachdenklich, es könne auch die Polizei gewesen sein, mit
der Verhandlungsgespräche geführt worden waren.

Muskel-Adolf sollte einige Zimmerleute beschreiben. Er
deutete auf einen der Handwerker: »Der da, der hatte eine

Glocke auf!«, eine Melone. Der Zimmermann widersprach empört, so etwas hätte er nie im Leben getragen. Adolf blickte ihn finster an und fauchte: »Lügen Sie mich doch nicht so an!«

Ein weiterer Zimmermann wurde von Rechtsanwalt Dr. Frey mit der Frage genervt, ob ihm bekannt sei, daß der Altgeselle zwei Ringbrüdern mit einem Messer nachgeschlichen sei, um den Vereinsvorsitzenden abzustechen. Erregt sprang der Staatsanwalt auf und wies diese Frage ab, da sie offensichtlich nur auf Gerüchten basiere.

Als nächstes kam zur Sprache, weshalb die Zimmerleute Unterstützung durch die Maurer bekamen. Ob die Berufsgruppen denn eng verbunden seien. Und einen Maurer fragte Rechtsanwalt Alsberg, ob ihm bekannt sei, daß die Zimmerleute bewaffnet waren.

Mehr und mehr wandelte sich die Anklage gegen die Ringbrüder zu einer gegen die Zimmerleute. Professor Alsberg machte einen Vorstoß: »Die Staatsanwaltschaft hat es ängstlich vermieden …« Er wurde im Satz unterbrochen. Erregt schlug der Staatsanwalt mit der Hand auf das Pult und rief: »Die Staatsanwaltschaft ist nicht ängstlich!«

Weiter klagte Dr. Frey, daß die Brüder wegen angeblicher Verdunklungsgefahr in Haft bleiben mußten, während die Zimmerleute ihre Aussage untereinander absprechen könnten, wie er selber gesehen habe.

Sensationelle Wendung im Prozess um die Vorgänge am Schlesischen Bahnhof.

HEITERKEIT bei „IMMERTREU"

Die Zimmerleute fallen um. — Verwechselte Protokolle. — Besuch mit dem Beil.

Typen aus dem Gerichtssaal.

Berliner Tageblatt – 5. 2. 1929

So endete ein weiterer Verhandlungstag, der mehr Konfusion denn Aufklärung brachte.

Mit Spannung wurde am folgenden Tag die Aussage von Gastwirt Bach erwartet, der immerhin eine Schlüsselrolle gespielt hatte.

Bach schilderte erst korrekt, wie er Muskel-Adolf informiere und in die Breslauer Straße begleitet hatte.

Der Richter wollte jetzt aber zur Sache kommen. Also, »wer hat den Schulmieß gehauen«, fragte er.

»Ja, das ist schwer, dett waren ... ältere ...«, stotterte Bach, »und ... untersetzte Leute«.

Die Phalanx der Ringbrüder mußte sich von der Anklagebank zwecks Identifizierung erheben. »War einer von diesen dabei?«

Beim besten Willen konnte der Gastwirt sich nicht mehr erinnern.

Nun wunderte sich der Richter: »Sind Sie denn nicht stehengeblieben, als die Schlägerei in Gang kam?«

Erschrocken blickte der Gastwirt zum Richter hoch: »Ick werde mich hüten!« Die Zuschauer lachten, und der Richter mußte mehrmals um Ruhe ermahnen. »Wenn ick«, erklärte Bach, »'nen Immertreuer gesehen hätte, hätte ick Kloppe gekriegt, weil er gedacht hätte, ick steh uff Seiten von die Zimmerleute. Und wenn mir ein Zimmermann gesehen hätte, dann wäre mir det ebenso ergangen. Ick, Herr Rat, bin als Berliner Gastwirt doch zu helle, um mir in diese Geschichte zu mischen.«

Womit alles gesagt war.

Vorsichtshalber hakte Dr. Frey nach: »Die Staatsanwaltschaft nimmt an, daß Sie in das Lokal der Zimmerleute gingen, um einen »Immertreu«-Mann zu suchen.«

Der Gastwirt wies diese staatsanwaltliche Unterstellung empört zurück: »Ick bin doch kein Idiot!«

Nun wollte es der Richter genau wissen: »Die Leute sollen sich doch mit Gegenständen in dem Lokal bewaffnet haben?« fragte er mit Blick auf »Immertreu«.

Ganz ehrliche Haut, beteuerte Bach: »Ick kann beschwörn, datt des nicht der Fall war.«

Wieder nichts. Und zu Anfang sah es aus, als hätte man die

Ringbrüder endlich am Kragen. Aber es gab weitere Zeugen, einen Fuhrmann zum Beispiel. Der wußte plötzlich nicht mehr, wer geschlagen hatte und wer nicht.

»Heiterkeit bei »Immertreu« titelte das *Berliner Tageblatt* am folgenden Tag. Verwechselte Protokolle, umgefallene Zeugen und ein »Besuch mit einem Beil in der Gaststätte« waren die Stichpunkte.

Die Vernehmung des zusammengeschlagenen Zimmermanns Schulmieß brachte auch keinen Erfolg. Er konnte sich an überhaupt nichts mehr erinnern. Er habe plötzlich, sozusagen wie einen Schicksalsschlag, einen »Schlag von hinten« erhalten. Von wem? Woher sollte er das wissen?

Im Verlauf der Verhandlung war es zu einer »sensationellen Wendung« gekommen; sämtliche Hauptbelastungszeugen gegen den »Ring« fielen um.

Die Staatsanwaltschaft hielt ihr Schlußplädoyer. Inmitten der Ausführungen ging sachte die Gerichtstür auf, ein Gerichtsdiener trat leise zu Rechtsanwalt Dr. Frey und übergab ihm einen Zettel. Frey las, sprang erregt hoch und bedauerte heftig, die Staatsanwaltschaft bei ihrer interessanten Theorie unterbrechen zu müssen, er habe dem Richter eine wichtige Mitteilung zu machen.

Frey solle zum Richter kommen, deutete dieser an.

Der Anwalt übergab dem Gericht den Zettel, nachdem er die Mitteilung laut vorgetragen hatte.

Vor dem Gerichtssaal waren Kleiderhaken auf dem Flur befestigt. Dort hängten die Anwälte ihre Mäntel auf. Dr. Frey hatte einen sehr teuren Pelzmantel, und genau dieser war ihm während des Prozesses gegen die Ringbrüder gestohlen worden. Im Gerichtsgebäude.

»Sehen Sie Herr Richter«, betonte der Anwalt, »solche Diebstähle würden nicht vorkommen, wenn man die Vereinsbrüder wieder gewähren läßt. Sie haben solche Dinge verhindert!«

Zufrieden nahm Dr. Frey wieder Platz. So etwas nannte er »praktische Aufklärung«.

Der irritierte Staatsanwalt beendete sein Plädoyer.

Dann kam Professor Alsberg zur Verteidigungsrede.

»Der Prozeß bringt die Erkenntnis«, betonte Alsberg, »daß eine Einbrecherbekämpfung nur wirksam sein kann, wenn man Verbrechern die Gelegenheit zum Zusammenschluß bietet. Dies aber war in dem idealen Verein ›Immertreu‹ der Fall. Was kann wirksamer sein, als die Hilfe, die sich Verbrecher leisten? Du lieber Himmel, die Registerauszüge der Immertreu-Leute sind größtenteils Bagatellen.« Was sind schon einige Einbrüche? Was ein Raub mit Körperverletzung? Und das bißchen Zuhälterei! Etwas Koks zum Verkauf, ab und zu ein bißchen Hehlen? Wer regt sich über sowas auf?

Das Gericht zog sich zur Beratung zurück.

Dann folgten die Urteile.

Muskel-Adolf, zehn Monate Haft auf Bewährung wegen einfachen Landesfriedensbruchs.

Ringbruder Laß fünf Monate.

Die übrigen sieben Angeklagten: Freispruch.

Unter die Hoch- und Jubelrufe aus dem Zuhörersaal mischten sich Pfiffe gegen das Gericht. Der vermeintliche Fall der Ringbrüder wurde zu einem Sieg.

Anschließend stellten die Anwälte den Antrag auf sofortige Wiederzulassung der beiden Vereine »Norden« und »Immertreu«. Zähneknirschend mußte Polizeipräsident Zörrgiebel Folge leisten.

Um die Bedeutung des Sieges zu verstehen, muß man um Monate zurückgehen.

Am 9. Juli 1928 wurden Brüder des Vereins »Wandervögel« aus einem Gartenlokal in Hermsdorf verwiesen. Der Wirt hatte offenbar keine Furcht. Die Brüder versprachen wiederzukommen. »Diesmal aber ohne Messer«, rief der Wirt ihnen nach.

Zwei Wochen später stürmten 200 Ringbrüder, nach eindeutigen Identifizierungen die »Nordpiraten«, das Lokal. Sie bewarfen die anwesende Ausflugsgäste mit Stühlen, zerschlugen sämtliche Scheiben und Flaschen, zertrümmerten das Inventar und die gerade neu errichtete Veranda. Kurz, sie hausten wie die Vandalen.

Sie zogen sich erst zurück, nachdem die alarmierte Polizei mit einer Hundertschaft heranrückte. Doch lediglich neun der 200 Männer konnten gefaßt werden. Allerdings hatten die Brüder während der Flucht sämtliche Messer und Dolche fortgeschmissen. Die Schupo sammelte sie wieder ein.

Am 30. Januar 1929, direkt vor dem Prozeß gegen »Immertreu«, kam es zum Termin gegen die Angeklagten. Auch hier änderten sich, wie aus heiterem Himmel, sämtliche Zeugenaussagen. Nicht nur, daß sie sich nicht mehr erinnern konnten, sie wußten plötzlich nur Gutes über die Beschuldigten zu sagen.

Unter dem Vorsitz von Landgerichtsrat Schaefer fällte das Gericht ein geradezu unverschämt mildes Urteil. Vier Angeklagte erhielten jeweils vier Monate Haft zur Bewährung, zwei mußten je 20 Mark bezahlen, und die restlichen drei verließen den Gerichtssaal als unschuldige Männer.

Diese Tatsache war dem Vorsitzenden im Prozeß gegen »Muskel-Adolf« natürlich bekannt. Auch Richter erzählen sich untereinander Fälle..

Beide Prozesse wurden fast identisch nachsichtig geführt.

In beiden Prozessen zahlte der »Ring« jedem umgefallenen Zeugen je 300 Mark Vergütung.

Lieber das Geld als ein blaues Auge, werden sich die Beteiligten gedacht haben.

Ein weiterer Fall, der zeitgleich ablief, machte den Sieg des »Ring Groß-Berlin« komplett.

Vierzehn Tage nach der Straßenschlacht am Schlesischen Tor standen drei Brüder des Vereins »Friedrichshain« vor Gericht. Sie hatten einen Tischler überfallen und ihm die Brieftasche mit 1000 Mark entwendet. Der Tischler war vorher in einem Lokal gewesen, wo ihm die Brieftasche aus der Hand gefallen war. Die Polizei besuchte das Lokal und fand zwei Zeugen. Zu ihrer größten Verblüffung wurden die Räuber noch im Lokal festgenommen.

Jetzt erhielten sie Unterstützung vom »Ring«.

Einer der beiden Zeugen zog seine Aussage umgehend wieder zurück. Der zweite sträubte sich. Er wurde zweimal überfallen und zusammengeschlagen. Dennoch weigerte er sich mannhaft, seine Aussage zurückzunehmen. Jetzt versuchten die Brüder, den Mann zu kidnappen, wurden aber durch dessen lautes Schreien daran gehindert. Dann bekam er schriftliche Morddrohungen.

Endlich schritt die Polizei ein. Sie bekniete den Zeugen so-lange, bis er sich dem Wunsch der Polizei unterwarf: Er zog in eine andere Gegend.

Die Ringbrüder wurden verurteilt.

Aufgrund dieses Prozesses veranlaßte die Polizei eine Großrazzia, die durch die Straßenschlacht zusätzlich be-gründet wurde.

Diese sollte in der Nacht zwischen dem 15. und 16. Januar 29 erfolgen. Über 1000 Beamte waren im Aufgebot. Man rie-gelte ganze Blocks ab und setzte Suchhunde ein. Doch kei-ner der gesuchten Ringbrüder wurde gefunden, obwohl der gesamte Bereich um den Schlesischen Bahnhof durchkämmt wurde.

Kein Wunder. Denn als sich am 15. Januar um 21 Uhr die Polizei auf dem Gelände des Präsidiums versammelte, wuß-ten bereits die Presse und die Unterwelt Bescheid. Um 21.15 Uhr wurde die *Vossische Zeitung* durch einen Anruf vom »Ring« davon unterrichtet, daß eine große Razzia laufe, die Zeitung möge sich darum kümmern. Wer unter der Polizei der Maulwurf war, konnte nie ermittelt werden.

Alle drei gegen Ringbrüder angesetzten Prozesse endeten günstig für den »Ring«.

Günstig endete auch das Jahr 1929 für den beliebten An-walt Dr. Dr. Erich Frey. Am Heiligabend schellte es an seiner Wohnungstür. Frey öffnete. Vor ihm lag ein Paket. Neugie-rig öffnete der Anwalt die Verschnürung.

Was er sah, erfüllte ihn mit Staunen und großer Freude. Es war ein Pelzmantel, »sein« Pelz, zumindest völlig identisch mit jenem, der ihm seinerzeit vor dem Gerichtssaal entwen-det worden war.

So dankte der »Ring« seinem Anwalt.

Die Brüder Saß

Vorsichtig betraten die beiden dunkel gekleideten Männer den Hausflur. Jeder hielt eine schwere Reisetasche in der Hand. Es war Samstag, der 26. Januar 1929, in den Abendstunden. Der Ältere sah sich vorsichtig im Flur um. Es war niemand zu sehen. Sie huschten die Kellertreppe hinab. Hier war es moddrig-feucht. Hinten in der Ecke öffneten sie eine schmale Tür. Der Jüngere knipste das Licht im Kellerraum an, während der Ältere die Tür hinter sich schloß und sicherheitshalber verriegelte.

Ohne nennenswerte Eile griffen sie nach einem Schweißbrenner, der in der Kellerecke unter einem Stapel Kartoffelsäcken verborgen stand. Der Ältere schleppte die beiden Flaschen in die Mitte des Raums.

Mitten im Kellerfußboden klaffte ein Loch von anderthalb Metern Durchmesser. Der freie Kellerboden war mit Sand und Steinbrocken aufgefüllt. Der Jüngere kletterte auf einer selbstgebastelten Leiter den Schacht hinab. Der ältere reichte ihm die schweren Flaschen hinunter. Beide gingen nun in einen Gang hinein, den sie am Boden des Einstiegschachts vorangetrieben hatten. Der Gang war zweieinhalb Meter hoch, so daß sie darin bequem aufrecht gehen konnten. Sie hatten ihn in mühevoller Kleinarbeit ausgehoben. Die Seitenwände waren durch Zimmermannshölzer perfekt abgestützt, so daß sie nicht zu befürchten brauchten, daß der Schacht einstürzen könnte. Ihr Weg war nicht weit. Gerade mal drei Meter, dann waren sie am Ende angekommen. Hier ging es wieder nach oben. Über ihren Köpfen befand sich eine Kellerdecke aus Beton. Die beiden Männer holten aus den mitgebrachten Reisetaschen schwere Hämmer und Meißel. Jetzt begannen sie, den Kellerboden von unten aufzustemmen. Die Erdmassen über ihnen dämpften sämtliche Hammerschläge.

Sie arbeiteten abwechselnd. Wenn der eine nicht mehr konnte, griff der andere zu. Endlich hatten sie dann ein Loch in den Boden gestemmt, groß genug, um sich mit dem Material hindurchzuzwängen.

Der Ältere ging voran. Er ließ sich durch den Jüngeren etwas hochstemmen, griff mit den Händen die Ränder des Lochs und zog sich hoch. Um ihn herrschte absolute Finsternis. Der Jüngere zwängte sich nach oben.

Aus den Taschen holten sie einige kleine Karbidlampen. Ein Feuerzeug klickte, eine Lunte brannte, und der Ort des Eindringens erhellte sich.

»Jott nein!« entfuhr es dem Älteren, und er ging andächtig auf die gegenüberliegende Wand zu. Sein Weg war durch ein Gitter versperrt, aber das dürfte keine Schwierigkeit sein. Was er sah, erfüllte auch das Herz des Jüngeren mit jener Frömmigkeit, die einen erfaßt, wenn man Tausenden von Banknoten gegenübersteht, die einem bald gehören werden.

Sie stellten die Flaschen des Schweißbrenners auf, drehten am Regulierhahn. Eine bläuliche Flamme zischte aggressiv. Das Gitter war schnell durchtrennt.

Nun konnten sie an die kleinen Stahlkammern gehen, die jetzt ungeschützt vor ihnen lagen.

»Erst mal Vespern«, meinte der Jüngere. Aus der Tasche holten sie eine Stulle, setzten sich auf den Fußboden und aßen genüßlich. Dazu tranken sie etwas Kaffee, den sie in einer verschlossenen Kanne bei sich hatten.

Danach begann die Arbeit. Während sich der eine ausruhte, hantierte der andere mit Schweißerbrille, Gummihandschuhen und Schweißbrenner.

Es war richtig, daß sie sich den Samstag für den großen Bruch ausgesucht hatten. So konnten sie im Tresorraum der Disconto-Bank nicht überrascht werden. Oder etwa doch?

Gab es nicht einen Wachposten in der Bank?

Der Jüngere ging zur schweren Tresortür und schaute sie gründlich an. Anschließend wußte er, wie sie sich schützen konnten. Aus der Tasche holte er einige metallene Keile und einen Hammer. Mit wuchtigen Schlägen trieb er die Keile zwischen Rahmen und Tür des Tresors, so daß sie nicht mehr geöffnet werden konnte.

Jetzt waren sie wirklich sicher.

Die Hitze im Tresorraum wurde fast unerträglich. Der Dauereinsatz des Schweißbrenners, die Karbidlampen und die eigene Körperwärme veranlaßte die Männer, sich ihrer Oberkleidung zu erledigen.

Safe um Safe wurde geöffnet. Meistens durch den Jüngeren, während der Ältere die Fächer durchsuchte. Er kannte sich am besten mit Diamanten, Smaragden und Aktien aus. Das Bargeld, von Franc über Dollar bis zu schwedischer Krone und Deutscher Mark, wurde säuberlich in eine leergeräumte Tasche verstaut. Aber nur die großen Scheine. Die kleinen Werte ließ er verächtlich zu Boden fallen. Das gleiche machte er mit Wertpapieren, die die beiden nicht veräußern konnten. Lediglich Aktien, die auf dem freien Mark verkäuflich waren, nahm er.

Irgendwann in dieser Nacht wurden sie müde. Jetzt hatten sie stundenlang geschweißt, sortiert und verpackt. Sie setzten sich in eine Ecke und dösten ein wenig.

Sie brauchten keine Furcht zu haben, daß ein ungebetener »Gast« durch ihren Schacht kommen würde. Denn der Keller, in den sie sich eingemietet hatten, lag in einem leerstehenden Haus; außerdem war da noch die Türsicherung.

Im Laufe der Nacht arbeiteten sie endlich weiter. Zug um Zug wurde ein Safe aufgeschweißt, leergeräumt, der Inhalt nach bestem Wissen geordnet und eingepackt oder achtlos weggeworfen.

Endlich waren beide Taschen randvoll gefüllt. Aber sie hatten noch nicht alle Safes geöffnet. Egal, mehr als Tragen konnten nicht mal sie.

Der Bruch hatte sich gelohnt. Immerhin hatten die Vorkosten für diesen Raub bei 30 000 Mark gelegen, eine Investition, die sich allerdings lohnte.

Bevor sie in den Schacht stiegen, fragte der Jüngere neugierig: »Watt meenste, wieviel is dett?«

Der Ältere überlegte einen Moment. Dann gab er seine Schätzung bekannt. Sie lag bei 150 000 Reichsmark in bar, dazu Gold und Juwelen im Wert von etwa zwei Millionen Mark und natürlich die Aktien sowie die Devisen, die er noch nicht einschätzen konnte.

Zufrieden blickten sich die beiden an. Dann stiegen sie in den Schacht hinab.

Mit den beiden schweren Taschen verschwanden sie, um

die Beute zu verstecken. Dann erst gingen sie müde nach Hause, während bereits der Morgen dämmerte.

Am 28. Januar 1929 betrat der Direktor der Disconto-Bank in der Kleiststraße 23, nahe am Wittenbergplatz, den Kassenraum. Gemeinsam mit dem Hauptkassierer wollte er die Tresortüre öffnen. Zu dumm, es gelang nicht. Wird verklemmt sein, dachte der Direktor, durch den U-Bahn-Bau. Auch der herbeigerufene Spezialist konnte die Tresortür nicht öffnen. Es mußte Spezialwerkzeug angeschafft werden. Denn die Bank war die modernste und sicherste im Deutschen Reich. Hier kam keiner rein.

Erst nach zwei Tagen gelang es einem Aufbruchkommando, die besonders sicheren Wände aufzustemmen, weit genug, daß der Direktor den Tresor betreten konnte. Was er sah, verschlug ihm den Atem. Er blickte auf ein Schlachtfeld.

179 Safes waren gewaltsam aufgebrochen worden. Über den Fußboden verstreut fanden sich Aktien, Wertpapiere und Schmuckstücke, die die Täter liegengelassen hatten. Sogar die Reste einer Brotzeit waren zu finden.

Nach dem Urteil der Kriminalisten mußten hier die »allergewieftesten Spezialverbrecher und Geldschrankknacker« am Werk gewesen sein. Zumal es einen Umstand gab, den die Disconto-Bank bei all ihren Sicherheitsvorkehrungen nicht bedacht hatte: den Fußboden. Niemand schien auf den Gedanken gekommen zu sein, daß sich Täter gleich Maulwürfen von unten in den Tresorraum wühlen könnten.

Es war die große Zeit der »Schränker«.

»Aber damals gab es schon Serienverbrecher«, erzählt Prof. Heinitz. »Damals waren die Geldschrankknacker oben-

DER GROSSE BANKRAUB.

Bisher noch keine Spur von den Tätern des Einbruchs bei der Diskonto-Gesellschaft. – Zwanzigtausend Mark Belohnung für Ergreifung der Diebe ausgesetzt. – Die Frage des Schadenersatzes.

Fachleute.

Kür. Dieser Einbruch stellt das Tollste dar, was sich in der Kriminalgeschichte Berlins in den letzten Jahren ereignet hat. Der Plan der Einbrecher war im Grunde genommen furchtbar einfach, ungemein schwer allerdings durchzuführen. Die Einbrecher sind ans Werk gegangen in dem Bewußtsein, daß ihnen ihr Plan mit 90 Prozent mißlingen würde. Sie haben saubere Facharbeit geleistet, ihre Meisterprüfung gemacht. Es müssen Leute gewesen sein, die mit allen Berufsgeheimnissen vertraut sind, bewandert wie die geschicktesten Maurer, erfahren im Umgang mit Sauerstoffapparaten, fachmännisch in der Auswahl der Wertpapiere und Schmucksachen.

Berliner Tageblatt – 28. 1. 1929

auf, damals machte man das nicht so wie später, daß man sich die Mühe ersparte und durch Revolver die Wächter in Schach hielt, oder Geiseln nahm, sondern damals war das noch gute alte, ehrliche Handwerksarbeit, es war nicht so einfach, ein geübter Einbrecher zu sein.«

Die »Schränker« waren meist kräftig gebaute Männer, denn sie mußten die schweren Türen aufstemmen und mitunter einen massiven Safe verrücken, um von der Hinterwand aus an sein Inneres zu kommen. »Dett waren alles solche Hirten, Zwei-Zentner-Männer. Fritze Liesen aus »Immertreu«, des war en Hirte, so 'n Rotköpfiger, und den konnten sie nur mitkriegen uffs Revier, wenn se gut zugeredet ham«, erzählt Kiefert.

Aber auch Köpfchen gehörte dazu.

Die Bevölkerung stand den Schränkern nicht unbedingt ablehnend gegenüber. Es war durchaus bekannt, wo diese Herren zu finden waren. »Ja, am Alexanderplatz, der Jannowitzbrücke, in der Münchstraße.« Da ging man »mit ehrfurchtsvollem Schauer gerne vorüber und sah sich die Typen an, das waren noch sehr, sehr echte Berliner Typen, Zille-Milieu, gerade so zwischen Alexanderplatz, Friedrichstraße, Börse«, weiß sich Prof. Heinitz zu erinnern, der sie vor Gericht verteidigt hatte.

Auch die Kripo behandelte diese Männer mit Respekt, und wenn es sein mußte, lobte sie auch mal öffentlich die solide Arbeit eines begabten Geldschrankknackers.

Und im Fall der Disconto-Bank erklärten Fachleute ohne Umschweife, der Bruch wäre das tollste, das je in der Kriminalgeschichte Berlins geschehen sei. Die Einbrecher hätten »saubere Facharbeit« geleistet und ihre »Meisterprüfung« gemacht. Es müßten wohl Leute gewesen sein, die in Erdarbeiten bewandert, geschickte Maurer und Zimmerleute sowie erfahrene Kenner von Sauerstoffapparaten und Schweißbrennern waren.

Die Täter hatten einen drei Meter langen, einen Meter breiten und zweieinhalb Meter hohen Gang anlegen müssen, der von einem Hauskeller aus unter dem Bürgersteig durchführte, eine Grundmauer durchbrach und dann schließlich nach oben durch den Fußboden in die Bank führte. Gasrohre und elektrische Kabel waren zu umgehen gewesen, die Schächte wurden fachmännisch mit Balken abgestützt, das mußte doch jemand bemerkt haben. Außerdem mußten die Täter große Kenner von Juwelen und Schmuck gewesen sein, denn billige Stücke ließen sie liegen, wie auch Silber und Porzellan.

Der Schaden schien unübersehbar. Von »schwarzen« Millionen wurde gesprochen. Genaues wußte niemand. Denn aus Furcht vor dem Finanzamt hatten sich die Safe-Inhaber gehütet, die wahre Höhe des Verlustes anzugeben.

Die wildesten Gerüchte machten die Runde, vor allem bei den Bankkunden. Die Bank sei nicht mehr zahlungsfähig, hieß es, und wütende Kleineinleger versammelten sich vor den Türen des Geldinstituts. Man beruhigte sie.

Der Kriminaloberssekretär Max Fabich übernahm die Leitung der Ermittlungen. Er hatte sofort die beiden Brüder Erich und Franz Saß in Verdacht. Franz, der ältere, geboren 1904, war bereits im Alter von zwölf Jahren polizeiauffällig geworden. Sein um zwei Jahre jüngerer Bruder Erich folgte ihm voll Bewunderung auf seinem Weg. Die beiden galten nicht nur als besonnen, sondern auch als intelligent genug, solch einen Coup auszuführen.

Schon mehrmals waren sie in Verdacht geraten, bisher konnte ihnen aber nichts bewiesen werden.

Die Brüder wohnten mit einem dritten, unbescholtenem Bruder in Moabit, Birkenstraße 57, bei ihrer Mutter, und für diese Wohnung besorgte sich die Polizei einen Durchsuchungsbefehl. Doch die beiden Schränker waren nicht anwesend. Während dieser Wohnungsdurchsuchung fand die Polizei jedoch eine Brosche und eine Goldmünze, die in einem der Schließfächer gelegen haben konnten, mehrere abgebrochene Nadeln, an deren Spitzen Schmuckstücke gesessen haben mußten, sowie Gummihandschuhe.

Als Beweis dafür, daß die Brüder Saß die gesuchten Tresorknacker waren, reichte das jedoch bei weitem nicht aus. Zumal die Mutter erklärte, den Schmuck bei einem Trödler erstanden und das Goldstück auf der Straße gefunden zu haben. Den Namen des Trödlers hatte sie natürlich längst vergessen.

150

Nun wartete die Kripo auf Franz und Erich. Die kamen aber nicht. Fabich beschloß, die Polizei abzuziehen und das Haus beobachten zu lassen. Die Brüder mußten doch mal dort erscheinen. Die weiteren Ereignisse sind legendenumwoben.

Es vergingen fast zwei Wochen. Die beiden Verdächtigten wollten einfach nicht auftauchen. Schließlich zog die Polizei wieder ab.

Doch während das Haus observiert wurde, geschah in der Wohnung Saß eigentümliches. Jeden Tag ging die Tür eines Kleiderschranks auf, und durch eine verborgene Tür in der Wand hinter dem Schrank traten Franz und Erich Saß aus einer winzigen Kammer, in der sie sich versteckt hielten. Sie gingen sogar in den Hinterhof hinunter, um sich die Beine zu vertreten und Luft zu schnappen. Niemand von den Hausbewohnern, die das natürlich mitbekamen, verriet sie. Warum sollten sie auch. Franz und Erich hatten das gemacht, wovon sie alle träumten: einmal eine Bank knacken und im Geld wühlen! Hinzu kam noch, daß die Tat absolut gewaltlos vonstatten gegangen war und dadurch in den Augen der Menschen mehr und mehr zu einem pfiffigen Gaunerstück wurde, mit dem sie es der Obrigkeit mal so richtig gezeigt hatten.

Doch diese Obrigkeit gab nicht auf, wollte Erfolge, wohl wissend, daß der Coup Nachahmer finden würde, wenn man erst einmal herausbekäme, daß die Chancen, gefaßt zu werden, sehr gering waren.

Mit Volldampf trieb man die Ermittlungen voran, und man wurde fündig.

Der am Tatort zurückgelassene Schweißbrenner stammte von der Firma Fermholtz aus der Potsdamer Straße 15, dort hatte der Mechaniker Mellwig zwei gutgekleidete Herren im Gebrauch des Geräts unterwiesen. Die Beschreibung der beiden paßte auf Franz und Erich Saß.

Kurze Zeit später kam die Kripo wieder in die Wohnung Saß, und diesmal wurden die Brüder überrascht. Sie wurden sogleich in Haft genommen.

Die Presse stürzte sich natürlich mit Übereifer auf den Kriminalfall, der sogar in den USA, Heimat des organisierten Verbrechens, für Aufmerksamkeit gesorgt hatte.

Wie auch immer, vieles deutete auf Erich und Franz Saß, doch keines der Indizien war ausreichend. Nach langem Zögern mußte die Kripo die beiden laufen lassen.

Anschließend gaben die Brüder Saß eine spektakuläre Pressekonferenz.

Auf die Frage der Journalisten, was die in der Wohnung gefundenen Gummihandschuhe zu besagen hätten, war die Antwort: »Wir sehen nämlich trotz unserer bescheidenen Mittel gerne gepflegt aus und ziehen eben solche Handschuhe immer dann über, wenn wir unser Heim reinigen.«

Und was war mit den Resten der Krawattennadeln, von deren Spitzen Schmuckstücke wohl abgeknipst worden waren? »Oh, diese völlig wertlose Nadeln! Wir haben sie mal irgendwo im Abfall gefunden und benutzen sie – natürlich nach sorgfältigem Auskochen – zum Ausstechen von Furunkeln.«

Die beiden waren den Tränen nah, als sie davon sprachen, daß sie arm und arbeitslos seien.

Langsam legte sich die Aufregung über den großen Bankraub, zumal die Filiale in der Kleiststraße kurze Zeit später wegen Zahlungsunfähigkeit schließen mußte.

Franz und Erich konnten wieder unbestaunt über den Kudamm flanieren. Bis Weihnachten 1929, denn am zweiten Weihnachtstag spukte es auf dem Luisenfriedhof in Charlottenburg.

Der alte Friedhof war seit langem stillgelegt worden. Schiefe Kreuze, zerbröselte Mauerreste, abgesackte Gräber. Dicht daneben lag das Kaiserin-Augusta-Gymnasium. Und zwischen Friedhof und dem privaten Hof des Gymnasiums fand sich eines Tages ein frischer Erdhaufen, aus dem Gebeine ragten. Da hat der Totengräber schlampig gearbeitet, mag sich der Hausmeister des Gymnasiums gedacht haben und beklagte sich bei ihm. Der aber stritt jede Verantwortung dafür ab.

Über Umwege gelangte diese Geschichte zu Ohren des Kriminalisten Fabich, und der hatte ein unbestimmtes Gefühl … Er beschloß, sich den Erdhaufen näher anzusehen. Mit seinen Männern fuhr er zum Gymnasium und suchte dort den Hof ab. Aber er fand vorerst nichts Auffälliges. Als aber dann ein Mitarbeiter Fabichs eine Leiter bestieg, um das Dach eines Hühnerhauses zu inspizieren, geschah etwas Unerwartetes – die Leiter gab unter dem Gewicht des Beamten nach und sackte ein ganzes Stück in die Erde ein. Fabich ließ an dieser Stelle sofort graben, und bald stieß man auf Holzbohlen, die recht frisch aussahen. Unter ihnen aber tat sich ein Schacht auf, zwei Meter tief, drei Meter breit, wohlabgestützt, wie seinerzeit in der Disconto-Bank.

Man fand Lederhandschuhe, Schraubenzieher, eine Brustleier.

Die Saß-Brüder, schoß es Fabich durch den Kopf, zumal sich ganz in der Nähe eine Bank befand.

Noch am gleichen Tag ordnete er die Überwachung des Friedhofs an.

Anfang Januar 1930 tauchten dann gegen 21 Uhr auf dem stillgelegten Friedhof auch wirklich zwei Gestalten auf. An die Auferstehung der Toten glaubte Fabich nicht. Die Bewacher schlichen sich näher heran und sahen sich plötzlich Auge in Auge mit Franz Saß, der sich allerdings sofort wie ein Wiesel umdrehte und im Dunkeln verschwand.

Unverzüglich raste Fabich mit seinen Männern in die Birkenstraße 57, in der Hoffnung, die beiden jetzt endlich überführen zu können.

Als Franz und Erich nach Hause kamen, wartete bereits die Polizei auf sie. Doch Fabichs Vernehmung brachte nichts. Die Brüder stellten sich dumm. Doch dann bemerkte der Kommissar an den Schuhen von Franz einen rötlichen Schimmer. Der mußte von rotem Ziegelstein stammen, vom Anspringen der Friedhofsmauer. Die Schuhe wären ein Beweismittel. Aber wenn er sie dem Franz abnehmen würde, dachte er, dann müßte der Verdächtige auf Socken den großen Hof im Polizeipräsidium überschreiten, und das im Winter. Das brachte der Kommissar nicht übers Herz, und so ging ein Beweismittel verloren.

Am Mittag des 11. Januar 1930 wurden die Brüder Saß nach 36 Stunden Haft wieder entlassen. Sie hatten ein Alibi. Den Umstand, daß sie auf dem Friedhof gesehen worden waren, erklärten sie ganz einfach. Vom vorbeifahrenden Bus hätten sie einen Unfall bemerkt, und da seien sie ausgestiegen, um zu sehen, was da passiert wäre. Eine Überprüfung der Polizei ergab, daß tatsächlich zu jener Zeit ganz in der Nähe ein Unfall stattgefunden hatte.

Ein Umstand jedoch machte sie verdächtig: Sie waren immer elegant gekleidet, und das, obwohl sie arbeitslos waren. »Das ist das einzige, worauf wir Geld verwenden«, erklärte Erich, »Wir gehen nicht in die Kneipe und leben sehr sparsam«.

Natürlich war der »Ring« sehr interessiert daran, diese genialen Schränker in seinem Kreis aufzunehmen. Aber Erich und Franz waren absolute Einzelgänger, die sich nicht gerne anpaßten. Doch auf den Bällen des »Ring« wurden sie oft gesehen.

In den folgenden Jahren waren sie noch mehrmals im Lichtkegel kriminalpolizeilicher Ermittlungen. Mal fand Kommissar Fabich, der die beiden Brüder bis zu ihrem Tod verfolgte, ein vernickeltes Reduzierventil für Schweißapparate in der Wohnung der beiden, mal wurden sie ertappt, wie sie im Keller des Hauses Fleming- Ecke Werftstraße ein Versteck ausbauten. Dafür gab es eine geringfügige Geldstrafe wegen Hausfriedensbruchs. Doch dann hörte man lange nichts von ihnen.

Erst 1933 machten sie wieder Schlagzeilen. In Dänemark. Dort waren sie in einem Hotel verhaftet worden. Ihre Zurückgezogenheit wurde ihnen zum Verhängnis. Damals herrschte in Dänemark große Furcht vor Spionen. Weil die beiden Herrn nur selten ihr Zimmer verließen, oft Handschuhe trugen und sich nicht wie normale Touristen für die Landessehenswürdigkeiten interessierten, glaubte ein Zimmermädchen, Spione vor sich zu haben.

Als die beiden wieder einmal unterwegs waren, kam die Polizei in ihr Zimmer und durchsuchte Gepäck, Kleidung und eventuelle Verstecke. Sie wurde fündig. Unterhalb des Fensters war eine künstlich geschaffene Lücke, dort fand man neben Geld in verschiedenen Währungen – hauptsächlich allerdings Franc – auch eine große Zahl von Einbruchswerkzeugen, die säuberlich auseinandergenommen im Versteck verstaut waren. Im Gepäck aber lag das Sonderbarste – ein gezeichneter Plan mit undefinierbaren Symbolen und

Zahlen. Die Brüder wurden bei ihrer Rückkehr sofort in Haft genommen. Die Anklage lautete auf schwere Devisenvergehen, Vorbereitungen zum Einbruch und Spionage. Letzteres konnten Franz und Erich aufklären. Der geheimnisvolle Zettel war nichts als ein detailgetreuer Plan der Kopenhagener königlichen Bank mit genauer Standortbestimmung der Safes im Tresorraum.

Im Laufe der Ermittlungen klärten sich viele Ungereimtheiten. Die Brüder müssen öfter nach Dänemark gefahren sein und sich häufig in der Bank aufgehalten haben, nur so konnten sie die Unterlagen anfertigen. Die französischen Banknoten stammten aus Einbrüchen in Frankreich, die sie zwischendurch verübt hatten, um immer wieder flüssig zu sein.

Trotz aller Mühen Ihres Rechtsanwalts wurden die Brüder Saß in Kopenhagen zu vier Jahren Gefängnis verurteilt. Nach Absitzen der Haftstrafe sollten sie nach Deutschland ausgeliefert werden. Die inzwischen an die Macht gekomenen Nazis waren ganz begierig, die beiden »Berufsverbrecher« in die Finger zu bekommen. Da gab es nicht nur die Disconto-Bank, auch weitere Bankeinbrüche mußten aufgeklärt werden.

Ihr Anwalt war sich der Gefahr, die den beiden Schränkern drohte, bewußt. Er reiste extra nach Dänemark, um mit dem verantwortlichen Beamten zu sprechen. Er flehte ihn regelrecht an, die Brüder in ein Land ihrer Wahl ausreisen zu lassen. Im Deutschen Reich erwartete sie der Tod.

Der Sachverwalter blieb ungerührt. Er habe seine Vorschriften, er werde sie überstellen.

Am 3. März 1938 wurden die beiden an der dänisch-deutschen Grenze von der SS in Empfang genommen.

Sie kamen in die berüchtigten Keller der Prinz-Albrecht-Straße und wurden gefoltert. Franz, der jüngere, legte schließlich ein Lebensgeständnis ab. Noch von der Folter gezeichnet, kamen sie vor Gericht und wurden am 27. Januar 1940 verurteilt. Franz zu elf Jahren Zuchthaus und Erich zu 13 Jahren. Beide erhielten anschließend »Sicherungsverwahrung« als Berufsverbrecher in einem KZ.

Zwei Wochen nach dem Urteil sollten sie in das Zuchthaus

Brandenburg überstellt werden. Schwer bewaffnete Beamte saßen im Gefängniswagen. Unterwegs hielten sie auf freier Strecke.

Die beiden Brüder glaubten, dies wäre eine »Pinkelpause« und stiegen ohne Bedenken aus dem Wagen, wie ihnen befohlen wurde. Sie wurden sofort gepackt und an einen Baum gefesselt. Anschließend eröffnete der Kommandant, daß sie jetzt »füssiliert« würden.

»Watt denn, watt denn, jibts doch nicht«, und »wir wollen einen Pfaffen sprechen!« waren ihre letzten Worte.

Eine Salve aus einem Maschinengewehr machte ihrem Leben ein Ende. Drei Tage danach stand im *Völkischen Beobachter*, die beiden seien »auf der Flucht erschossen« worden. Den genauen Verlauf dieser blutigen Aktion weiß man von Rudolf Höß, dem Kommandanten des Konzentrationslagers Auschwitz. Er hatte das Hinrichtungskommando geführt. Höß schrieb später in seinen Erinnerungen darüber, bevor er den Weg zum Galgen beschritt.

Die Millionenbeute der Brüder Saß wurde nie gefunden. Noch heute wird gemunkelt, sie wäre »irgendwo vergraben«.

»Eine Stadt sucht einen Mörder«

Berlin, irgendwann zwischen 1927 und 1929. Eine Mutter wartete auf ihr Kind. Das kleine Mädchen war zum Spielen gegangen, wie immer. Meistens kam es auch pünktlich zurück nach Hause.

Doch an diesem Abend wartete die Mutter vergebens. Nach Stunden voller Unruhe eilte sie zur nächsten Polizeiwache. Die Beamten gaben sich ruhig. Vielleicht war das Kind bei einer Freundin geblieben, könnte doch sein, man kenne Kinder ja.

Nein, das würde dieses Mädchen nie tun, erklärte die verzweifelte Frau.

Am anderen Morgen war das Kind noch immer verschwunden. Jetzt gab die Polizei eine Fahndung an alle Dienststellen raus. Die Mutter verbrachte qualvolle Stunden.

Tage später fand man das Kind. Erwürgt und, wie der Gerichtsmediziner feststellte, sexuell mißbraucht.

Die Schlagzeilen lauteten: Kindermord!

Umgehend wurden Razzien durchgeführt. Alle einschlägigen Lokale standen auf der Liste. Haftentlassene Sexualtäter wurden ermittelt und verhört, doch keine Spur eines Verdächtigen fand sich. Die Presse klagte über die Polizei, sie verlangte einen Täter, die Öffentlichkeit wäre beunruhigt.

Abermals wurden Razzien durchgeführt, Verdächtige befragt, diesmal auch Huren, Zuhälter, Hehler und Bettler. Jedermann, der etwas über Tat oder Täter aussagen könnte, bekam Besuch von der Kripo. Doch alles blieb ohne Ergebnis.

Nur eines änderte sich: Die Ruhe der Ringbrüder. In die Nachtbars und illegalen Spielclubs, in die Bars für Transvestiten und Homosexuelle wagten sich immer weniger Gäste. Niemand wollte als »Perverser« von der Polizei gefaßt werden. Im »Ring« liefen die Geschäfte schlechter.

Außerdem, ein Kindermord war geschehn, das Widerlichste, das es für einen Bruder, ja für jeden Ganoven geben konnte. Während der Vereinssitzungen wurde unter den Brüdern heftig diskutiert. Was man alles mit dem

Kerl anstellen würde, wenn man ihn nur zwischen die Finger bekäme.

Dann geschah ein zweiter Mord. Wieder wurde ein Mädchen sexuell mißbraucht und erwürgt.

Abermals waren die Schlagzeilen wie ein mahnendes Ausrufezeichen. Die Polizei verteilte Handzettel, warnte Eltern davor, Kinder allein auf die Straße zu lassen. Die Bevölkerung aber wollte Taten sehen, und so wurden wieder Razzien durchgeführt und die Daten von Personen festgestellt, die sich als Gast in einschlägigen Lokalen niedergelassen hatten.

Diesmal beschloß der »Ring«, daß es so nicht weitergehen könne. Nicht nur der Geschäftseinbußen, auch der Moral wegen.

Die Herren im Vorstand beschlossen, selber auf die Suche zu gehen. In den Vereinen kam es zu Sondersitzungen. Ob »Immertreu« oder »Deutsche Kraft«, »Rolandseiche« oder »Rosenthaler Vorstadt«, die Vorstände gaben Befehle aus an alle Huren, Bettler, Straßenverkäufer, Bauchladenhändler, Leierkastenmänner, Zuhälter und Taschendiebe, jeder möge die Augen nach Verdächtigem offenhalten.

Der »blinde« Bettler musterte aufmerksam den Mann, den ein Kind begleitete. War es der Vater, ein Freund des Hauses? Oder doch ein »guter Onkel«?

Blickte jenes Mädchen an der Hand des Opas nicht ängstlich? Die Polizei erfuhr durch ihre Spitzel von der Suche des »Ring« nach dem Kindermörder. Eigentlich paßte es ihr nicht. Das war die Aufgabe des Staates. Andrerseits drückte man in diesem Falle gerne mehr als ein Auge zu, zumal die Öffentlichkeit verunsichert und voller Wut war. Dann, nach Tagen, meldete sich erregt ein Schnürsenkelverkäufer bei einem Ringbruder. Er habe Seltsames gesehen. Ein Mann, gut gekleidet, habe ein Kind angesprochen, aus der Tasche Süßigkeiten gezogen, sie dem Mädchen gegeben, und es sei mit ihm mitgegangen. Der Verkäufer konnte sogar angeben, wohin die beiden entschwunden waren.

Umgehend gab es »Ringalarm«, und binnen kürzester Zeit versammelten sich die Brüder an der angegebenen Stelle.

An soviel Glück hatte wohl kaum ein Bruder gedacht.

158

Vorne im Park sah man die beiden. Das Mädchen lief treu an der Hand des Fremden. Vorsichtig wurde der Mann verfolgt. Er lenkte seine Schritte zu einem verfallenen Haus. Jetzt waren sich die Brüder sicher: Das mußte der Mörder sein. Dort wohnte niemand, wenn der Mann sich an dem Kind vergehen wollte, war dies Bauwerk der geeignete Ort.

Die Ringbrüder betraten leise das zerstörte Haus. Sie hörten ein Geräusch. Was war das? Das Wimmern des Mädchens? Jetzt durfte es kein Zögern mehr geben. Die Brüder folgten dem Ton und fanden den Mann, der dem Mädchen bereits die Kleidung auszog.

Sie stürzten sich auf ihn, schlugen und traten den »lieben Onkel«. Unterdessen nahm ein Bruder das Mädchen fürsorglich und führte es abseits, wo er es anziehen konnte.

Der Fremde lag blutend am Boden.

In der Zwischenzeit wurde der Ringvorstand informiert. Die Vorsitzenden kamen in das verfallene Haus.

Was tun mit dem Kerl?

»Rübe ab«, war der Vorschlag der meistens Brüder.

So nicht, bestimmte der Vorstand, wir bringen keinen einfach um die Ecke, wir wissen auch gar nicht, ob er der richtige ist.

Mittlerweile wurde das erschrockene Kind durch den Ringbruder zur nächsten Polizeiwache gebracht. Der Ganove sagte lediglich, daß man sich um den Täter wohl keine Sorgen mehr zu machen bräuchte, hier sei das dritte Kind, diesmal rechtzeitig gefunden.

Im Hafen Moabit hatte der Ring versteckte Warenlager. Dorthin wurde der mutmaßliche Täter in einem Auto gebracht.

Im Versteck versammelten sich alle Brüder, auch die Huren und Bettler waren gekommen, jeder wollte das »Monstrum« sehen.

Der Ringvorstand beschloß, daß diesem Kerl der Prozeß gemacht werde. Aber nicht durch die Justiz. Man kenne das doch. Da bekam so ein Kerl den Paragraphen 51, das hieße, er wäre nicht zurechnungsfähig. Für ein paar Jahre brächte man ihn in ein Krankenhaus, und kurz danach wäre er wieder draußen und könnte weitermorden.

Die Ringbrüder führten den Prozeß. Ordentlich, soweit das über ein Gericht zu sagen ist, das nicht legitimiert war. Der Prozeß war schnell, das Urteil ebenso schnell gesprochen. Der Täter hatte gestanden. Natürlich nicht aus freien Stücken, man mußte ihn schon mit Nachdruck überreden. Aber er hatte gestanden, und darauf kam es an. Das Urteil lautete auf Tod. Es wurde sofort vollstreckt.

Im Jahr 1930 saß der Filmregisseur Fritz Lang in einem Café, entspannte sich und las in der Zeitung von den Vorgängen um den Kindermörder. Es hatte zwar keinerlei Pressekonferenz gegeben, doch Journalisten wie Sling und Hardy Worm waren mit einigen Brüdern gut befreundet. Sie erfuhren von der ganzen Angelegenheit, und wenig später berichtete die Presse über diese Vorkommnisse.

Auch Langs Interesse wurde durch den Artikel geweckt. Daß eine Verbrecherorganisation, der »Ring«, die Aufgabe der Justiz übernommen, den Täter gesucht, gefunden und hingerichtet hatte, schien ihm makaber und fast symptomatisch für die Zustände in Deutschland. Die staatliche Ordnungsmacht ohne nennenswerten Einfluß und Ganoven, welche die Geschicke lenkten.

Fritz Lang muß von dieser Geschichte fasziniert gewesen sein, denn er machte sie zum Stoff für einen seiner bekanntesten Filme.

So entstand das Filmprojekt »M – Eine Stadt sucht einen Mörder«.

Die Arbeit am Drehbuch begann. Aber woher sollte er eigentlich wissen, wie es wirklich in der Unterwelt zuging? Wenn er nicht wollte, daß sein Film als bloße Erfindung angesehen würde, mußte er das Milieu kennenlernen: Er mußte sich mit den Brüdern vom »Ring Groß-Berlin« treffen.

»Hier sind Sie gefragt, meine Herren«, erklärte er wenig später den vier Männern, die vor ihm saßen, »sie zeigten, daß Sie Verantwortung fühlten, das muß rüberkommen.«

Einer der Männer deutete in dem Restaurant, in dem sie saßen, auf den schweigenden Mann neben Fritz Lang. »Und der? Wer ist der?«

»Er wird den Chef spielen«, erklärte der Regisseur.

»Dett Männeken?« Muskel-Adolf konnte nur den Kopf schütteln, aber Gustaf Gründgens ließ sich davon nicht irritieren.

Der Ring fühlte sich geehrt. So ein bekannter Regisseur! Und über die Brüder sollte der Film sein!

Aber am Drehbuch hatten sie doch einiges auszusetzen. Das stimmte ja hinten und vorne nicht. Ein Bruder war doch kein Rabauke, lief doch nicht so schlampig rum, wie es der Filmfritze glaubte. Fritz Lang ließ sich gerne beraten. Hier saß er Fachleuten gegenüber. Aber die Vorstände im »Ring« waren mißtrauisch. Wer sagte ihnen, daß alles so im Film zu sehen wäre, wie sie es dachten? Wer wollte kontrollieren, ob der Regisseur nicht doch die Brüder als »miese Kerle« auftreten ließ.

Fritz Lang wurde vor die Alternative gestellt: Entweder er war bereit, Ringbrüder im Film mitwirken zu lassen, oder man werde das ganze Projekt boykottieren.

Der Regisseur empörte sich. Wie hatten die Männer sich das vorgestellt? Wie im Theater, meinte ein Vorsitzender, da laufen doch auch immer solche Statisten rum. Das könnten die Brüder genausogut.

Da sollte es im Film doch Massenszenen geben, so im Versteck der Brüder, wenn sich alle versammelten. Oder wenn eine Vereinssitzung nachgestellt wurde. Also hier sei der Ansatzpunkt.

Und Boykott – man wollte ja nicht drohen, nur, was dachte der Regisseur, wen sie so alles kannten? Putzfrauen und Kabelträger, Friseure und was es da alles gäbe. Und teuer käme die Sache, wenn ständig irgendwelche Leute plötzlich zwischen Drehszenen herumliefen, einfach weil sie da laufen müßten. Solche Dinge könnte der »Ring« natürlich verhindern, aber ja doch, kein Problem.

Fritz Lang mußte das einsehen.

So wurden zwei Dutzend Ringbrüder ausgewählt, die in dem Projekt »M – Eine Stadt sucht einen Mörder« als Statisten mitwirkten. Deren Aufgabe sei es, wurde ihnen durch den Vorstand eingeschärft, »darauf zu achten, daß die Brüder im Film gut wegkommen«.

Die Premiere fand 1931 statt, und der Film wurde ein Erfolg. Noch heute gilt er als ein bedeutendes Werk der Filmgeschichte.

Doch den Zusammenhalt, den die Brüder dem Regisseur so priesen, den sie in den Statuten verlangten, gab es längst nicht mehr so eindeutig wie vorher. Immer wieder gab es Rivalitäten zwischen einzelnen Brüdern.

Schießereien waren längst keine Seltenheit mehr.

So kam es 1931 zu einer solchen bewaffnete Auseinandersetzung, die allerdings auch nur aufgrund einer fatalen Namensgleichheit erfolgt sein kann. Aus irgendwelchen Gründen war der Bruder Willi Stepphuhn angegriffen worden. Bei diesem Angriff fiel im Gestreite und Gerangel auch der Name »Stein«. Genau dies aber war der Nachname des Vorsitzenden von »Friedrichshain«, und natürlich ging Stepphuhn nun davon aus, daß die »Friedrichshainer« hinter der Sache steckten. Drei Brüder, von Stepphuhn mobilisiert, überfielen daraufhin den Vorsitzenden Stein. Allerdings sollte es eigentlich bei einigen Ohrfeigen bleiben. Doch die anwesenden Ringbrüder von »Friedrichshain« wollten ihren Vorsitzenden schützen. Daraufhin zogen drei Männer von »Felsenfest« Pistolen, Schüsse krachten, die drei verschwanden ...

Die Kripo ermittelte, und die Mordkommission war von Anfang an überzeugt, daß sich hier zwei Vereine befehdeten, denn »die wichtigsten Spuren der Tat, Patronenhülsen und Geschosse, [waren] nicht aufzufinden, also offensichtlich beseitigt worden«.

Längst ging es nicht mehr um kleine Diebereien oder Einbrüche, sondern um das große Geld, und die Kontakte, die geknüpft wurden, waren alles andere als beruhigend.

Der »Ring« bekam eines Tages sozusagen »hohen Besuch«.

»Käptn Bilbo«, wie sich Hugo Baruch selber nannte, war wieder einmal Gast in Deutschland. Er kam 1932 über die französischen Wasserstraßen in das Deutsche Reich. In Frankreich war er nach seiner Ankunft an Bord seines hochseetüchtigen Schiffes verhaftet worden, weil man ihn für einen Spion hielt. Die Sache klärte sich jedoch bald, und Baruch konnte nach Berlin weiterreisen. Es war im »Ring« bekannt, weniger als ständiges Mitglied denn als »Außenkontakt«. Baruch lebte in Amerika, kam aber immer wieder zu Besuch in die alte Heimat.

Der »Weltenbürger«, wie er sich auch nannte, war als junger Mann aus Berlin weggegangen. Wie viele andere vor ihm schon heuerte er in Hamburg als Schiffsjunge auf einem Amerika-Dampfer an. In New York jobbte er schließlich als Tellerwäscher und Bürobote.

Im Jahr 1928 sollte er eines Tages die Tageseinnahmen seines Arbeitgebers zur Bank bringen. Unterwegs stellte sich ihm ein stämmiger Mann entgegen, der ihn recht derb aufforderte, das Geld herauszugeben. Aber anstatt wegzulaufen, streckte Baruch den Räuber mit einem gewaltigen Fausthieb zu Boden. Der Niedergeschlagene griff sich, am Boden liegend, erst ans Kinn, dann, nach kurzem Zögern, unter die Jacke.

Jetzt zieht er den Revolver, dachte Baruch erschrocken. Das Gegenteil war der Fall. Der Mann zückte einen Schreibstift, erhob sich, schüttelte den Kopf und sagte bewundernd, daß der Bote Baruch einen tollen Schlag am Leibe habe. Er wüßte einen viel besseren Job für ihn, und er gab ihm seine Adresse. Er werde sich wieder melden, versprach der Räuber, ganz sicher.

Wochen später hatte Baruch ein Ticket in der Tasche. Neben ihm saß der verhinderte Dieb. Beide fuhren nach Chicago. Dort führte der Niedergeschlagene den »Käptn Bilbo« in eine protzige, hell erleuchtete Villa, wo man ihn einem untersetztem, narbengesichtigem Mann vorstellte. »Oh«, sagte dieser, »you are the hard german boy!« Dann nahm Al Capone die Hand seines Gegenübers und schüttelte sie ausgiebig. Capone meinte, er habe durch seinen Mann von Bilbo gehört und er wisse auch, wie die Deutschen zur Loyalität stünden. Außerdem, einen guten Mann mit schnellem, hartem Schlag könne er immer gebrauchen. Ob Käptn Bilbo nicht Lust habe, für ihn als Leibwächter zu arbeiten. Hugo Baruch nahm sofort an.

Später, in den 30er Jahren, rühmte er sich im »Ring«, Deutschlands einziger Ganove zu sein, der im »Ausland zu

Ruhm und Ehre« gekommen war. Angeblich will Bilbo nicht gewußt haben, daß Al Capone ein Gangster war. Erst als er mit der Zeit bemerkte, daß illegale Geschäfte getätigt und Mordaufträge vergeben wurde, habe er davon erfahren und den Job sofort gekündigt.

Der Wahrheit halber muß jedoch gesagt werden, daß Bilbo seine Geschichte in immer anderen Variationen erzählte, was natürlich gewisse Zweifel an der Glaubwürdigkeit aufkommen läßt.

In Berlin besuchte Baruch den Silvesterball 1932/33 und trieb sich gerne in den Spelunken im Scheunenviertel herum, denn hier war er aufgewachsen, zwischen den Brüdern.

Es war die Zeit der »Feinde Amerikas«, über die jeder Amerikaner sich ausführlich informieren konnte. Gangs wie die von Capone, Babyface Nelson, Bonny and Clyde und Meyer-Lansky waren allgemein bekannt. Menschen wie Baruch, die sich nicht scheuten, mit dem »Bodensatz« der Gesellschaft in Kontakt zu sein, hatten außer der Lebenserfahrung oft auch sehr konkrete Informationen. Daß er den Brüdern viel davon vermittelte, ihnen von den US-amerikanischen Gangsterstrukturen erzählte, möglicherweise auch diverse Kontakte vermittelte, steht außer Frage.

Nach dem Zweiten Weltkrieg kehrte Baruch für immer in seine Heimatstadt Berlin zurück. In der Damaschkestraße eröffnete er *Bilbos Hafenspelunke*, ein gutgehendes »Künstlerlokal«, ausstaffiert mit allen erdenklichen Requisiten der christlichen Seefahrt. Während dieser Zeit arbeitete er an einem wunderschönem Künstlerbuch, mit Texten und Bildern von ihm. Das im Handsatzverfahren hergestellte Buch erschien später in sehr geringer Auflage.

Bilbo betrieb seine »Spelunke« bis kurz vor seinem Tod in den späten 60er Jahren.

Berufsrisiko

Im Januar 1933 stand Georg Sander gelangweilt in einer »Kaffeehausklappe«, wie die winzigen Kellerwirtschaften genannt wurden, und beobachtete die Von-der-Heydtstraße. Von hier aus hatte er eine gute Übersicht. Als Schmiersteher des »Rings« verdiente er zwar nicht viel, aber – so sein Wahlspruch – lieber bescheiden als tot. Es war noch gar nicht lange her, da hatte er ganz anders gedacht.

Vor vier Jahren hatte er einen Einbruch in die Villa des Konsul Michels am Sachsendamm gewagt und damit seinem Leben eine Wende gegeben: Er hatte bereits den gefundenen Schmuck in der mitgeführten Tasche verstaut, den Pelzmantel über den Arm geworfen, als er ein Geräusch hinter sich hörte. Sander hatte sich nervös umgedreht, einen Schatten in der Wohnzimmertür gesehen. Reflexartig war er zum offenstehenden Fenster gesprungen, aber da waren auch schon der gelbrote Blitz und der dumpfe Schlag in der Magengegend gewesen. Und dann hatte er dagelegen, inmitten seiner Beute, den Mann im Morgenmantel gesehen, der noch immer den Revolver auf ihn richtete. Ihm war schwarz geworden vor Augen ...

Die herbeigerufene Polzei und der Arzt hatten ihn in die chirurgische Abteilung des St.-Norbert-Krankenhauses bringen lassen.

Da lag Sander nun, bewacht von Polizei, mit einem Bauchschuß.

Sander war klar, das schöne Leben war vorüber. Auf ihn wartete das Zuchthaus. Aber das durfte nicht passieren.

Bis die Ärzte die Vorbereitungen für die Operation abgeschlossen hatten, blieben einige Minuten. Die wollte er nutzen. Er zog sich die Kanülen aus dem Arm, stand mühsam auf. Die Schmerzen wühlten in seinem Bauch. Aber das mußte er jetzt durchstehen. Mit zusammengebissenen Zähnen zog er sich seine Hosen an, streifte das Hemd über, dann blickte er aus dem Fenster.

Die chirurgische Abteilung lag im ersten Stock, doch dicht am Fenster führte ein Blitzableiter entlang. Dies war seine

Chance. Mit der Kugel im Bauch kletterte Sander den Blitzableiter hinab, schleppte sich ins benachbarte Schwesternhaus. Hier kannte er jemanden ...

Eine Nacht blieb er notdürftig behandelt im Zimmer von Schwester Sofie, verließ dann am nächsten Morgen unbemerkt das Krankenhausgelände. Mit einem Taxi fuhr er zu einem Vereinsbruder. Bei ihm war er vorerst sicher.

Während Sander sich ausruhte, unternahm der Ringbruder alle notwendigen Schritte. Zuerst suchte er Dr. Berg auf, einen Arzt, der 1927 seine Zulassung wegen illegaler Abtreibung mit Todesfolge verloren hatte und sich nun durch Arbeiten für den »Ring« über Wasser hielt. Mit einer Droschke wurde Sander zu ihm gebracht, wo in einer Notoperation die Kugel entfernt wurde. Die Kugel bekam Sander als Talisman.

Sander brauchte lange, bis er wieder richtig auf dem Damm war.

Zwar war er schon einige Male in heiklen Situationen gewesen, aber dieser Vorfall gab ihm doch zu denken.

Nach seiner Genesung, die sich über drei Monate hinzog, bat er den Vorsitzenden um eine neue Tätigkeit.

Er konnte als Mädchen für alles im Spielpalast in der »Von-der-Heydtstraße« anfangen.

Und so stand er nun ab und zu hier in der Kaffeehausklappe und beobachtete die Umgegend, schaute nach verdächtigen Gestalten, die von der Polizei hätten sein können ...

Irgendwann kam seine Ablösung. »Nichts Besonderes«, sagte Sander, trank seinen Kaffee aus und ging dann hinüber zum Spielpalast. Eine Weile trieb er sich dort noch an der Bar herum, hielt Ausschau nach einem Opfer. Und bald hatte er auch eines gefunden ...

Der Stammgast Jägermann, Pelzwarenhändler aus der Prinzessinnenstraße 14, war an die Bar gekommen, um vor Verlassen des Spielpalastes schnell noch ein Glas Sekt zu trinken. Seine Geldbörse hatte er nur lose in die Manteltasche gesteckt. Sander folgte ihm. In der gegenüberliegenden Kaffeehausklappe saßen zwei Taschendiebe. Denen gab er ein unauffälliges Zeichen. Als sie dann an Sander, der auf dem Bürgersteig wie zufällig seinen Schnürsenkel zuband, vorbeischlenderten, raunte der ihnen zu: »Der im Mantel.«

Später trafen sich die drei Herren im *Grünen Kakadu* am Alexanderplatz. Brüderlich teilten sie die Beute ...

Das Haus in der »Von-der-Heydtstraße 18« war ein sogenannter Geheimtip. Wer seine Lust im Spiel fand, wer den Nervenkitzel des Glücksspiels brauchte, wer das Risiko liebte, der kannte die Adresse. Der schon geraume Zeit existierende Spielpalast erfreute sich regen Zuspruchs, und je mehr Zulauf der illegale Club hatte, um so mehr Räume wurden zu »Spielhallen« umfunktioniert. Von außen sah man der Villa ihren Zweck nicht an. Innen aber strotzte sie von Teppichen und Lüstern, Marmor und breiten Treppen. Eine dezente Bedienung stand unauffällig für die Zocker bereit. Wer auch immer dort verkehrte, blieb verschwiegen.

Doch auch das bestgewahrte Geheimnis kommt irgendwann heraus. Spätestens 1932 wußte die Kripo offiziell Bescheid. Dann mehrten sich die Klagen, daß »verschiedene Existenzen durch diesen Club zugrunde gerichtet wurden« und einige »durch Selbstmord endeten«, wie der öffentlich bestellte Bücherrevisor Grade dem Polizeipräsidium mitteilte.

Am 22. Februar 1933 kam der Stein ins Rollen. Anläßlich einer Ermittlung in anderer Sache erfuhr die Kripo vom Kaufmann Wilhelm Goerisch, der seinen Laden auf dem Kurfürstendamm 137 hatte, daß dessen Bruder »die Ökonomie im Sportverein« zwischen 1926 und 1927 geleitet hatte. Der Bruder Georg hätte bei ihm »händeringend geklagt«, daß er seine Auslagen im Club nicht zurückbekäme, wenn »die Polizei hinter das Treiben im Club käme« und »ihn schließen würde«. Die ermittelnden Polizeibeamten gaben den Hinweis an das Dezernat gegen verbotenes Glücksspiel weiter, und am 14. März 1933 erfolgte die Aushebung des illegalen Spielpalastes.

Die dortigen Räume konnten nur nach Skizzen des Hauses durchsucht werden, da man sich, wie die Kripo im Bericht schrieb, »ohne vorherige genaue Orientierung« nicht zurechtfinden würde. Denn einige Zimmer waren versteckt angelegt und nur durch verborgene »Tapetentüren« zu betreten.

Der Spielpalast hatte einen Aufpasserdienst, der wie die »Schmiere« gearbeitet hatte. Die Aufpasser waren an den jeweiligen Straßenecken postiert. Die vordere Stahl- wie auch die eigentliche Haustür wurden unter Verschluß gehalten. Kein Unbefugter konnte so aus Versehen eintreten. Die Jalousien der einzelnen Fenster waren stets heruntergelassen, so daß während der Dunkelheit kein Lichtschimmer auf die Straße dringen konnte.

Der Kripo war das Geheimzeichen, mit dem man Zugang erhielt, bekannt. Anzunehmen ist, daß sie einen Spitzel vorschickte, der dem Club als Spieler bekannt war, denn die Tür wurde »von Innen« geöffnet. Die Beamten drangen sofort nach dem vorher festgelegten Verteilungsplan in die einzelnen Flure und Räume ein. Dabei entdeckten sie mehrere Alarmklingeln. Eine befand sich direkt beim Garderobier unterhalb der Theke. Die zweite war im Kassenraum, wo Spielgeld und Jetons gewechselt wurden. Diese Klingel hing dicht unter der Decke hinter einem Balken und war fast im Verputz verborgen. Eine dritte Alarmglocke war in einem Vorraum zu einem Spielzimmer. Dort war sie in der Fensternische hinter einem Vorhang befestigt.

Der Kripo gelang die Überrumpelung.

All die feinen Herren, deren Personalien aufgenommen und die zum Verhör mitgenommen wurden, hätten wohl nie gedacht, daß auch sie eines Tages mit der »Räuberbande«, dem »Ring«, auf eine Stufe gestellt würden.

In der 1. Etage wurden vom Kriminalsekretär Stibitzki folgende Personen beim verbotenen Pokerspiel überführt:

Jakob Berglas, Bankier, Sächsische Straße 5.

Otto Bing, Direktor, Freiherr-von Stein-Straße. Bei ihm fanden sich 13 Chips à 20 und 16 à 5 Mark.

Salis Grünmann, Kaufmann, Giesebrechtstraße 15, mit 34 Chips á 5 Mark, 11 zu 20 Mark.

Georg Maschke, Verleger, Kurfürstendamm 67, diverse Chips lagen vor ihm.

Otto Säger, Oberregierungsrat, Rauenthalerstraße 1, auch vor ihm lag ein halbes Hundert Chips.

Mag der Wert der Chips heute gering scheinen, damals bedeuteten sie den Monatsverdienst eines Angestellten, der zehn Stunden täglich im Büro verbrachte. Ein gebratenes Huhn kostete beispielsweise 78 Pfennige, ein Pfund Tilsiter Käse 80 Pfennige und die Miete einer Zweieinhalb-Zimmer-Wohnung am Hohenzollerndamm 69 Mark.

In einem anderen Spielzimmer hatte die Kripo ebensoviel Glück.

Weniger hiervon hatten: Hermann Ber, Rechtsanwalt; Major von der Decker; Landgerichtsrat Hugo Reimann; Prof. Jacques Stückgold und Patentanwalt Hans Caminer.

Der Schlußbericht der Kriminalpolizei kam zu dem Ergebnis, daß dem vom »Ring« geführten illegalen Spielpalast »Persönlichkeiten angehörten, die auch heute noch zu den angesehensten Personen Deutschlands gehören«. Nach Erkenntnis der Kripo brachte das meiste Geld »Bacarat carté« ein, was hauptsächlich Dienstag, Donnerstag und Samstags gespielt wurde. Daneben wurde noch Poker, Skat und Bridge gespielt. Die Spieleinsätze waren unbeschränkt und bewegten sich mitunter zwischen 800 und 1000 Mark. Vom Einsatz bekam der »Ring« zehn Prozent zur Deckung der Unkosten. An den Spieltischen konnten bis zu zwölf Personen Platz nehmen, sofern sie einen Stundensatz von je zwei Mark »Kartengeld« bezahlten.

Ein interessanter Fang gelang der Kripo mit einem Herrn namens Vogel, der auf dem Titel »Senator« bestand. Stück für Stück fand man über diesen Herrn immer mehr heraus. Als man seine privaten Bücher konfiszierte und durchsah, stellte man plötzlich fest, daß der ehrenwerte Senator »Geldbeträge an Polizeibeamte« überwiesen hatte. Als »Senator« hatte er Zugang zu vielen Dienststellen gehabt und diese Kontakte wohl auch weidlich genutzt. Seine privaten Verhältnisse allerdings waren alles andere als rosig. Um im Spielpalast mithalten zu können, hatte er Schmuck versetzen müssen. Und zu allem Überfluß kam dann auch noch heraus, daß der Herr gar kein echter »Senator« war, sondern sich den Titel in Karlsruhe gekauft hatte. Herr Vogel war in Wirklichkeit ein gescheiterter Radrennfahrer, der durch Schulden sozusagen auf die »schiefe Bahn« gekommen war.

Die gefundenen Aufzeichnung über die Bestechung von Polizeibeamten aber mag bei einigen Herren unruhige Nächte bewirkt haben.

Wie eng die Beziehungen zwischen dem »Ring« und der Kriminalpolizei waren, zeigte sich an einem anderen Fall, der ebenso mit illegalem Glücksspiel in den 30er Jahren zusammenhing.

Im Jahr 1920 wurde dem späteren Kriminalpolizeirat Heinrich Schlosser aus der Fasanenstraße 64 das »Dezernat für Luxus- und Nachtlokale« übertragen. Daneben hatte er noch das »Spieler- und Buchmacherdezernat«. Seine Aufgabe war es, die sogenannten »Tripots«, illegale Spielclubs, zu verfolgen. In den späten 20er Jahren wurde dann der Vorstand des »Ring«, über einen Strohmann, selber bei Schlosser »vorstellig«. Von den Herren bekam er immer wieder Mitteilungen, die »für ihn wertvoll waren«, wie er ausgesagt hatte. Gemeinsam mit seinem Kollegen Blümel waren beide zwischen 1924 und 1926 öfter private Besucher des Spielpalastes in der Vonder-Heydtstraße. Bis 1933 waren die Herren Stammgäste. Dann wurde der Beamte Greiner Nachfolger von Schlosser.

Jetzt wurde plötzlich im Spielpalast eine Razzia gemacht, die aber, wie gesagt, erfolglos blieb.

Bisher hatte es nie Kontrollen im Palast gegeben. Das lag daran, daß 1925 der damalige Polizeipräsident Dr. Friedenburg Anweisung geben ließ, diesen Club nur mit seinem Einverständnis zu durchsuchen.

Der Nachfolger Dr. Friedenburgs, der Polizeipräsident Dr. Weiss, der selbst Mitglied im illegalen Spielclub war, hielt die Anweisung seines Vorgängers natürlich bis zur Aushebung 1933 aufrecht. Angeblich, so seine Auffassung, »ginge es die Polizei nichts an«, wenn sich reiche Leute ausnehmen und am Spieltisch betrügen ließen.

Im Zuge der Ermittlung gegen den »Ring« als Eigner des Spielpalastes stieß die Kripo dann plötzlich auch auf den Dezernatsleiter Schlosser.

Er wurde mit Urteil vom 3. Februar 1934 wegen »passiver Bestechung und Begünstigung im Amt« durch die 19. große Strafkammer zu zwei Jahren Gefängnis auf Bewährung verurteilt.

Verurteilt wurden auch die Ringbrüder Schauder, Kohnert, Heyden und Kabanek als Mitbetreiber des Spielpalastes, ebenso der »Senator« Vogel. Zu welchen Strafen, ist leider nicht mehr recherchierbar gewesen, da ein Teil der Akten während des Zweiten Weltkrieges verlorenging.

Die Aushebung des Spielpalastes läutete den Untergang des »Rings«ein, der ein Jahr später kam, radikal und hoffnungslos.

Die Nationalsozialisten hatten nun die Macht. Als erstes zerschlugen sie sämtliche Organisationen, die ihnen gefährlich werden konnten. Dazu gehörten die Ringbrüder. Sie wurden als Berufsverbrecher betrachtet und entsprechend behandelt.

Es folgte eine dunkle Zeit, in denen gegen Menschenrechte verstoßen wurde, auch wenn diese Menschen Verbrecher waren ...

Gefährliches Spiel

Vorsichtig dringen die ersten Strahlen der Frühlingssonne durch die geschlossene Wolkendecke über Berlin. Der 6. März 1937 versprach nichts besonderes, weder für Manfred Bastubbe noch für dessen Ehefrau Marianne. Sie saßen an diesem Tag in einer Fensternische des Cafés *König* Unter den Linden. Auf der Straße hasteten die Menschen vorbei. Viele trugen noch einen Wintermantel. Dazwischen waren SS-Männer in schwarzen Uniformen zu sehen. Hakenkreuzfahnen hingen von Fenstern der oberen Etage herab. Immer wieder ging die Tür des Cafés auf und brachte einen kühlen Luftzug mit. Einige Male blickte Bastubbe verärgert hoch, besonders wenn sich ein Gast nicht entscheiden konnte, ob er das Café betreten wolle oder nicht. Dann blieb er zögernd in der offenen Tür stehen, und die Gäste an den Tischen spürten die Kälte hereinwehen. Auch diesmal blickte der Ringbruder wieder hoch. Ein Mann hatte den Raum betreten. Als er den Kopf zur Seite wandte, stutzte Bastubbe kurz. Den kannte er doch. War das nicht der »Frankfurter Toni«? Natürlich, der alte Ringbruder von den »Nordpiraten«. Sein Gang war noch immer so straff, wie Bastubbe ihn von früher kannte. »Einen Moment«, sagte er zu seiner Ehefrau, erhob sich und ging zu Toni, der sich noch zögernd umsah.

Die Freude der beiden Männer, sich unverhofft wiederzusehen, war echt.

»Komm rüber«, wurde Toni eingeladen. Auch Marianne freute sich.

Seit die Nazis sämtliche Ringvereine aufgelöst hatten, sah man sich nur noch selten. »Darauf trinken wir eine Flasche Sekt«, schlug Marianne vor.

»Einverstanden«, meinte Toni, »aber ich bezahle.«

Energisch wehrte Bastubbe ab. »Du bist mein Gast!«

Die beiden Ringbrüder kamen nicht weiter. Also schlug Toni vor, man möge ausspielen, wer den Sekt zahlen müsse. Am besten mit einer Runde Billard.

Auch Marianne war damit einverstanden. Zu dritt gingen sie in den nebenan gelegenen Billardraum. Die beiden Männer griffen sich die Queues und etwas Kreide. Die Bälle kamen in Position. Marianne setzte sich in ein Sesselchen und beobachtete das Spiel.

Da ging die Tür auf, und lärmend betraten zwei SS-Männer den Raum und versuchten wenig später, das Spiel der Brüder zu unterbrechen. »Besoffene Offiziere«, murmelte Bastubbe seinem Bruder zu. Ruhig versuchten sie weiterzuspielen.

Das aber paßte den Herren nicht. Provokativ stützten sie sich auf die Bande des Billardtisches, so daß die Spieler nicht stoßen konnten. Plötzlich wurde der jüngere Offizier laut: »Los, los, gebt den Tisch endlich frei.« Manfred Bastubbe überlegte kurz, wie er sich verhalten sollte. Noch hatte er Bewährung und wollte seine Freiheit nicht wieder riskieren. Dennoch wollte er sich seine Würde bewahren. »Tut mir leid«, meinte er deshalb betont höflich, »den Tisch habe ich bezahlt, Herr Hauptsturmführer.« Das schien dem Mann nicht zu passen. Doch einen handfesten Grund, den Spieler vom Tisch zu vertreiben, fand er auch nicht. Nachdenklich starrte er die drei Personen an. Sein Blick blieb beim »Frankfurter Toni« hängen.

Sah der Kerl nicht wie ein Jude aus?

Ohne ein Wort zu sagen, ging der Hauptsturmführer an Bastubbe vorbei und blieb beim Toni stehen. »Du Judensau«, rief er unvermittelt und schlug ihm ins Gesicht.

Die »Nordpiraten« waren dafür bekannt, daß sie nicht gerade feige waren, und der Frankfurter Toni war ein kräftig gebauter Mann, der manche Schlägerei glücklich hinter sich gebracht hatte. Im Reflex, ohne einen Gedanken daran zu verschwenden, wen er vor sich hatte, schlug er zurück.

Sofort war der zweite SS-Mann zur Stelle, um seinem Partner beizustehen. Beide schlugen nun auf Toni ein.

Das konnte Bastubbe nicht zulassen. Er mischte sich ein, riß einen SS-Mann vom Toni los und schleuderte ihn ein Stück zurück. Der Streit eskalierte, die SS-Leute griffen sich Billardqueues, und die Ringbrüder nahmen sich Bälle aus Elfenbein.

Die Schlägerei endete mit einem K.O. der SS-Männer.

Unterdessen hatte Marianne mit Entsetzen die Auseinandersetzung verfolgt. Die Lust am Spiel war allen vergangen. Notdürftig strichen sie ihre Kleidung sauber und verließen den ungastlichen Ort.

In der Wohnung von Bastubbe saßen sie noch eine Weile, doch die Stimmung war dahin. Endlich machte sich der Frankfurter Toni auf den Nachhauseweg. Er versprach wiederzukommen.

Langsam ging er durch die Straßen, um einen klaren Kopf zu bekommen. Ihm war klar, daß es nur zwei Möglichkeiten gab. Entweder die SS-Leute konnten sich nicht an sein Gesicht erinnern, und damit war er gerettet. Oder sie bekamen seinen Namen und die Adresse raus, dann mußte er verschwinden.

Vor seiner Haustür zog er die Schlüssel aus der Tasche.

Im gleichen Augenblick wurden Wohnungstüren aufgerissen, und aus Fluren und Nischen stürzten mehrere SS-Männer auf Toni, der gerade noch verzweifelt um Hilfe rufen konnte. Ein Schlag machte ihn stumm. Er wurde auf einen Lastwagen verfrachtet. Das war das letzte, was über ihn noch zu erfahren war.

Doch hörte Bastubbe erst viel später davon.

Als die Tage nach der Schlägerei ruhig verliefen, verlor er seine Furcht. Nach zwei Wochen dachte er schon nicht mehr daran. Er arbeitete als Dekorateur, verdiente jedoch sehr wenig, da sein Chef von den Vorstrafen wußte und Bastubbe dankbar für jede Tätigkeit war. Als es am 9. Mai 1937 morgens um vier Uhr früh an der Wohnungstür klingelte, glaubte der Bruder, daß ein Freund Hilfe brauche. Schlaftrunken ging er zur Tür und öffnete. Vor ihm standen einige ernst blickende Männer und zeigten ihre Dienstmarken. Die Kripo.

Auf seine Frage, was man ihm vorwerfe, bekam er keine Antwort. Er solle sich umgehend ankleiden, hieß es, er wisse ja, wohin es ginge.

Bastubbe bat eindringlich, sich wenigstens von seiner Ehefrau verabschieden zu dürfen. Die war mittlerweile wach geworden und lehnte blaß an einem Türpfosten.

»Die kann sie besuchen«, war die Antwort, dann wurde er aus der Wohnung gezerrt. Ein letzter Blick Mariannes begleitete ihn.

Nicht die Besten überleben

Hitler war an der Macht. Eine seiner ersten Anordnungen war es, den »Ring«, zu verbieten.

Mit der Auflösung der Vereine am 1. 1. 1934 verband sich zeitgleich das Inkrafttreten des Gesetztes zur »Sicherungsverwahrung«. Das bedeutete, daß jeder als »Berufsverbrecher« bezeichnete, direkt nach der Haft in ein KZ oder Arbeitslager wandern, oder in Haft genommen werden konnte, ohne einer Straftat beschuldigt oder gar überführt zu sein. »Sicherungsverwahrung« galt dem Schutz der Gesellschaft und sollte, nach dem Willen der Nazis, bis zum Tode andauern. Vorzeitige Entlassungen gab es nur in Ausnahmefällen.

Die erste Verhaftungswelle gegen die Unterwelt wurde von Heinrich Himmler persönlich befohlen. Am 27. Januar 1937 bat er um »beschleunigte Übermittlung einer Liste aller

Rechtsbrecher, die als Berufs- und Gewohnheitsverbrecher, sowie gewohnheitsmäßige Sittlichkeitsverbrecher anzusprechen seien und sich auf freiem Fuß befinden«. Auf Weisung des Reichsführers SS wurden am 23. Februar desselben Jahres etwa 2000 »Berufsverbrecher« in Vorbeugehaft genommen und in KZ' verschubt.

Bei der Auflösung der Ringvereine mußten auch die Vereinsunterlagen bei der zuständigen Dienststelle im Polizeipräsidium abgeliefert werden. Durch die Eintragungen im Vereinsregister beim Amtsgericht lagen den Nazis bereits die Namen der Gründungsmitglieder und Vorstände auf dem Tisch, jetzt kamen die Mitgliederlisten. Binnen kürzester Zeit wurden die meisten Ringbrüder verhaftet, sofern sie nicht flüchten konnten. Die Nazis hatten in ihr Wahlprogramm geschrieben, die Straßen »säubern« zu wollen. Das, was die von ihnen verhaßte Weimarer Republik nicht geschafft hatte, wollten sich die Braunen an ihre Fahne heften: Deutschland befreien vom Verbrechen.

Dafür war ihnen jedes Mittel recht. Manfred Bastubbe mußte dies bald erfahren.

Die Ringbrüder kamen, sofern man ihrer habhaft wurde, in Lager. »Die sind alle zum größten Teil ins KZ gewandert«, erinnert sich Ringbruder Kiefert. »Oder sie kamen nach Heuberg oder nach Esterwege. Esterwege war kein KZ, das war ein Lager und wurde von der SS bewacht. Ich war ja auch da, nicht in Esterwege. Ich war in Börgermoor. Die Lager gehörten alle zusammen, Börgermoor, Schendorf, Heuberg, das war alles ein Klimbim«, so Kiefert weiter.

Die Überlebensquote war sehr gering. Natürlich gibt es keine Zahlen, die darüber Auskunft geben. Auch weiß man nicht, wer in der Zeit des Hitlerfaschismus in den Lagern und KZ' eines »natürlichen« Todes starb, zu Tode gefoltert oder hingerichtet wurde. Unbekannt auch ist die Zahl derer, die sich eventuell an der Front »bewähren« durften.

Tatsache aber ist, daß nach dem Krieg von den vielen tausend Brüdern nur noch eine gute Handvoll übrig blieb.

»Ich weiß nur von einem, der es überlebt hat«, erinnert sich Kiefert. »Füllert, Alfred Füllert, ja, Papa Füllert. Den ham se aufgehangen an dem Arm, der hat den Arm voll-

175

kommen ausgekugelt und ist nachher als Krüppel sozusagen wiedergekommen«, nach dem Krieg.

Die Brüder wurden »sozusagen im Wind verweht«, so Kiefert weiter.

All dies hatte Manfred Bastubbe nicht gewußt, als er am 13. Juni 1936 aus dem Zuchthaus entlassen worden war. Seine Ehefrau Marianne hatte ihn vom Bahnhof Friedrichstraße abgeholt. Gemeinsam betraten sie ihre Wohnung in der Dorotheenstraße. Sofort schmetterte eine Ganovenkapelle ein Begrüßungslied.

Überrascht und erfreut zugleich blickte sich der Ringbruder um. Nur seltsam, daß viele Freunde fehlten und keiner der Anwesenden seine Ringnadel trug.

Bastubbe wurde nach dem Begrüßungssekt aufgeklärt.

»Keinen ›Ring‹ mehr?« Er war bestürzt. Seine Ehefrau hatte noch eine Hiobsbotschaft für ihn. Er solle gleich am anderen Morgen zum Polizeipräsidium am Alexanderplatz kommen und sich beim Kommissar Trettin vormelden.

Der Bruder grübelte lange nach, was man ihm vorwerfen könnte.

Im Präsidium wurde er von Trettin seltsam kühl empfangen, so ganz anders als früher. Da war der Kommissar freundlich und offen gewesen, diesmal schien er sehr offiziell zu sein.

»Die Vereine sind aufgelöst« erklärte Trettin, »ihre Mitglieder fast alle im KZ«. Der Kommissar legte dem Bruder ein Schreiben vor. »Ihre Auflagen. Sie müssen Haus- und Wohnungsschlüssel abgeben. Außerdem dürfen Sie die Wohnung nicht zwischen 10 Uhr abends und 6 Uhr morgens verlassen. Sie dürfen keine Lokale mit fragwürdigem Ruf aufsuchen. Im anderen Fall ... Hier, unterschreiben Sie.«

Bastubbe hatte den Wink verstanden. Er unterschrieb.

Ein knappes Jahr ging alles gut. Er hielt sich an die Auflagen und führte mit Marianne ein ruhiges Leben. Sogar die Arbeit als Dekorateur hatte er gefunden. Bis zu jenem unglücklichen Tag im März 37, als er mit dem Frankfurter Toni auf die SS stieß ...

Ein Jahr verbrachte Bastubbe im KZ Sachsenhausen, dann kam er überraschend frei. Genaues über die Hintergründe erfuhr er nie. Ob Marianne oder ein früherer Gönner sich für ihn verwendet hatten?

Über die Zeit dieses ersten KZ-Aufenthalts ist nichts bekannt. Lediglich, daß er den Ringbruder Walter Gutgesell dort antraf. Beide teilten sich das Bett.

Als Bastubbe entlassen wurde, fuhr er auf direktem Weg nach Hause. Er klingelte an seiner Wohnungstür: Eine alte Dame öffnete. Sie erzählte, daß Ehefrau Marianne schon »vor Monaten« die gesamte Wohnungseinrichtung verkauft und sich abgesetzt hatte. Entsetzt schlug der Bruder die Hände vors Gesicht.

Er fuhr in den *Blauen Affen* am Alexanderplatz. Dort war eine Freundin seiner Marianne beschäftigt. Charlotte war Tschechin. Schon lange war sie in Bastubbe verliebt. Sie nahm den Ringbruder vorerst in ihrer Wohnung auf. Gemeinsam schmiedeten sie einen Plan. Binnen weniger Tage verkaufte sie ihre Wohnungseinrichtung und besorgte, wer weiß auf welchen Wegen, eine komplette SA-Uniform, dazu Ausweise für sich und Bastubbe sowie zwei Pistolen.

Ende 1937 verhandelte dann der SA-Sturmführer Horst von Arnim mit der Aufnahmeschwester der Lungenheilstätte Görbersdorf in Schlesien. Er möchte seine Braut wegen einer Lungenentzündung im Krankenhaus unterbringen. Charlotte Weimer bekam ein Bett. Der SA-Mann bezahlte im voraus und steckte die Quittung ein. Jetzt hatte er einen Grund, sich in der Nähe der Grenze zur Tschechei aufzuhalten.

Am anderen Morgen bereiteten sich Bastubbe und Charlotte auf den illegalen Grenzübertritt vor. Sie wanderten durch den Wald. Unterwegs kam ihnen eine Patrouille entgegen.

»Heil Hitler Sturmführer!« brüllt der Wachhabende. Bastubbe grüßte ebenso zurück.

Eine halbe Stunde später war die Grenze überschritten.

Bei einem Bekannten von Charlotte tauschte Bastubbe in einem nahegelegenen Dort die Uniform gegen Zivilkleidung; danach fuhren sie nach Prag.

Das Leben verlief vorerst ruhig. Manfred Bastubbe hielt Vorträge über das Leben im KZ, schrieb sogar eine Broschüre: »Die Zustände in deutschen KZ«.

Am 19. April 1938 klingelte es an der Wohnungstür. Der Ringbruder Walter Gutgesell stand vor der Tür. Die Brüder fielen sich in die Arme. Beim Essen erzählte Gutgesell von »Deutsche Kraft«, daß ihm die Flucht gelungen sei. Als er von Berlin sprach, verspürte Bastubbe Heimweh.

Und irgendwann faßten sie auf Anregung von Gutgesell einen wahnwitzigen Plan. Sie wollten zurück nach Deutschland.

Am 20. April 1938 trafen sie mit dem Zug am Anhalter Bahnhof ein. Endlich wieder in Berlin. Überall hingen Hakenkreuzfahnen. »Toller Empfang«, meinte Bastubbe. Er wurde darüber aufgeklärt, daß Hitler Geburtstag habe.

Gemeinsam gingen sie in das Café *Moccadore*. Es wimmelte von Uniformen. Nach kurzer Zeit trennten sich die Ringbrüder. Gutgesell wollte zu einer Verwandten, die ihm weiterhelfen würde. Bastubbe blieb mit Charlotte im Café. Sie wollten später einige Besuche machen.

Doch der Ringbruder hatte ein ungutes Gefühl. Ihm waren zu viele Uniformen im Café. Sein Einbrecherinstinkt sagte ihm, daß es ein Fehler war, nach Berlin zurückzukehren. Der Bruder meinte zu Charlotte, man solle lieber gehen, er werde ein Taxi rufen. In einem Winkel des Cafés entsicherte er vorsichtshalber seine Pistole.

Das Café lag in der ersten Etage. Er ging zur Treppe, hier kamen ihm schon mehrere Herren entgegen. »Bleiben Sie mal stehen, zeigen Sie mal ihren Ausweis«, wurde Bastubbe aufgefordert. Gestapo, schoß es ihm durch den Kopf. Ohne nachzudenken, riß er seine Pistole aus dem Mantel und drückte sofort ab. Ein Beamter erhielt einen Schenkeldurchschuß. Sofort stürzten sich mehrere SS-Männer auf den Ringbruder. Der konnte sich losreißen, rannte in großen Sätzen die Treppe hinab, doch unten fiel er zwei SS-Männern in die Arme. Mit Handschellen wurde der Bruder in das Gestapo-Gefängnis in der Prinz-Albrecht-Straße gebracht.

Charlotte blieb unbehelligt. Nachdem sie verzweifelt gegen ihren Schrecken angekämpft hatte, verließ sie das Café und nahm sich Zimmer 6 im Hotel *Zur Post*. Sie bestellte eine Flasche Sekt und trank sie leer. Anschließend setzte sie sich ihre Pistole an die Schläfe und drückte ab. Sie war gerade mal 25 Jahre jung.

Makaber daran war, daß es genau dasselbe Hotel war, in dem Bastubbe mit seinem Freund »Luchs« und den beiden Mädchen übernachtet hatte, um den Kokaindeal in Hamburg zu begehen.

Am gleichen Tag, dem 21. April 1938, schwamm ein verzweifelter Herbert Lexer, »der Luchs«, im verdreckten Kaiwasser in Hamburg. Er war hierher geflüchtet, um nicht ins KZ zu kommen. Mitglieder des »Norddeutschen Rings«, sofern sie nicht im KZ waren, halfen ihm, in dem sie verschiedene Verstecke zur Verfügung stellten.

Doch er konnte nicht immer in einem Keller hausen, außerdem brauchte er Geld und falsche Papiere. Er wollte nicht in Deutschland bleiben. So versuchte er, Kontakt zu einem Fälscher herzustellen, der ihm die nötigen Papiere beschaffen sollte. Aber der Spitzelring war zu dicht, er wurde verraten, die Gestapo lauerte bereits auf den Ringbruder. Er wußte genau, was ihn erwartete. In letzter Minute konnte er sich von der Gestapo losreißen. Sein Fluchtweg führte in den Hafen. Dort, so war seine Hoffnung, werde er ein Schiff finden, daß ihn an Bord nehmen und Schutz bieten würde. Aber die Polizei war bereits alarmiert, und der »Luchs« wurde entdeckt. Das einzige, was ihm noch blieb, war, es schwimmend zu versuchen. Er mußte den Greifern entkommen.

Während er in der dreckig-braunen Brühe paddelte, näherte sich ein Boot der Wasserschutzpolizei. Ohne Vorwarnung wurden mehrere Schüsse auf den Einbrecher, Kokain-Händler und Ringbruder von »Deutsche Kraft«, Herbert Lexer, abgegeben. Getroffen starb der »Luchs« im Schmutzwasser des Hamburger Hafens.

Die meisten Ringbrüder hatten nach ihrer Inhaftierung Folterungen zu erwarten. Die Gestapo und Kripo sah es als »vornehme Aufgabe« an, ungelöste Fälle aufzuklären, um beweisen zu können, daß sie besser arbeiteten als die »korrupten« Demokraten.

Es gab unzählige Akten unerledigter Kriminalfälle. Während der Nazizeit wurden sie zu einem größeren Teil abgebau. Die Verhörmethoden waren brutal und alles andere als mit den Menschenrechten in Einklang zu bringen.

Im Haus der Gestapo in der Prinz-Albrecht-Straße gab es einen Kripobeamten namens Ortmann. Man könnte meinen, es habe seiner persönlichen Befriedigung gedient, die Ringbrüder zu vernehmen. Auch Bastubbe landete beim »Schlitzer«, wie man ihn auch angstvoll nannte.

Ortmann ließ sein Programm ablaufen, so wie es Muskel-Adolf erlebt hatte, der »Piepel«, der »Mucki« und viele andere.

Bastubbe weigerte sich zunächst auszusagen. »Auspeitschen«, lautete der Befehl von Ortmann.

Zwei stämmige SS-Männer fackelten nicht lange. Sie schnallten den zusammengeschlagenen Bastubbe auf einen Bock, zogen ihm die Hosen herunter und prügelten mit Peitschen auf den Ringbruder ein. Blutend lag der auf dem Folterbock.

Sachlich, als wäre nichts Besonderes geschehen, fragte Ortmann erneut: »Wirst du jetzt aussagen?«

Der Ringbruder hatte keine Kraft mehr. Abermals ein Wink des Kommissars, und die SS-Männer traten mit ihren Stiefeln auf den Ringbruder ein.

Als Bastubbe nur noch wimmern konnte, trat Ortmann an ihn heran. »Na, noch nicht genug?«

Er ging zu einem Tisch und griff sich das bereitliegende Skalpell. Manfred Bastubbe sah es mit Entsetzen. Er konnte nur hoffen, daß es schnell vorbei sein würde.

Die SS-Männer preßten dem Ringbruder die Arme zusammen, und Ortmann begann jetzt »die Wahrheit« aus Bastubbe »scheibenweise herauszuschneiden«.

Wochen später wurde Bastubbe wegen »Landesverrats« angeklagt.

Die Broschüre über das KZ wurde ihm zum Verhängnis.

Doch er hatte Glück. Sein Rechtsanwalt konnte das Gericht von der Harmlosigkeit Bastubbes überzeugen, zumal, man muß es fast ein Wunder nennen, kein Strafregisterauszug von Bastubbe zu finden war. Somit galt er als unbescholten.

Und die Broschüre habe er nur geschrieben, weil er geglaubt habe, der »Führer« wisse nicht, wie es in den KZ' zuginge.

Das Verfahren wurde eingestellt.

Doch die Gestapo wollte den Ringbruder »hängen« sehen. Nach dem Prozeß kam Bastubbe abermals zu Kommissar Ortmann. Der behandelte ihn plötzlich freundlich: »Nimm Platz, Junge, steck dir eine Zigarette ins Gesicht.« Bastubbe zitterte, als Ortmann beiläufig meinte, jetzt werde Anzeige gegen ihn erstattet, wegen »Widerstands und schwerer Körperverletzung«.

Weitere sechs Wochen später erfuhr er, daß er ins KZ Sachsenhausen überführt werde. Er konnte sich ausmalen, was ihn, den Schreiber der Broschüre über dieses KZ , erwarten würde. Wie rasend überlegte er, ob es einen Ausweg gab.

»Ich muß noch ein Geständnis machen«, meldete er plötzlich dem verblüfften Kommisar, der ihm genüßlich die Überführung eröffnet hatte, »ich will einen Einbruch aus dem Jahr 1930 gestehen.«

Er wurde ins Polizeipräsidium gebracht und schilderte einen Bruch, den ein Ringbruder unternommen hatte und von dem er lediglich Kenntnis bekommen hatte. Aber er schilderte die Tat so genau, so gut, daß man, ohne zu zweifeln, in ihm den Täter sah.

Am 30. September 1938 war der Prozeß. Als »Gewohnheitsverbrecher« eingestuft, wurde von der Staatsanwaltschaft ein Jahr Gefängnis beantragt.

Nur ein Jahr? Das konnte doch nicht wahr sein. Empört erhob sich der Ringbruder von der Anklagebank. »Herr Richter, ich will endlich mal zur Vernunft kommen. Ein Jahr? Das sitze ich mit links ab. Bitte geben Sie mir eine lange Haftstrafe, damit ich daraus eine Lehre ziehen kann.«

Der verblüffte Richter verurteilte ihn zu 18 Monaten Zuchthaus. Bastubbe fühlte sich erleichtert. Fürs erste war er dem KZ entronnen. Und 18 Monate waren eine Zeit, in der er Kräfte sammeln konnte.

Doch im Februar 1940 stand er dann in eisiger Kälte zwischen den Baracken des KZ Sachsenhausen.

Die Ringbrüder wurden dort zu Arbeiten eingesetzt wie alle Häftlinge. Viele von ihnen übernahmen auch die Funktion des Kapo, politische Gefangene zu bewachen. Ganz sicher hing dies mit den Zuchthauserfahrungen der Brüder zusammen. Sie waren aus den Haftanstalten Drill gewohnt und wußten aus Erfahrung, worauf es in solchen Gefangeneneinrichtungen ankam. Dadurch »lief der Laden« besser. Auch in den Gefängnissen und Zuchthäusern gab es »Kalfaktoren«, Hilfskräfte, die zum Teil die Aufgaben von Beamten übernahmen.

Unbestritten gab es auch unter diesen Herren einige, die endlich mal ihren persönlichen Sadismus ausleben konnten. Keinesfalls sollen hier die Ringbrüder für Kapo-Grausamkeiten entschuldigt werden.

Bastubbe wurde als Koch in die SS-Kaserne Hamburg-Langenhorn versetzt. Diesen Umstand hatte er einem SS-Mann zu verdanken, der den Bruder noch aus der Kindheit kannte. In der Kaserne bekam er bald mit, daß hier ein schwunghafter Handel mit Lebensmitteln lief. Er konnte sich sogar daran beteiligen.

Doch dann bot sich dem Bruder eine ungeheurer Chance.

Er wurde zur Sanitätsbaracke gerufen. Auf dem Weg dorthin mußte er an einem parkendem Auto vorbei. Es gehörte dem Lagerkommandanten. Der Sommer war heiß. Der Kommandant hatte seine Uniformjacke und die Dienstmütze im Wagen abgelegt. Mit dem Mut der Verzweiflung hatte Bastubbe in Windeseile seine Sträflingsjacke ausgezogen und die Uniformjacke genommen. Hastig knöpfte er sie zu und setzte die Dienstmütze auf. Niemand schien es zu bemerken. Dann saß er im Wagen und gab Gas. Mit bedächtigem Tempo fuhr er an den Posten vorbei, die lediglich den Wagen des Kommandanten, die Uniformjacke und die Dienstmütze sahen. Sie ließen den Wagen ohne weiteres durch.

Nach wenigen Kilometern stellte er den Wagen ab und klemmte einen Zettel unter die Windschutzscheibe. »Eigentum des Kommandanten Weiß, Neuengamme.«

Nachts stahl er Zivilkleidung und macht sich auf den Weg nach Bremen.

Am 5. September 1940 stürzte Bastubbe, gemeinsam mit anderen, eilig in einen Luftschutzbunker. Die Stadt wurde bombardiert. Hier im Bunker traf Bastubbe auf eine verzweifelte Frau, die jammernd nach ihrem Kind rief, das offensichtlich noch im Haus war. Kurzerhand sprintete der Ringbruder im Bombenhagel aus dem Bunker in das Haus und konnte das Mädchen tatsächlich retten. Zwei Tage später wurde Bastubbe, der sich den Namen Hoffmann zugelegt hatte, von der Frau auf der Straße wiedererkannt. Sie dankte ihm lauthals und erzählt es einem zufällig herbeikommenden Polizisten. Der ließ sich die Adresse »Hoffmanns« geben. Einige Tage später wurde er aufgefordert, ins Rathaus zu kommen. Seine Eitelkeit unterdrückte jeden warnenden Instinkt. Er bekam das »Heimatverdienstkreuz«, und ein Fotograf machte eine Aufnahme. Das Bild mit nebenstehendem Artikel erschien am nächsten Tag in der Bremer Presse. Stunden später trat die SS die Tür zu Bastubbes Wohnung ein.

Er kam zurück in das KZ. Dort wurde ihm eröffnet, daß er wegen Diebstahl der SS-Uniform liquidiert werden solle. Man schleppt den Fassungslosen in eine Dunkelzelle. Dort verbrachte er drei Monate. Eines Morgens stand dann der Lagerhenker vor ihm. Bastubbe mußte ein Papierhemd anziehen und wurde zum Galgen geführt. Sie legten ihm den Strick um den Hals. Sturmbannführer Weiß, jener Lagerkommandant, dem Bastubbe die Uniform gestohlen hatte und der ebenfalls anwesend war, gab dem Henker ein Zeichen. Dieser griff den Hebel des Galgens.

Im gleichen Moment sagte Weiß: »Stop!« machte eine kleine Pause und sagte dann im Plauderton: »Übrigens, du bist begnadigt, wegen des Heimatverdienstkreuzes.«

Danach kam Bastubbe in das Lager Dora bei Nordhausen. Die Monate vergingen. Eines Tages im Sommer 1942 sah er zufällig das sogenannte Judenkommando in den Steinbruch abrücken, und dabei war sein Ringbruder Walter Gutgesell aus »Deutsche Kraft«. Doch in Manfred Bastubbe kam keine Wiedersehensfreude auf. Er war überzeugt davon, daß nur Gutgesell ihn damals der Gestapo verraten haben konnte. Woher wußte man von seinem Aufenthalt in jenem Café am Anhalter Bahnhof. An einen Zufall glaubte er nicht. Zu zielgerichtet war man auf ihn zugekommen, so als habe man ihn gesucht.

Bastubbe sprach mit dem Leiter des illegalen Widerstandskomitees im Lager, dem Insassen Vernol.

Walter Gutgesell wurde am nächsten Abend auf einer

Bahre in das KZ zurückgetragen. Die Häftlinge hatten seinen Tod inszeniert, ihn mit einem großen Steinbrocken erschlagen und die Tat als Arbeitsunfall kaschiert.

Ende März 1945 wurde das Lager befreit, und auch für Manfred Bastubbe hatte das Martyrium ein Ende. Mit einer jungen Frau, die er im Lager kennengelernt hatte, fuhr er nach Delitzsch. Dort wollte er sich ein neues Leben aufbauen.

Noch ein Ringbruder hatte den Krieg überlebt. Ein junger Mann, der aber bereits früh von sich reden machte – Gerhard Hirschfeld von »Deutschen Kraft«.

Als die Nazis sämtliche Vereine auflösten, unter den Brüdern heilloses Entsetzen herrschte und keiner an die Vereinssymbole dachte, war er es, der einen kühlen Kopf bewahrte. Die Vereinsfahnen waren von der Kripo bereits eingezogen worden. Nur jene von »Immertreu« stand noch mit hängendem Tuch im Vereinslokal.

Kurzerhand knöpfte Hirschfeld die bestickte Fahne von der Stange, faltete sie zusammen, zog sein Hemd aus, wikkelte die Fahne um seinen schmächtigen Leib, knüpfte das Hemd wieder zu und brachte dann das Vereinssymbol in Sicherheit.

Hirschfelds Spezialgebiet waren Gold- und Juwelenbetrug. Doch während des Hitlerregimes war es hochbrisant, sich auf derartige Geschäfte einzulassen. Wenn er erwischt worden wäre, hätte ihm die Todesstrafe gedroht. In Frankfurt an der Oder, wo er bei der Schwester eines Ringbruders Unterschlupf gefunden hatte, versuchte er sich an kleinen Betrügereien mit Medikamenten. Als Manfred Dessau marschierte er ins Städtische Krankenhaus und erzählte dem dortigen Chefarzt, daß er über Polen an eine kleine Ladung Medikamente gekommen sei, die ihm ein Apotheker für Schulden, die beglichen werden mußten, überlassen habe. Der Preis, den »Dessau« nannte, mußte den Chefarzt überzeugt haben. Er kaufte, ohne zu ahnen, daß die Medikamente mit destilliertem Wasser verdünnt waren.

Hirschfelds Gewinn war annehmbar.

Irgendwann aber wurde ihm dann doch der Boden unter den Füßen zu heiß, und im Jahr 1938 wechselte er nach Dresden. Wieder suchte er sich eine Bleibe. Diesmal hatte er keine Kontaktadresse. Es wäre mittlerweile auch zu gefährlich geworden, da die meisten Ringbrüder in Haft waren. Wer noch frei herumlief, so Hirschfeld, dem sollte man mißtrauen.

Er machte sich im Mietshaus, wo er untergekommen war, nützlich, meldete sich dort sogar zum Luftschutzdienst. Ihm war klar, daß diese Uniform sein bester Schutz sein müßte. Denn die SS-Posten kontrollierten die Leute vom Luftschutz nie.

Bald fand er auch Personen, die einem einträglichen Geschäft nicht gerade ablehnend gegenüberstanden. Er konnte Zucker, Reis, Mehl und Konserven »organisieren« und gemeinsam mit zwei Männern vom Luftschutzdienst gewinnbringend weiterverkaufen.

Doch das gut florierende Geschäft muße wieder aufgegeben werden. Zu viele Leute wußten mittlerweile davon, und die Gefahr, daß die Gestapo statt eines Kunden vor der Tür stand, wurde zu groß. Abermals ging Hirschfeld auf die Flucht. Für kurze Zeit hielt er sich in Budapest auf, konnte dort aber nicht Fuß fassen. Er beschloß, nach Berlin zurückzukehren. 1940 kam er in der Reichshauptstadt an. Wovon er in der folgenden Zeit lebte, blieb im Dunkeln. Daß er später einmal eine führende Rolle in der Nachkriegsunterwelt spielen würde, war zu dieser Zeit noch nicht abzusehen.

Während all dieser Zeit hatte Hirschfeld die Fahne des ehrenwerten »Sport- und Geselligkeitsverein Immertreu 1919 e.V.« bei sich. In seinem Zimmer versteckte er sie säuberlich gefaltet unter die Matratze, so daß sie unbeschädigt blieb.

Die Fahne war auch so ziemlich das einzige, was vom alten »Ring« geblieben war.

Muskel-Adolf wurde kurz nach dem 1.1.1934 von der Gestapo abgeholt. Man hörte nie wieder von ihm.

Heinrich Schwenke, Willi Stein, Richard Kaiser, Heinz Backhaus, Franz Becker, das »Stepphuhn«, Schieleheinze Willi Steeg, Bruno Herzlieb von den »Apachen«, Fritz Schmadte von »Königstadt«, der »lahme Karl« und »der Italiener«, sie alle verschwanden in den KZ'.

Falsches Insulin

Manfred Bastubbe hatte sich durchgebissen. Mit manch linkem Trick und einer gehörigen Portion Glück und Chuzpe. Das Berliner Pflaster aber war ihm zu heiß. Er tauchte 1947 in Bochum auf. Dort lebte er als unbescholtener Bürger, hatte sich einen bürgerlichen Beruf als Pharmavertreter gesucht. Viele Möglichkeiten hatte er sowieso nicht mehr. Wer wollte im zerschossenen bitterarmen Nachkriegsdeutschland schon einbrechen gehen?

In seinem Beruf kam er wenigstens viel herum ...

Im Herbst 1948 saß der ehemalige Bruder mit einem feinen Fabrikanten aus Basel am Tisch.

Nicht etwa in einem Café oder Restaurant. Auch nicht in einer der vielen düsteren Nachkriegskneipen, wo die Sunil-Werbung alles versprach und nichts hielt. Gentleman-Einbrecher, der er war, ging er zur Modenschau. Dort saßen die Herren mit den dicken Geldbeuteln. Bastubbes Gegenüber, Engelspacher, ein feiner Herr, erwähnte, nachdem man sich gegenseitig vorsichtig abgeklopft hatte, irgendwann beiläufig beim Cocktail, er brauche etwas Bestimmtes, was nur schwer zu organisieren sei.

»Raus mit der Sprache«, wollte der Bruder wissen, und der Fabrikant erklärte klipp und klar: »Insulin. Ein Kilo für 60 000 Franken.«

Der Ringbruder glaubte, ihm bleibe der Atem weg. Das ist die Chance wieder dick ins Geschäft zu kommen, wird er gedacht haben.

Er nickte, als sei die Besorgung die einfachste Sache der Welt, und ließ sich die Adresse des Baselers geben.

In seiner Wohnung grübelte der Bruder dann. Das Insulin erinnerte ihn an jemanden. Richtig, dieser ehemalige KZ-Insasse, dieser Latzmann, der hatte doch wegen Verstoß gegen das Arzneimittelgesetz gesessen. Und dieser Mensch lebte ganz in der Nähe, in Witten, kurz hinter Dortmund. Die Anschrift hatte er nicht. Aber es gab noch funktionierende Telefone. Nach mehreren Anrufen hatte er den Straßennamen erhalten. Latzmann, den er kurzerhand aufsuchte, war von der Idee angetan. Auch er hatte noch recht gute Beziehungen, allerdings brauche er etwas Zeit, meinte er, eine Woche ungefähr.

Am achten Tag nach diesem Gespräch stand der ehemalige Pharmazeut in Bastubbes Wohnung. »Also schön, ein Kilo, für 50 000 Mark«. Der Bruder wollte wissen, wie sicher das Geschäft sei. »Absolut, in Düsseldorf kann ich es erhalten.«

Die Männer verabredeten sich für den kommenden Samstag. Latzmann möge in Düsseldorf den Termin festlegen.

Am ersten Samstag im November 1948 parkte ein Auto vor einer Villa an der Düsseldorfer Königsallee. Sie gehörte dem Kaufmann Lach, der die beiden Gäste freundlich empfing. Er bat sie ins Haus, goß Wein in Gläser und setzte sich gemütlich in Positur.

»Sie suchen ein Kilo Insulin?« meinte er. »Ich habe eine Kiloflasche mit 22,5 Millionen Einheiten. Und?«

Noch wußte Bastubbe nicht, wie er es bezahlen sollte, aber das Geschäft einleiten, für alle Fälle, darauf legte er Wert. »Was ist der äußerste Preis?« wollte er wissen und beugte sich neugierig vor.

»60 000«

Der Bruder schüttelte den Kopf: »50 000.«

Zäh wurde verhandelt, bis es bei Bastubbes Vorschlag blieb.

»Aber in bar und Zug um Zug«, verlangte Lach.

Nun wirbelte es im Kopf des Ringbruders. Er mußte auf Zeit spielen. »Nur wenn ich eine Probe erhalte.«

Sein Gegenüber dachte nach und meinte endlich: »Einen Moment«. Er stand auf, ging in den Nebenraum und kam etwas später zurück. »Hier«, er bot die ganze Flasche an, »sie ist versiegelt von der Firma Merck in Darmstadt. Wenn wir eine Probe nehmen, muß das ganze Kilo genommen werden.«

Mittlerweile hatte Bastubbe seinen Plan fertig. Er schlug vor, nach Bochum zu fahren, das Geld zu holen und nach Düsseldorf zurückzukommen. Im Beisein eines Anwaltes sollte er die Probe erhalten. Wäre das Insulin in Ordnung, würde er sofort den Rest nehmen. »Einverstanden?«

Die drei Männer stießen an.

Von Bochum aus telefonierte der Bruder nach Basel und informierte den Fabrikanten. Der wollte jedoch erst nach der Prüfung des Stoffs bezahlen und keinen Vorschuß geben.

Das war schlecht. Und nun? Bastubbe grübelte. Ihm fiel nicht ein, wie er an das Geld kommen sollte.

Es sei denn, auf die »linke« Tour. Und darin kannte er sich aus. Schon fand sich ein Plan, verschlagen, riskant, aber eine Möglichkeit. Abermals fuhr er nach Düsseldorf und begab sich in ein Krankenhaus. Nachdem er sich erkundigt hatte, wo die gynäkologische Abteilung lag, ging er zielstrebig dorthin.

Niemand nahm Notiz von ihm. Ein herumstehender Mann war auf der Gynäkologischen keine Seltenheit. Auch Bastubbe wurde von den Schwestern wohl für einen nervösen Vater gehalten, der hier auf seinen Nachwuchs wartete.

Der Bruder hatte Zeit. Endlich sah er, wie der Chefarzt aus seinem Zimmer kam und im Mantel die Klinik verließ.

Etwas später sprach Bastubbe eine Schwester an: »Kann ich den Chefarzt sprechen?«

Der Bruder erfuhr, was er hören wollte: Der Doktor sei zu Tisch und käme erst in zwei Stunden zurück.

Wenige Minuten später huschte der Ringbruder an die Tür des Chefarztes. Aus der Tasche zog er ein Bündel Dietriche und konnte in kurzer Zeit in das Büro eintreten.

Es war alles vorhanden: Telefon, Arztkittel, Briefpapier. Darauf kam es an. Die Premiere konnte laufen.

Ebenso vorsichtig, wie er gekommen war, verließ er das Krankenhaus wieder.

Am folgenden Tag saß er in der Villa und hielt die Flasche Insulin in Händen. Gespannt blickte Lach seinem Gegenüber ins Gesicht. Plötzlich griff der Bruder in seine Tasche, zog einen Ausweis heraus und sagte dem Verblüfften in aller Direktheit: »Sie sehen, ich bin Arzt, hier der Ausweis«. Bevor sich der Überrumpelte erholen konnte, meinte Bastubbe weiter: »Wir gehen jetzt gemeinsam in das Krankenhaus, dort sehen wir weiter. Falls nicht, muß ich die Kripo rufen.« Damit hatte der Villenbesitzer nicht gerechnet, aber ihm blieb kaum eine Wahl, wenn er das Geschäft machen wollte. »Tja, wenn Sie meinen«.

Wieder fiel es nicht auf, als die Männer die gynäkologische Abteilung betraten. Zielstrebig führte der Bruder seinen Geschäftspartner zur Tür des Chefarztes, der wieder zu Tisch war. Er holte unauffällig den Dietrich aus der Tasche und schloß auf, als habe er einen Schlüssel. Im Zimmer griff er nach einem der Arztkittel und zog ihn an. »Bitte, nehmen Sie Platz«, bot er Lach einen Stuhl an. Anschließend griff er das Telefon, wählte eine beliebige Nummer und sagte in die Muschel, der Herr mit dem Insulin wäre gekommen, er schlage vor, die Kripo noch nicht hinzuzuziehen.

Lach saß erschüttert auf seinem Stuhl. So schnell wurde man also Verbrecher? Er, der immer soviel auf seinen Ruf gab, war nun klein und grau.

Der falsche Arzt legte den Hörer auf die Gabel, blickte sein Gegenüber bedächtig an und meinte: »Zwei Möglichkeiten gibt es. Entweder sie tun eine gute Tat und stiften das Insulin unserer Anstalt, oder ich rufe die Kripo.«

Lach schnaufte schwer. All das viele Geld, das er hatte zahlen müssen, um illegal die Flasche zu erhalten, war rausgeworfen. Mit ausgetrocknetem Mund meinte er schließlich wehleidig: »Was soll ich tun? Versichern Sie mir wenigstens, keine Anzeige zu erstatten?«

Großzügig gab Bastubbe sein Wort.

Der Villenbesitzer verabschiedete sich hastig. Das Insulin stand vor dem Bruder auf dem Tisch.

Er wartete eine kleine Weile, dann ging auch er. Mit der Flasche. Am selben Abend noch fuhr er nach Lörrach in der Schweiz. Dort war er mit dem Fabrikanten verabredet. Sie trafen sich in einem Hotel. Bastubbe hatte sich ein Zimmer gemietet. Hier wollten sie das Geschäft abschließen. Engelspacher prüfte Flasche und Siegel, meinte aber, bevor er zahle, wolle er die Echtheit des Insulins in seinem Züricher Labor prüfen lassen.

Bastubbe fuhr ein Schreck in die Glieder. Er hatte für die Fahrt und das Hotel sein letztes Geld ausgegeben. Nun spielte er den Beleidigten. »Wenn Sie mir nicht trauen.«

Der Schweizer zögerte einen Moment. Dann meinte er, gut, er würde eine Anzahlung von 10 000 Mark leisten. Erleichtert stimmte der Bruder zu.

Drei Tage später kam der Fabrikant mit wütendem Gesichtsausdruck zu Bastubbe ins Hotelzimmer gestürzt. »Hier, behalten Sie ihren Dreck, es ist gefälscht!«

Als er Bastubbes verblüfftes Gesicht sah, merkte er, daß der Bruder selber hereingelegt worden war.

Die Flasche sei von unten geschickt angebohrt worden, kam die Erklärung, das kristallene Insulin sei schnödes Salz.

Der Bruder schüttelte fassungslos den Kopf. »Wer das getan hatte, der gehört ins Zuchthaus«, meinte er bestimmend.

Doch der Fabrikant wollte davon nichts wissen, nur den Vorschuß hätte er gerne zurück.

Das ginge nicht, meinte Bastubbe, das Geld habe er bereits weitergegeben, an Lach, als Anzahlung für die Flasche. Dann kam ihm ein guter Gedanke: »Ich werde mich selbst anzeigen«, denn, so der Bruder, nur so könne er beweisen, daß er betrogen worden sei. Doch der Schweizer wollte keine Polizei. »Tragen wir den Schaden halbe-halbe«, meinte er schmerzlich lächelnd. Etwas später verabschiedete sich der Fabrikant, und Bastubbe blieb alleine im Zimmer. Er konnte kaum fassen, daß er selber der Betrogene war.

In der Tasche seines Mantels steckte die Flasche.

Er fuhr zurück nach Bochum. Wäre gelacht, wenn ich nicht doch einen Gewinn damit machen könnte, dachte er.

Vierzehn Tage später bekam er eine zweite Chance. Wieder verkaufte er das »Insulin«. Doch diesmal ging es schief, die Flasche war für immer verloren.

Nun hatte er wieder Lust an »Geschäften« bekommen, Lust am »schnellen Geld«.

Phönix aus der Asche

Lust auf Geschäfte hatte auch die Herren, die 1952 zusammentrafen. Sie alle hatten sich im Laufe der Zeit zufällig oder gezielt wiedergefunden.

Wortführer der Männer, die in einem Lokal in der Kreuzberger Glogauer Straße saßen, war Alfred »Papa« Füllert aus dem ehemaligem Verein »Deutsche Kraft«. Neben ihm, selbstzufrieden lächelnd, hatte Gerhard Hirschfeld Platz genommen. Ihm war es tatsächlich gelungen, die reich bestickte Fahne von »Immertreu« über sämtliche Kriegs- und Nachkriegsjahre zu retten. Jetzt lag sie bei ihm zu Hause, zusammengefaltet in einem Schubfach. Daß er eine bedeutende Rolle in diesem Männerkreis spielte, konnte man an seinem smarten Lächeln erkennen. Der ehemalige Vorsitzende eines Braunschweiger Ringvereins, »Töter-Hannes«, hockte grübelnd vor seinem Bier, während sein Nachbar Erich Weinert mit ihm ein Gespräch suchte. Elegant wie meistens drehte Walter Skarbet an seiner Zigarette und lauschte aufmerksam den neuesten Nachrichten aus der Welt der Smaragde und Rubine, die »Brillanten-Willi« von sich gab. Beide verband gemeinsames Interesse an Goldgeschäften, die Skarbet in seiner Wohnung am Ku-Damm abwickelte, an heißer oder geschmuggelter Ware. Auch Fachaszinsky war anwesend, der alte Bruder aus der »Deutschen Kraft«. Im Krieg hatte er zwar beide Beine verloren und konnte nur im Rollstuhl erscheinen, aber sein inneres Feuer hatte er sich bewahrt, darum war auch er eingeladen worden.

Mit am großen Tisch saßen Reiner Pluher und Reiner Klore, beide waren schon ältere Männer, die früher im »Ring« gewesen waren. Rummler besaß eine große, kräftige Statur. Die mußte er auch haben, weil er als Rausschmeißer am Alexanderplatz in den 20er Jahren gearbeitet hatte. Noch ein Zwei-Zentner-Mann saß in der Runde, Fritze Liesen aus »Immertreu«, einer der wenigen Überlebenden. Früher, ja, da hatte er sich drei bis vier Schupos gleichzeitig vorgeknöpft, so daß die Beamten den rotschopfigen Hirten immer mit Respekt behandelt hatten. Aber die Zeit war dahin, was blieb, war ein Bandscheibenvorfall und Müdigkeit in den Augen. Und noch einer aus der alten Garde war anwesend, Erik Wiese, auch ein Zwei-Zentner-Hühne aus »Deutsche Kraft«.

Aber auch jüngere Leute waren da, Erich Kiefert, der bei dem inzwischen verstorbenen Ringbruder Hohlebach von »Immertreu« aufgewachsen war, und ein junger Mann namens Pfitzmann, der Neffe des bekannten Schauspielers.

191

Die Mehrzahl der Anwesenden bestand aus Dieben, Schränkern und Einbrechern. Zuhälter gab es auch unter ihnen, aber sie bildeten die Minderheit.

Alle hatten nur ein Ziel im Kopf: Den alten »Ring« wieder neu zu beleben.

Aber so einfach ging es nicht. Das Reichsverwaltungsgericht hatte seinerzeit den Begriff »Ring« untersagt, er durfte nicht mehr verwendet werden, zumal die neue Bundesrepublik dieses Urteil übernommen hatte.

Die Sitzung dauerte lange. Es wurde viel geredet, noch mehr gebechert. Endlich war man wieder brüderlich unter sich. Am Ende der Versammlung stand fest, daß im Westteil Berlins zwei neue Vereine ins Leben gerufen würden, denn da die Interessen und die Arbeitsweisen der Zuhälter sich von denen der anderen doch in vielem unterschieden, hatte man sich letztlich auf die Gründung zweier Vereine geeinigt.

Man wählte schlichte Namen, um nicht aufzufallen.

Selbstverständlich wurden fast sämtliche Statuten des »Rings« mit all seinen Ansprüchen und Hilfeleistungen übernommen. Sie wollten nichts Neues gründen, sondern den »Ring« weiterleben lassen, um bald wieder die Geschäfte der Stadt kontrollieren zu können. Offiziell gaben sie sich als »Sparverein« aus, das war in dieser Nachkriegszeit nichts auffallendes. Sparen mußte jeder, und gemeinsam ging es besser.

»Papa Füllert« wurde Ehrenvorsitzender und Gerhard Hirschfeld in den Vorstand bestimmt. Auch die Reviere der beiden Vereine »Süd-Ost« und »Süd-West« wurden festgelegt. Wie die Vereinsnamen ausdrückten, so kontrollierte »Süd-West« den westlichen Teil Kreuzbergs und »Süd-Ost« den östlichen Teil um den Schlesischen Bahnhof herum.

Zum Verkehrslokal wurde *Evelyns-Bar* in der Reichenberger Straße bestimmt. Die Kneipe gehörte dem Bruder Emil Notschke.

Oktober 1952 war dann der gesamte Schriftwechsel zwischen Notar, Amtsgericht und Gründungsmitgliedern beendet, und die Vereine gehörten jetzt zum Bestand der Stadt Berlin-West.

Die Geschäfte liefen, aus heutiger Sicht betrachtet, eher

mager. Noch war das Land im Aufbau. Aber es gab Bedarf. Nach Alkohol zum Beispiel. Einer der Brüder, Gerhard Hirschfeld, schaffte es, in Ostdeutschland ein Geschäft abzuschließen, daß ihn bald zum reichen Mann machen sollte. Eine komplette Wagenladung »Sprit«, Schnaps, konnte er günstig abkupfern, abkaufen und im Westteil zu günstigen Preisen an befreundete Einzelhändler verkaufen. Hirschfeld geriet schnell ins Blickfeld der Kripo. Sie hatte natürlich erfahren, daß plötzlich billiger Schnaps den Markt überschwemmte. Doch der ehemalige »Fahnenträger« bekam vor Gericht einen Freispruch. Nun konnte er den Gewinn offiziell »verbraten«, und das wollte er klug machen. Hirschfeld traf sich mit Erich Kiefert und bat um Lösung eines Problems. Er brauche Geld, es sei eine bombensichere Investition, er wolle unbedingt eine Kneipe eröffnen.

Kiefert, der schon dadurch Respekt vor Hirschfeld hatte, weil er die Immertreufahne dem Verein »Süd-Ost« übergeben hatte, machte einen Gegenvorschlag. Er werde seinen Kneipiersladen in der Weddinger Müllerstraße dem Bruder überlassen, wenn dieser im Gegenzug eine Stange Geld herüberrücke. Die beiden wurden handelseinig. Aber Hirschfeld war nicht der Mann, der mit Geld umgehen konnte. Als er Anfang der 50er Jahre von einer Reise in die USA zurückkehrte, waren seine Geschäfte zu Hause inzwischen so miserabel gelaufen, daß er pleite war. Hirschfeld stieg also wieder ins Goldgeschäft ein, und das mit Erfolg. Bald nannte man ihn in den einschlägigen Kreisen den »Millionär vom Ku-Damm«. Im Jahr 1956 erfüllte er sich einen alten Traum: Mit dem Besitzer einer großen Vergnügungsstätte pflegte er freundschaftliche Kontakte. Er war öfter Gast im Show-Laden am Kurfürstendamm. Eines Tages äußerte er einen ungewöhnlichen Wunsch. Er bestellte 150 Flaschen Sekt, ging in die Wohnung des Besitzers, goß den Flascheninhalt in die Wanne, zog sich aus und legte sich in den Sekt. Einmal nur in Sekt baden, Ausdruck von Reichtum und Sorglosigkeit, wird Hirschfeld gedacht haben.

Im gleichen Jahr 1956, es war Oktober, feierte »Süd-Ost« sein Stiftungsfest. Mittlerweile hatte der Verein seine eigene Fahne. Mehrere hundert Personen waren gekommen. Auch die Stiftungsfahne von »Immertreu« hing gut sichtbar im Raum. Zwischenzeitlich hatten die Brüder wieder Kontakte zu Politikern aufgegriffen, neue gewonnen und gepflegt. Ein Erinnerungsfoto wollte man haben, in großer Runde sozusagen. Hirschfeld nahm den SPD-Bezirksbürgermeister Willi Kressmann, den »Texas-Willi«, an der Hand, und so wurden beide unter dem Banner fotografiert. Das Bild erschien in der *Morgenpost*, und das wiederum war Kressmann nicht angenehm. »All [die] oben wußten ja, daß der Verein nicht der war, der er sein sollte« bestätigt Kiefert im Interview.

In den 20er Jahren trieb man sich gern in fragwürdigen Kaschemmen herum. »Man«, das waren die Ehrenmitglieder, oft Leute der besseren Gesellschaft. »Da war so ein Lokal am Kottbusser Tor, Heideröschen, da verkehrte der Gründgens, der ist immer mit nem hellgrauen Anzug und roter Krawatte mit Punkten geloofen.« Aus Aushebungsberichten der Kripo kennt man viele Namen von gut bürgerlichen Offizieren, Bankiers und Abgeordneten, die sich gerne bei den Brüdern aufhielten. Ob Zörrgiebel, Hahn, König, Grünspahn oder Müller, man schmückte sich mit Ganoven.

Auch nach dem 2. Weltkrieg, als sich im Westteil Berlins abermals neue Vereine gründeten, die den Glanz und die Glorie der Brüderschaft weiterleben lassen wollten, gab es dort Ehrenmitglieder.

Da war ein bekannter Kriminalkommissar, der heute noch im Dienst sein könnte. Aber auch ein erfolgreicher Geschäftsmann, dessen Haus am Kurfürstendamm Ecke Lewishamstraße stand, war dort gern gesehen.

Nur selten sind solche Mitgliedschaften dokumentiert wie im Fall Willi Kressmann, genannt »Texas-Willi«, der auf einem Foto Hand in Hand mit dem Vorsitzenden von »Süd-Ost«, Gerhard Hirschfeld, zu sehen ist.

Im Jahre 1956 mußten »Süd-Ost« und »Süd-West« erstmals wieder energisch gegen Konkurrenten durchgreifen.

Genau wie früher hatte man es mal wieder mit einem »Rattenvereine« zu tun. Es waren die »Naunynficker« aus der Naunynstraße, wo sich ihr Lokal befand. »Des war ein wilder Verein und da ham zwee Brüder des Ding aufgezogen«, erinnert sich Kiefert, »da warn auch 30 oder 40 Mann drin, alles natürlich Rabauken, unbedingte Rabauken, Schläger und so. Und da sind wir reingegangen.« Und sie haben den Laden gründlich aufgeräumt. Denn die Rabauken verhielten sich nicht eines Bruders würdig, sie prügelten sich mit Gästen und verhielten sich herrisch. Nach der Sitzung der »Naunynficker«, als die meisten das Lokal verließen, lauerten ihnen am Reichenberger Eck die Ringbrüder auf und schlugen sie zusammen. Das war das Ende der Nauninyclique.

Dieser Vorfall rief natürlich die Polizei auf den Plan. Die alten Kripobeamten wie Gennat, Trettin und Weiß waren längst nicht mehr im Dienst. Eine neue Generation sorgte für Ordnung in der Stadt. Sie hatte keinen Respekt vor den Brüdern, und angesichts der Brutalität des Zweiten Weltkrieges und der blutigen Nachkriegsverbrechen konnte ein »Bruder« keinen Eindruck mehr schinden.

Die Polizei stürmte nach der Massenprügelei das Vereinslokal von »Süd-Ost« in der Glogauer Straße, und sämtliche anwesenden Brüder wurden nach Waffen durchsucht. Die Ausbeute aber war mehr als mager. Einen einzigen Schlagring, zwei Stiletts, die eher als Taschenmesser zu bezeichnen waren, wurden gefunden.

»Das war 'ne erbärmliche Ausbeute«, freut sich Kiefert noch heute.

Die Apachen von »Süd-West« beteiligten sich weniger an solchen Aktionen. Mittlerweile hatte sich die Struktur der Zuhälter verändert. Während in den 20er Jahren ein Apache zumindest noch weitere Geschäfte machte, lebten die Zuhälter nun endgültig von den Mädels und kümmerten sich wenig um die Angelegenheiten der anderen Brüder.

Gemeinsam war allerdings beiden Vereinen, daß sie das »edle« Verhalten, das auf der »Ganovenehre« beruhte, und von dem man zumindest zu Beginn des Jahrhunderts immer wieder redete, verloren hatten. Es ging nur noch um Macht, um den Aufbau einer kriminellen Vereinigung.

Inzwischen sammelte ein Sonderkommando der Kripo all die Beschwerden der Bevölkerung über das Verhalten der Vereinsmitglieder. Laufend wurde über »Rausschmiß«, »Keilerei und Körperverletzung« geklagt. Die neue Generation der Brüder hatte mit Maßstäben wie »Respekt der Bevölke-

rung gegenüber« nicht viel am Hut. Die ehemaligen Ringbrüder wie Papa Füllert, Kiefert, Hirschfeld störte das, aber
verändern konnten sie auch nichts.

So wurde im Jahr 1958 der letzte Schlag gegen den ur-
sprünglichen »Reichsverein ehemaliger Strafgefangener«
geführt. Beide Vereine, »Süd-Ost« und »Süd-West«, wurden
gleichzeitig verboten, die Lokale gestürmt, die Männer in
Haft genommen.

Die Anklageliste reichte von Diebstahl über schwere Körperverletzung bis zum Landfriedensbruch.

Hirschfeld, Höhne, Kiefert und neun weitere Brüder blieben in Haft. Der Prozeß dauerte 32 Tage. Die Angeklagten
wurden im Landgericht Moabit »wie eine Horde vorgeführt«, so Kiefert. Alle waren »die erste Zeit in Ketten«.

Erich Kiefert bekam wegen Landesfriedensbruchs einmal
16 und einmal vier Monate Haft auf Bewährung.

Das Vereinsvermögen wurde eingezogen. Die alte Stan-
darte »Immertreu« kam in das Kriminalmuseum, ebenso einige Vereinsnadeln und Mitgliedsbücher.

Der »Ring« hatte endgültig ausgespielt.

Ob er es bedauert, unser Bruder Kiefert?

»Ja, wir waren Brüder«, meint er wehmütig, »echte Brü-
der«. Bei der Beerdigung eines Ringbruders im Jahre 1987 in
Berlin waren immerhin noch über 100 Trauergäste und ein
Posaunist anwesend – heute leben lediglich noch vier Brü-
der in der Stadt. Der letzte wird wohl ohne Begleitung zu
Grabe getragen werden ...

Wer dachte, nun, da in Berlin der »Ring« geplatzt war, sei
somit Friede eingekehrt, sah sich bald im Irrtum.

Anfang der 60er Jahre bis zum Ende der 70er hielt die
»Baby-Strich-Connection« die Fäden in der Hand. Die dort
beteiligten Zuhälter hatten sich dem Zeitgeist angepaßt. Der
deutsche Mann brauchte junges Blut, kleine Mädchen waren der Renner. Sie standen in der Straße des 17. Juni,
ihre Aufpasser saßen in der Nähe im Wagen. Der Auto-Strich
florierte blendend. Zur gleichen Zeit gelangten die Brüder Klaus und Manne Speer zu fragwürdiger Berühmtheit. Die Zuhälter waren dick im Geschäft. Ihre Mädchen
liefen rund um den Kurfürstendamm, und dort hielt sich

die Speer-Bande meistens auf. Doch Deutschland besaß mittlerweile Gastarbeiter. Darunter fanden sich auch Zuhälter aller Nationen, zwar nur in geringer Zahl, aber sie waren hier. Die Perser wollten sich mit einer Nebenrolle nicht zufrieden geben, immer wieder kam es zu Schlägereien zwischen der »Gang« und den Persern, bis eines Tages der Entschluß gefaßt wurde, endgültig »aufzuräumen«: In der Bleibtreustraße kam es 1962 zu einer wüsten Schießerei, bei der zum Glück kein Unbeteiligter getroffen wurde. Man schoß aus Maschinenpistolen und Handfeuerwaffen, was die Rohre hergaben. Ein Perser wurde getötet. Die Brüder Speer kamen in Haft, wo sie weiterhin »wie die Könige« der Unterwelt die Knastgeschäfte in die feinen Finger nahmen.

Nach der Haftentlassung kam Manne Speer bei einem Unfall ums Leben, und Klaus machte erst mal weiter. In den 70er Jahren saß er wieder in Tegel und stand in der Knasthierarchie ganz oben. Nach seiner Entlassung wandelte er sich unvermittelt vom »Bösen« zum »Guten«. Klaus Speer wurde ein durch Gefängnis geläuterter, steuerzahlender braver Bürger und ebenso braver Geschäftsmann. Er legte sein ehemaliges »Zuhälterverhalten« ab wie einen Wintermantel und sitzt derzeit erneut in Untersuchungshaft und ist empört, daß die Staatsanwaltschaft überzeugt ist, er sei ein »Pate« von Berlin.

Denn, was ist ein Zuhälter? Ein Schmarotzer, der durch Brutalität gegenüber den Mädchen seinen Lebensstandard erhöht. Und es fragt sich, ob man diese Lebensform je ablegen kann. Ob sie »Pistolen-Manne«, »Opel-Fred«, »Wiener-Fred« oder »Zicke« heißen, immer haben sie ein eigenes Statussymbol. Seit Zerschlagung der beiden letzten Vereine wurden es die Rolex-Uhr, schwere Goldgliederketten und ein Bündel Banknoten in der Tasche. Weil immer cash bezahlt wird. Nach dem Zweiten Weltkrieg lag das »Rotlichtviertel«, Westberlins in der Augsburger Straße, unweit vom *Nürnberger Trichter*. Später rückte es zum Stuttgarter Platz wo jetzt der »Zocker-König von Stutti« residiert.

Ein Zuhälter prügelt niemals fair. In der Regel werden abgeschlagene Flaschenhälse, Knüppel und schwere Ringe eingesetzt. Tiefschläge sind das A und O des »tüchtigen« Loddels. Er muß den Gegner gleich mit den ersten Schlägen fertigmachen, damit dieser nicht zurückschlagen kann.

In den Anfängen der 80er Jahre gab es Spitzen-Bordelle wie die »Villa Rubens«, ein sehr mondäner Club, dessen Spezialität die »Thai-Bräute« waren. Und immer wird dem Freier durch die Mädels das Klischee vermittelt, daß die Arbeit Spaß und Lebenslust vermittelt.

Es gab noch einige Größen wie H. Helmcke, ein Freund von Al Capone, wie er behauptete. Er wurde in den 70er Jahren von zwei Hamburger »Eierdieben«, Kleinganoven, entführt und ermordet. Die Jungs bildeten die Vorhut für die »Nutella-Gang«, Hamburger Nachwuchsganoven, die in ihrer Stadt keinen Fuß auf den Boden bekamen. Sie blieben nur kurze Zeit in Berlin, bis sie von den hiesigen Zuhältern wieder vertrieben worden waren.

Nicht nur in Berlin, auch in Westdeutschland versuchten sich einige Gruppen. Anfang der 60er Jahre machte der »Millionen-Club« in Frankfurt am Main von sich reden. Die über 60 Mann starke Vereinigung ging Wettbetrügereien, Geschäftsbetrügereien, Devisenschmuggel und Einbrüchen nach, dazu kam Schutzgelderpressung. Mitglieder der Bande wie Erwin Trams, Hugo Rehse und Herbert Sperling kamen in Haft. Bei der Verfolgung des »größten Nachkriegssyndikats Westdeutschlands«, wie die Kripo Frankfurt am Main es nannte, wurde festgestellt, daß die Bande zum großen Teil aus ehemaligen Ringbrüdern bestand. Sie hatten nicht wie in Westberlin einen Verein gegründet und sich somit auch nicht mehr den »Werten und Maßstäben« des »Ringes« unterworfen.

Was folgte, waren brutale Ganoven. Statt des Schweißgerätes griffen sie zur Waffe, statt des Dietrichs nahmen sie die Geisel. Nur einer blieb sich treu: Manfred Bastubbe.

Am 3. Juni 1952 schlug in Mühlheim seine Stunde. Elegant gekleidet in Anzug und Krawatte, die Dietriche in der Tasche, brach er in einer Wohnung ein. Doch er war beobachtet worden. Der Nachbar holte die Polizei.

Bastubbe konnte flüchten, zog dabei eine Schreckschußpistole, schüchterte die Verfolger ein und versteckte sich auf einem Dachboden. Das Haus wurde umstellt. Die Polizei fand einen müden, erschöpften alten Mann. Am 17. September 1952 wurde er nach Berlin »verschubt« und im April 1953 für 31 Straftaten angeklagt. In der Hauptverhandlung beantragte die Staatsanwaltschaft acht Jahre Zuchthaus, zehn Jahre Ehrverlust und anschließende Sicherungsverwahrung, ein Relikt aus der Nazizeit vom 24. November 1933, das am 1. 1. 34 in Kraft trat und heute noch immer Gültigkeit besitzt. Das Gericht verurteilte ihn zu sechs Jahren Zuchthaus und zehn Jahren Ehrverlust. Die Untersuchungshaft wurde angerechnet. In der Urteilsbegründung heißt es:

»Man kann ihn, der stets elegant, großzügig und nie gewalttätig war, als Gentleman unter den Einbrechern bezeichnen. Daher hat Bastubbe noch einmal eine Chance erhalten.«

Als das »Zellengefängnis« in Berlin 1956 aufgelöst wurde, verlor sich seine Spur trotz intensivsten Suchens.

Nachwort

Die Wohnungstür stand einen Spalt offen. Meine Zimmer: durchwühlt. Eine Kontrolle ergab, daß sämtliche Toncassetten durcheinander lagen, aber nur vier gestohlen worden waren. Nämlich die Interviews mit den überlebenden Ringbrüdern. Pech für die Einbrecher: Ich hatte Kopien gezogen. Kein Wunder, daß die Bänder fehlten. Auf ihnen war von nicht aufgeklärten Straftaten die Rede, auch die Namen von bestochenen Kripobeamten, von denen zwei noch im Dienst sein sollten, waren genannt sowie die Namen noch lebender Ehrenmitglieder.

Spätestens als ich dem »Zockerkönig von Stutti« gegenüber gesessen hatte, hätte ich mit solch einer Reaktion rechnen müssen. Auf meiner Suche nach Manfred Bastubbe traf ich den »Zockerkönig«. Diesen wiederum lernte ich durch Manfred M. kennen, einen Zuhälter. Dessen Vater war Ringmitglied bei »Süd-Ost« gewesen. Als ich Manfred in seiner Gaststätte aufsuchte, war er nicht anwesend. Nur eine Frau hinter der Theke.

»Woher kennen Sie Manfred, wer sind Sie, was wollen Sie von mir?« Meine Erklärung überzeugte die Geschäftsführerin, daß ich nicht von der Kripo sei. Manfred kannte ich seit Jahren. Über ihn habe ich nicht nur viele Zuhälter kennengelernt, Typen, die mit Brachialgewalt die Mädchen »bestrafen«, sondern auch Hinweise für meine Recherchen erhalten.

Auf meiner Suche nach eventuell überlebenden Ringbrüdern mußte ich ins Milieu, und mit der Zeit wußte ich, welche Bar überfallen und »aufgeräumt«, oder welche Mädchen verkauft werden sollten. Der »Zockerkönig« wußte allerdings nichts von Bastubbe. Der Ringbruder war 1958 aus der Haft entlassen worden, danach verlor sich seine Spur. Ich versuchte es über einen befreundeten Kripobeamten, per Computer, über das Einwohnermeldeamt, Telefonbücher, Justizverwaltung, Gefängnisleitung. Bastubbes Spur blieb im dunkeln. Dafür fand ich die letzten vier Ringbrüder, uralte Männer, die sich heute noch treffen und sich dem alten »heiligen Eid« verpflichtet fühlen. Bis es allerdings zu den Interviews kam, verging ein halbes Jahr mit Besuchen. Immer brachte ich eine Flasche Wein mit und erzählte von meinem Projekt, bis ich ihr Vertrauen hatte.

Neben diesen »Recherchen am Objekt« saß ich tagelang im Landesarchiv über zerfledderten, brüchigen Akten, stöberte bei der Generalstaatsanwaltschaft und schaute mich im Kriminalmuseum um.

Einmal saß ich auf einem Dachboden in der JVA Tegel und las, sozusagen mit angehaltenem Atem, Prozeßakten aus der Zeit der Jahrhundertwende.

Am Ende war oft der Hinrichtungstermin zu lesen. Die Geschichte des zum Tode verurteilten Gattenmörders, der in letzter Sekunde durch »seine Majestät, Kaiser Wilhelm«, zu »Lebenslänglich« begnadigt wurde und der seine Qual, das Warten auf den Henker und seine Todesangst in der Akte schildern konnte, beeindruckte mich am meisten. Sie spukt mir heute noch im Kopf herum.

Je mehr ich mich mit meinem Thema beschäftigte, desto mehr erfuhr ich über die »Goldenen Zwanziger«, über jüdische Kultur in Berlin und den hungrigen Blick der Hoffnungslosen. Golden waren die Zeiten nur für jene, die das nötige Geld hatten. Die anderen litten unter bitterer Armut. Gewalt und Kriminalität waren für viele die einzige Überlebenschance. An sie soll dies Buch erinnern.

P. F.

Anhang

Abschrift.

Herrn K ö h l e r , Amtsgerichtsdirektor,

Amtsgericht Lichtenberg,

am Wagnerplatz.

Sehr geehrter Herr Direktor,

wir möchten sie nur kurz darauf aufmerksam machen, Unserh
Vereinsbruder Z e l l e der bei ihnen mit Kripehne zusammen
eine kleine Sache hat nicht etwa weil sie sich einbilden Bruder
Zelle miemt, und ihr wirklich nicht glaubt bei ihn kommt § 51
in Frage. Herrschaften das eine <u>schwören</u> wir euch gesteht ihr
euch ein <u>Schandurteil</u> zu fällen. Som kommen wir aber angerückt
da kannst du feiger Kerl das ganze Polizeiamt Lichtenberg in
Bewegung setzen. Wir erwarten alle einen <u>Freispruch</u> und zwar
aus Mangel an Beweisen und bei Zelle auf § 51. So wie wir erfahren das sie zusammen mit Onkel Augustin ein Schandurteil
gefällt haben so rücken wir euch ganz gehörig auf den Leib.
Ihr habt doch gelesen in der Breslauerstrasse, wie tüchtig
unsere Vereine sind.

J.A.F.O.

r Amtsgerichtsdireketor   Bln.-Lichtenberg, 4. Januar 1929.
1. Gen. XV.20/2.11.

<u>Urschriftlich</u> mit 1 Karte
                an die Kriminalpolizei des Pol.Amts
                                    Lichtenberg.

Es handelt sich um die Strafsache gegen Zelle, geb.23.7.
99 z.Berlin, z.Zt. in Unters. Haft, und Karl Krippaehne, geb.
4.6.98 zu Berlin, wegen Einbruchsdiebstahls, welche bei der
Staatsahwaltschaft III unter F.1 J.1079/28 schwebt. Ob Zelle
dem Verein "Immertreu" angehört, ist nicht bekannt.

Wir bitten die anl. Karte zunächst der Kriminalinspektion,
welche den Fall in der Breslauerstrasse bearbeitet, zuzuleiten,

Abschrift eines Drohbriefes von »Muskel-Adolf«, Adolf Leib, an das
Amtsgericht Lichtenberg

Verhandelt

Berlin. C.25 , den 31.12. 192 8.

Auf Vorladung Vorgeführt erscheint Adolf Leib

und sagt, mit dem Gegenstande

der Vernehmung bekannt gemacht und zur Wahrheit ermahnt, aus:

Zur Person.

Ich heiße (Vorname — Rufname zu unterstreichen — und Familienname sowie etwaiger Beiname,

bei Frauen auch der Geburtsname) Adolf, Gustav, August Leib

, bin am 12.1.1900

zu Berlin , Gemeinde

Kreis dto. , Landgerichtsbezirk

Staat Pr. geboren, wohne (Wohnort, Straße, Nr., Kreis, Staat)

Berlin, Cöpenickerstr.8o als Mieter bei Granzow

bin ortsangehörig in Berlin

Kreis dto.

besitze die Staatsangehörigkeit als Pr.

(für Ausländer [Nichtdeutsche] Heimatstaat), bin ev.

Religion (Beantwortung freiwillig), bin ledig, verheiratet, verwitwet, geschieden gewesen mit

(das Unzutreffende ist zu durchstreichen), Tag der Eheschließung —

Mein Vater (Vor- und Familienname) heißt, hieß Heinrich Leib, Stallmacher,
Wohnung unbekannt.

Meine Mutter (Vor- und Geburtsname) heißt, hieß Wilhelmine Leib geb. Bordasch,
Andreasstr.20 wohnheft

Ich habe — Kinder im Alter von —

ernähre mich (Stand, Beruf, Erwerbs- oder Nahrungszweig sowie Arbeits-, Dienst- oder Militärverhältnis —
die Art des Hauptberufs, der Haupterwerbstätigkeit oder Hauptbeschäftigung oder des Haupteinkommens oder
Hauptnahrungsquelle ist genau anzugeben, sofern durch die Angabe das Arbeits- oder Dienstverhältnis
im Berufe nicht schon bezeichnet wird, unter Hinzufügung dieses Verhältnisses, ob nämlich Inhaber, Hand-

Vordruck Nr. 801.

Vernehmungsprotokoll von »Muskel-Adolf«, Adolf Leib

werkmeister, Geschäftsleiter oder Gehilfe, Geselle, Lehrling, Fabrikarbeiter, Handlungsgehilfe Verkäuferin usw.)

Geschäftsführer

(Für Minderjährige ohne eigenen Beruf:
Beruf der Eltern)　　　　　　　　　　　　　－

(Für Ehefrauen ohne eigenen Beruf: Beruf des Mannes)　　　－

lebe... in geordneten　　　　　　　　　　　Vermögensverhältnissen (insbesondere

Grundbesitz　－

bin versorgungsberechtigt　－

(Ist der Beschuldigte auf Grund des Reichsversorgungsgesetzes vom 12. 5. 1920 [R. G. Bl. S. 989] als

versorgungsberechtigt anerkannt?

Hat er den Beamtenschein erhalten? Von welcher Behörde ist der Beamtenschein oder der Rentenbescheid

erteilt: Hat der Beschuldigte einen Rentenantrag gestellt? Von welcher Behörde?)

Die Erlaubnis zum Führen von Kraftfahrzeugen besitze ich　－

Einen Wandergewerbeschein besitze ich　－

Bestraft bin ich (siehe Abs. 2 der Verfügung des Ministeriums des Innern vom 17. 1. 1922 — II D. 4185 —)

~~Siehe Personalakten.~~

Meine Personalakten.

Blattsammlung.

1926 ~~wegen Raub~~ freigesprochen. H. A.

277·602/16 **Zur Sache:**

Um auf den Vorgang vom 29.12.29 in der Breslauerstraße zu

kommen, möchte ich zunächst die Vorgeschichte erzählen.

Ich war mit mehreren Kollegen zur Beerdigung des verstorbenen

Vereinsbruders Herzog in Wilhelmsberg b/Hohenschönhausen. An der

Beerdigung haben es 300 Personen teilgenommen. Von der Beerdigung

gingen wir geschlossen zur Gastwirtschaft von Schulz. Ich selbst

willfahrte also der Bitte, weil mir nachgesagt wird, daß ich
infolge meiner Bekanntschaft mehr ausübe, sodaß die ganze Angelegenheit in Ruhe erledigt werden konnte, als wenn zu viel
Köpfe dabei gewesen wären. Wir gingen zu Fuß in unserer Kleidung, wie wir von der Beerdigung gekommen waren, also im Smoking
und Zylinder in das Lokal von Naubur, wo ich in meinem Leben
noch niemals eingekehrt bin. Es wurde zunächst eine
Lage Bier bestellt. Ich trank mein Glas an, als auch schon der
Wirt vom Klosterkeller auf einen der Zimmerleute hinwies und
meinte: "Da steht er ja gerade." Ein zweites Glas Bier habe
ich nicht getrunken; es mag trotzdem sein, daß eine zweite Lage
bestellt war. Auf den Hinweis des Wirts vom Klosterkeller wollte ich an den Zimmermann herangehen, der aber von seinen Kollegen in den Hintergrundegeschoben wurde. Im höflichen Tone
sagte ich zu dem Zimmergesellen, er solle doch mal mit auf die
Straße kommen, er hätte gestern einen zerstochen, wir wollen
die Sache draußen regeln. Ich folgte dem immer mehr zurückge-
henden Zimmermann, der sich schließlich unter den Weihnachtsbaum setzte. Er stand dann auch schließlich zitternd auf und
kam ziemlich bis zum Eingang mit und zwar Ausgang Breslauerstraße. Ich bin allein mit dem Klosterkellerwirt bis zum Zimmermann herangegangen, während meine Kollegen an der Tür stehen
blieben. Als wir zu dritt schon in der Nähe der Tür waren, fingen die Zimmerleute an, auf meine Vereinsbrüder einzuschlagen.
Gleichzeitig bekam auch ich einige Hiebe auf den Rücken, von
denen ich aber nicht viel spürte. Ich konnte den Mann nicht
mehr festhalten. Im Handumdrehen waren wir auf die Straße gedrängt. Auf der Straße schlugen sie auf uns ein mit Stühlen
und Gläsern, die sie aus dem Lokal herausbrachten. Einer von
meinen Vereinsbrüdern, Bruno Pietschak, Königsbergerstraße
wohnhaft, wurde von einem Bierseidel an den Kopf getroffen und

208

Absohrift.

I m   N a m e n   d e s   V o l k e s !
===

In der Strafsache

gegen den

Kriminalpolizeirat Heinrioh. S o h l o s s e r , wohnhaft
in Berlin- Wilmersdorf, Fasanenstrasse 64, zur Zeit in
dieser Sache im Untersuohurgshaft im Untersuchungsgefängnis Berlin-Moabit, geboren am 20. April 1878 in
Sohwaan (Mecklenburg)

wegen

passiver Bestechung und Begünstigung im Amte,
hat die 19. grosse Strafkammer des Landgerichts in
Berlin auf Grund der Verhandlungenvom 30. Januar ,
1. und 3. Februar 1934 in der Sitzung vom 3. Februar
1934, an der teilgenommen haben:

Landgerichtsdirektor Dr. B ö h m e r t
als Vorsitzender,

Landgerichtsrat G e i s m e r ,

Landgerichtsrat Dr. A r n o l d
als beisitzende Fichter,

Lehrer P a u l i ,

Geschäftsmann R o g g a t z
als Schöffen,

Gerichtsassessor Dr. H u f
als Beamter der Staatsanwaltschaft,

Referendar T a e n z l e r , am 30.Januar, 1. und
3. Februar 1934
Justizangestellter R e p k e , am 1. Februar 1934 ,
Justizan   S h l g r e r am 3. Febr   1934
er d   le,

Korruption bei der Polizei
Urteil gegen KPR Schlosser wegen passiver Bestechung, 1933

Dr. Weiss war.

Der Angeklagte hat nach seinem Ausscheiden aus dem Spielerdezernat seinen Nachfolger G r e i n e r noch in die Arbeit eingeführt. Alsbald nach der Dezernatsübernahme setzten wiederholte Kontrollen in dem Allgemeinen Deutschen Sportverein ein, die zuerst wohl mehr informatorischen Charakter hatten und kein positives Ergebnis zeitigten, jedenfalls aber ihren zunächst beabsichtigten Zweck der Beunruhigung erreichten. Es wurde jedenfalls die Alarmklingelanlage, die sich im Vestibül befand, erweitert. Auch wurde an der Tür ein Page postiert. Auch diese Kontrollen waren zum Teil vorher bekannt geworden. Die Kontrollen ließen nach einiger Zeit wieder nach. Dies hatte seinen Grund darin, daß im Jahre 1925 der damalig Polizeivizepräsident Dr. Friedenburg. eine Anweisung ergehen ließ, daß diese besseren Klubs nur im Einverständnis mit ihm kontrolliert werden sollten. Anlaß war eine in schroffen Formen durchgeführte Kontrolle in einem der besseren Klubs (Union), der sich beschwert hatte. Grein gab die Anweisung seinen Beamten in entsprechender Form bekannt. Anzeigen sollten ihm zwecks Rücksprache mit de Vizepräsidenten vorgelegt werden. In ihrer Wirkung li die Anweisung auf eine Beschränkung der Kontrollen hir
Dr. Weiss.
Der Nachfolger Dr. Friedensburgs, der selbst im Spiel verkehrte, erhielt die Anordnung aufrecht, einmal, w er der Auffassung war, daß es der Polizei nichts a wenn reiche Leute sich gegenseitig das Geld abnähmen, dann aber auch, weil er - aus welchen Gründen mag dahin gestellt bleiben - das Ecarté nicht als Glücksspiel gel-

Bestechung der Polizei, im Zusammenhang mit illegalem Glücksspiel, bzw. korruptem Verhalten, 1933

Tarragona erhalten hat. Aus dem Dispositionsfond sind
zwar erhebliche Summen an die verschiedensten Stellen
und Persönlichkeiten geflossen. Bereits im Jahre 1919
sind z.B. noch von Lereyski mehrere tausend Mark an das
Polizeipräsidium gegen Quittung für die Zwecke der Sicher-
heitswehr gezahlt worden, wie der Zeuge Tellmann- Dechow
angegeben hat. Nach den Feststellungen des Zeugen Brach-
vogel sind auch sonst Zahlungen zu irgend welchen Zwecken
an namhafte Persönlichkeiten erfolgt, wie dem Reichstagsabgeordneten P f e i f f e r im Jahre 1918 100 000 RM. ,
Konrad W e i s s 50 000 Mk (Inflation) im Jahre 1923
und an Frau G r e s o y e s k i 100 RM in Jahre 1932.
Die Tarragona hat wiederholt namhafte Beträge auf ihre
Bittbriefe hin erhalten. Auch Blümel selbst hat, so zu dem
Zeugen Teske und Wasmund sich dahin ausgelassen, daß an
die Polizei Tausende geflossen seien(Wasmund) und seinen
" Lya de Puttifond " habe die Polizei geschluckt(Teske).
Wie weit das richtig ist oder eine Ausrede Blümels darstellt
- der Zeuge Teske äusserte in seiner sehr sachlichen Aussage Zweifel- ist nicht ohne weiteres festzustellen. Sicher
ist jedenfalls, daß die dem Blümel zur Verfügung stehenden
Gelder abgesehen von seinen eignen Bedürfnissen für alle
möglichen unkontrollierbaren und Dunklen Zwecke verwandt
worden sind.
Bei den Ermittlungen ist der aus den Akten Bd I Blatt 125
Hülle ersichtliche Zettel mit dem Vermerk " Unkostenkonto"
gefunden worden, auf welchem weiter unten dem Buchstaben
"Schl" drei Zahlungen im Gesamtbetrage von 1050 RM. ver-
merkt sind; und zwar 200 RM am 12. 4. 27, 250 M am 10.4.27
600 am 23. 4. 27. Die Zeugin S c h ü t t, welche die Bücher
führt und auch an den Angeklagten die 500 RM. nach Seden

Bestechung der Polizei aus diversen Gründen, 1933

K.J. VI. 9.   Berlin, den 16. März 1933.

A u s h e b u n g s b e r i c h t .

Mir war unter der Hand mitgeteilt, dass in dem Spielklub
"Allgemeiner Deutscher Sportverein " in Von der Haydtstr. 18
aller Voraussicht nach am Dienstag, dem 14. 3. 1933 gespielt
werde. Ich entschloss mich aus diesem Grunde eine Ueberführung
an diesem Tage zu versuchen.

Zuvor schon hatte ich mir Skizzen des palastartigen Spiel-
klubhauses besorgt, da mir bekannt war, dass man in dem Hause
ohne vorherige genaue Orientierung nicht zurecht findet und da
auch anzunehmen war, dass man nicht mehr in dem Hochparterre ge -
legenen Spielräumen, sondern in den noch versteckt liegenden
Räumen des I. Stocks spielen werde.

Es war mir auch bekannt, dass ein besonderer Aufpasserdienst
eingerichtet ist und zwar schon seit Monaten, nachdem der "Klub
des Westens" ausgehoben war. Es war mir auch weiter bekannt, dass
sowohl die vordere Stakett-Tür, als auch die Eingangstür zum
Klubhaus streng unter Verschluss gehalten wurden.

Ich beobachtete zunächst am 14. 3. 1933 etwa 21 3/4 Uhr
gemeinsam mit dem Kriminal-Sekretär S t i b i t z k i das
Klubhaus und konnten wir feststellen, daß vorn auf der Straße
ein jüngerer Mensch ohne Kopfbedeckung als Aufpasser aufgestellt
war. Wir stellten weiter fest, daß in den Räumen des I. Stocks
die nach der Wasserseite zu liegen, Betrieb sein mußte.

Die Fenster dieser Räume waren zwar verdunkelt, die Jalousien
waren heruntergelassen, auch konnte man bemerken, daß diese Fenster von innen noch verhängt waren, Nindessen drang doch einiger
Lichtschein durch, was man bei genauer Beobachtung feststellen

Als dann die schwere Eingangstürnvon innen geöffnet wurde, drang ich mit den anderem Beamten nach genauer Verabredung kurzer Hand in die Räume ein, der öffnende Diener wurde, ehe er ein Zeichen geben konnte, festgehalten, desgleichen wurde der Garderobier

ehe er die Geheimklingel (vgl. Bl. 58) betätigen konnte, festgehalten und die Beamten verteilten sich im Hause auf den ihnen von mir vorgeschriebenen Wege.

In dem im I. Stock nach der Wasserseite zu belegenen ~~höheren~~ Vorstandszimmer für die Rennkommission (vergl. Skizze Bl.   ) wurden von dem Krim.-Sekr Stibitzki folgende Personen beim Glücksspiel P o k e r überführt:

1.) B e r g l a s , Jakob, Bankier, 15. 10. 84 Berlin geboren
    Sächsischestr. 5 wohnhaft, aber aufhältlich
    im Hotel Hessler am Zoo.
    bei diesem wurde nichts gefunden.

2.) B i n g, Otto   Direktor 6. 12. 83 Köln geboren , in Ber-
    lin-Schöneberg, Freiherr von Steinstr. wohnh .
    Dieser hatte 13 Chips a/ 20 Mark und 16 a 5 Mk
    vor sich auf dem Pokertisch zu liegen, in der
    Tasche hatte er einen Chip zu 100 Mark und
    10 a 20 Mark.

3.) G r ü n m a n n,Salis Kaufmann 27. 12. 76 Eydkuhnen geboren,
    Charlottenburg, Giesebrechtstr. 15 wohnh.
    Dieser hatte vor sich auf dem Pokertisch
    34 Chips a 5 Mark und 11 a/ 20 Mark zu lie-
    gen. In der Tasche hatte er weiter 13 Chips
    a/ 20 Mark und einen zu einer Mark.

4.) Dr.M a s c h k e Georg, Verleger, 6. 5. 72 Belgard geboren,
    Kurfürstendamm 67 wohnhaft .
    Dieser hatte vor sich auf dem Pokertisch 4
    Chips a/ 20 und 3/a. 5 Mark zu liegen.

5.) S ä g e r   Otto ,Oberreg.Rat a.D. 11. 11. 81 Karlsruhe-
    geboren, Berlin-Wilmersdorf,Rauenthalerstr.1
    wohnhaft.
    Dieser hatte vor sich auf dem Pokertisch
    10 Chips a/ 20, 2 a/ 5 Rm. und 1 a/ 2 Mark
    zu liegen, in der Tasche hatte er außerdem
    noch 7 Chips a/ 5 Mark.

Sämtliche erwähnten Ships also auch diese Spielzimmerdiener sind beschlagnahmt worden. Desgleichen sind beschlagnahmt worden, die beiden Spiele Karten, mit denen Poker gespielt worden ist.

Dem R a h m e r wurde auch noch ein kleines Notizbuch mit rotem Umschlage abgenommen, da dasselbe Eintragungen , die das Glücks- spiel betreffen dürften, enthalten.

Bezüglich der Lage des Pokerzimmers (vergl. die Skizze Blatt Nr. H).

In einem Hochparterre belegenen Spielzimmer vergl. die Skizze Bl. 3 wurden dann noch die nachbenannten Herren betroffen und zwar sämtlich Mitglieder des Klubs,die hier Skat und Bridge spielten:

1.) B e r l i n e r , Ludwig, Kaufmann 6. 3. 73 Berlin geboren, Kufsteinerstr. 53 wohnhaft

2.) B e r , Hermann Rechtsanwalt. 20. 3. 73 Berlin,
   geboren, Jägerstr. wohnhaft

3.) C a m i n e r , Hans Patentanwalt 23. 2. 79 Berlin
   geboren, Meranerstr. 3 wohnhaft

4.) von der D e c k e r , Major a.D. 20. 2. 71 Ritterhof
   geboren ,Lietsensee Ufer 2 a wohnhaft
   (Kommissionsmitglied)

5.) K o p p e l , Paul Hauptm. a.D. 21. 9. 91 Mühlhausen
   geboren, Hohenzollerndamm 208

6.) K r o t o w s k i , Stephan, Kunsthändler 26. 1.81
   Berlin geboren, Schlüterstr. 39,

7.) L a s a r , Alouis , Kaufm. 25. 7. 84 Wien geboren
   Charlottenburg, Dahlmannstr. 24

8.) R e i m a n n , Hugo 17. 10. 73 B e r l i n geb.
   (Landgerichtsrat) Culmbacherstr. 7
   wohnhaft.

9.) S o n n a b e n d , Martin, Architekt 21. 3. 83 Berlin
   geboren, Hölderlinstr. 12.

10.) S t e i n f e l d , Walter, Kaufm. 18.2.86 Oberglogau
    Schles. geb. Wilmersdorf, Olivaerpl.9

11.) g o l d Jaques Prof. 29. 1. 82 Warschau gebo-
    ren Wilmersdorf, Konstanzerstr.11
    wohnhaft .

Geschäftsnummer: 23.J. 6 / 29
Geschäftsnummer des Amtsgerichts Berlin-Mitte: 128
G. 18 / 29

<u>H a f t b e f e h l.</u>
==================

1) Der Geschäftsführer Adolf L e i b, geboren 12. Januar 1900 in Berlin,
2) der Hausdiener und Packer Kurt H ö h n e, geboren 9. Juni 1906 in Berlin,
3) der Geschäftsführer Bruno S t e i n k e, geboren 7. Mai 1889 in Berlin,
4) der Maler Max H e h d e, geboren 25. Juni 1888 in Berlin,
5) der Kellner Alois S c h u l z, geboren 18. Dezember 1898 in Bitonia Krs. Pr. Stargard,
6) der Kellner Richard F r a n k e, geboren 4. November 1885 in Langenberg,
7) der Wächter Richard K a i s e r, geboren 22. Januar 1892 in Berlin
sind zur Untersuchungshaft zu bringen.

Sie werden beschuldigt, zu Berlin am 29. Dezember 1928

1) L e i b: an einer Zusammenrottung teilgenommen zu haben, bei der sich eine Menschenmenge öffentlich zusammengerottet und mit vereinten Kräften gegen Personen und Sachen Gewalttätigkeiten begangen hat und zwar als Rädelsführer, indem er Gewalttätigkeiten gegen Personen begangen hat, und durch dieselbe Handlung: an einer Schlägerei beteiligt gewesen zu sein, bei der durch einen von Mehreren gemachten Angriff eine schwere Körperverletzung (§ 224) verursacht worden ist;

2) die sämtlichen Beschuldigten
an einer Zusammenrottung teilgenommen zu haben, bei der sich eine Menschenmenge öffentlich zusammengerottet und mit vereinten Kräften gegen Personen und Sachen Gewalttätigkeiten begangen hat und zwar als Rädelsführer, indem sie Gewalttätigkeiten gegen Personen begangen und Sachen geplündert, vernichtet und

Haftbefehl gegen »Muskel-Adolf«, Adolf Leib

zerstört haben und durch dieselbe Handlung an einer Schlägerei beteiligt gewesen zu sein, bei der durch einen von Mehreren gemachten Angriff der Tod eines Menschen und schwere Körperverletzungen verursacht worden sind, und zwar L e i b durch eine zweite selbständige Handlung.

Verbrechen und Vergehen gegen §§ 125 Abs. 1 und 2 227, 47, 73, 74 StGB.

Die Beschuldigten sind dieser Straftaten dringend verdächtig. Fluchtverdacht ist gesetzlich begründet und auch wegen der persönlichen Verhältnisse der Beschuldigten und wegen der Höhe der zu erwartenden Strafe.

Gegen diesen Haftbefehl ist das Rechtsmittel der Beschwerde zulässig. — Statt der Beschwerde kann eine mündliche Verhandlung gemäss § 114 d der Strafprozessordnung beantragt werden. In der mündlichen Verhandlung wird darüber entschieden, ob der Haftbefehl aufrechtzuerhalten oder aufzuheben ist oder ob, wenn die Verhaftung lediglich wegen des Verdachtes der Flucht angeordnet ist, gegen Sicherheitsleistung von der Untersuchungshaft abgesehen werden soll.

Berlin, den 5. Januar 1929

Das Amtsgericht Berlin-Mitte Abt. 128

Juſtiz-Sekretär.

Geſchäftsſtelle
des Amtsgerichts Berlin-Mitte, Abt.

Kleines Glossar der Gaunersprache

Viele Begriffe aus dem Rotwelsch, der Gaunersprache, kommen aus dem Hebräischen, was keinesfalls bedeutet, daß das jüdische Volk etwa vermehrt in kriminelle Akte verwickelt war. Wohl eher hat es mit der ständigen Vertreibung und damit verbundenen Wanderschaft zu tun, so daß sich jüdische Sprachelemente mit landestypischen Begriffen mischten.

acheln essen
abfassen verhaften
alle gehn verhaftet werden, spurlos verschwinden
affen kaufen den, sich betrinken
aufmucken sich gegen Anweisungen auflehnen.
assern gegen jemanden eine Aussage machen, ihn »verraten«
ackern gehen anschaffen gehen, auf den Strich gehen.
auftalgen aufhängen, der Getalgente ist der Gehängte.

*Ballmischpe*t der Untersuchungsrichter
baldowern Ausspähen, erkundigen
Bau der, das Gefängnis oder Zuchthaus.
Bauer ein dummer, einfältiger Mensch
Bammelmann der Gehenkte, aber auch einen »Bammel« haben, Angst haben.
begraben sein eingesperrt sein für lange Zeit.
Bello der; das Zellenklo.
beramschen jemanden betrügen
berappen bezahlen.
betuke vorsichtig, leise.
Bim die; eine Klingel, die »Bimmel«
Bei jom am Tage
Bei leile zur Nacht
bleffen jemanden bedrohen, ihn »anbleffen«, ihn bedrohen.
Bombe Kaffeeglas
brennen die Erpressung, aber auch: sich beim Kumpanen seinen Diebesanteil holen. Der Zusammenhang zwischen »Branntweinbrennen« und hiervon einen guten Schluck nehmen und dem »Anteil« ist gegeben.
Butte der Eimer
bunkern verstecken, vergraben

Chilfen Gaunertrick beim Geldwechseln
Cheilefzieher der Taschendieb
commerce spielen, der »Commerciante« ist der Spieler

dalfen betteln, schnorren
Dalles Armut, pleite sein, Geldmangel
drücken einen Taschendiebstahl ausüben. Der Dieb ist der »Drücker«
Deele die Tür
durchbruch das aushebeln einer Tür.
Dreher eine selbstgefertigte Zigarette

Eierdieb Kleinganove
einfahren in das Gefängnis kommen
einpfeifen das Essen oder Medikamente oder Genußmittel zu sich nehmen
Emmchen Jahre. Er hatte vier Emmchen Bau, vier Jahre Knast
Emmes das Geständnis
Emmes putzen das Geständnis widerrufen oder verändern
Emmesprise die Zigarette, der Pfeifentabak, den ein Geständiger von sei-
     nem verhörenden Kripomann angeboten bekommt

Fahne ein Signalzeichen außerhalb der Gefängniszelle; die F wird »ge-
     worfen« damit der Insasse sich bemerkbar machen kann
fallen verhaftet werden
Falle machen einem Geschäftsmann gut zureden, damit er in die »Falle
     tappt« und Betrogen werden kann
Faktum die Straftat
faul ein »fauler Junge« ist ein Verräter, der sich der Polizei für Geld an-
     bietet.
Flatterfahrt das »abräumen« von Wäsche, das Stehlen von Wäschestücken
Freier der vom Taschendieb bestohlene, vom Betrüger betrogene, der
     Dumme also, den man reinlegen konnte.
     Der »Freier« in der Hurensprache ist der Betrogene.
fetzen das durchschneiden von Kofferriemen zwecks Diebstahls
Flebbe die Zeitung, aber auch die Ausweispapiere
Fiesel der Bote
Fuhre die große Tasche, der Beutel, der Sack, darin sich die Diebesware
     befindet
fett der »fette Kober«, der reiche Liebhaber

gansen stehlen
Gannew der Gauner, Dieb
Gallonis das Fenster
Greifer der Polizei- oder Kripobeamte
Greifenberger ein intelligenter Taschendieb
Greiferei die Polizeiwache
Gole wie die »Fuhre«, der Behälter für die Diebesbeute
Geschäfte so umschreibt der Dieb oder Einbrecher seine Tätigkeit
Gimpel ein dummer, eitler Mensch
gedinne ehrlich, unbescholten
Geseiere überflüssiges Geschwätz
Graudenz Graudenpalais, das Arbeitshaus

Habe der Besitz des Häftlings
handeln machen, tun, z.b. eine Brieftasche handeln, stehlen
Hanne eine »nasse Hanne« ist ein Mensch ohne Geld
heichus Prügel bekommen oder austeilen

Impe Gefängnismargarine

joschen schlafen
Jom der Tag, die »Jomschmiere« ist der Tagesaufseher

Kabern die Komplizen
kaspern mit dem Kabbern, dem Komplizen reden, ein Gespräch führen
Kassiber ein verbotenes Schriftstück
Kahn die Haftanstalt, Polizeigewahrsam
Kalfaktor der im Gefängnis arbeitende Insasse, dessen Tätigkeit mit dem
    Gefängnis selbst zu tun hat, z.b. der »Küchenkalfaktor«, der Küchen-
    helfer
klitschen schließen, auf- oder zuschließen
Kluft die Gefängnis- oder Zuchthauskleidung
koscher unverdächtig, sauber, klar, gereinigt, ehrlich
Kochem der in der Bande eingeweihte
kuffen Nachts einbrechen gehen
Kober der »fette Kober« ist der begüterte, reiche Liebhaber oder Freier
kobern gehen Anschaffen gehen, auf den Strich gehen, Hure sein
Koberleine die Straße, der Weg, den die Hure als Arbeitsplatz benutzt
Kaffer ein dummer Mensch
Kracher der Koffer
Kracherfahrer der Dieb des Koffers
kungeln gemeinsam ein Geschäft tätigen oder besprechen

Lampe jemanden eine »Lampe bauen«, ihn verraten oder einer fiktiven
    Straftat bezichtigen
Lappen Schimpfwort der Huren
Leff »Wo kein Leff, da ist Pech«, wo kein Glück … »wo kein Herz« …
Leine ziehen auf den Strich anschaffen gehen
Lebensbeichte radikales Geständnis sämtlicher unaufgedeckter Verstöße
    gegen das Gesetz
leimen lügen
Leile die Nacht, Finsternis
Lechum das Brot

makkenen einbrechen gehen
Makkener der Einbrecher
Macel toov Glück gehabt
Masematte der gewaltsame Bruch mit Brechstange
Massel sein verhaftet sein
Mischpet die Untersuchung
Mackes die Schläge

Mokum Großmokkum, die Haftanstalt in Spandau. Kleinmokkum, das
Zuchthaus Brandenburg
Marremokum der Ortsnachweis des Alibis. Er war, als der Bruch in Berlin
stattfand, in Frankfurt. Frankfurt wäre jetzt das Marremokum
Mischpoke eine Gesellschaft von Räubern und Dieben
muddeln Kartenspielen
mosern besprechen, abkaspern, sich verständlich machen

nüschen der Taschendieb nüscht, wenn er vorsichtig die Tasche berührt
um festzustellen, was darin ist.
Naß ohne Geld, daher ist der »Nassauer« oder »nasser Kobber« ein Freier,
der nicht zahlen kann oder will
Nepp Betrug

Pachulken siehe »Kalfaktor«
Pollackenkrug das Polizeigefängnis
pelkern tätowieren
Penne ein Nachtquartier, Schlafensort
Palmer die Wache
Pracher der Bettler
Plattmolle die Brieftasche
pilmern eine Pfeife rauchen
Pleite die Flucht, pleite gehen, flüchten
pendeln mittels einer Schnur Nachrichten von Zellenfenster zu Zellenfenster weitergeben
poter frei sein
planten eine Sache »wegstecken«, unbemerkt erledigen, sich der Sache
heimlich entledigen
Putz Ausrede, Aufschneiden

ramschen betrügen
rupfen einem anderen das Geld oder die Wertsachen abnehmen
rowitsch Arbeiten
reiten einen Ritt machen, das ist das Manöver einer weiblichen Laden-
diebin, um den Verkäufer abzulenken

Schnitt einen guten Schnitt machen, einen guten Einbruch gemacht zu ha-
ben
Schabber das Stemmeisen
schnorren betteln
Schale die Kleidung, sich in »Schale werfen« sich gut anzuziehen
Schränker der gewaltsame Dieb
Schlepper der Mensch, der die Kundschaft zum Bordell oder in den ille-
galen Spielclub führt
Schmiere die Polizei
schmusen leise. Schmuse betuke, leise reden
Schoof das einzelne Jahr
serike lügen

stechen sich heimlich eine Nachricht stechen, geben
Schlichnerei eine heimlich gemachte Anzeige
Schließer Justizwachbeamter
Schärfen der Hehler »schärft«, da er gestohlene Ware ankauft und wieder
  verkauft
schmaien hören. *Verschmaien*, verhören
Schlamassel Unglück
Schore Diebesgut
Spieker die Nadel zum »speikern«, zum Tätowieren
Schrumper die Feile
Steiger die Leiter
Schwinge das pornographische Heft oder Bild
Sonne rund um die Uhr, lebenslänglich

Tafel Brieftasche
treefe das Gegenteil von »koscher«
Tantel der Nachschlüssel
Taschenkrebs Taschendieb
Tineff Unrat
Totmacher die Axt
Torpedo die zusammengerollte Rasierklinge, die der Häftling herunter-
  schluckt, um in ein Krankenhaus zu kommen
Taube geheime Nachricht

verdienen stehlen gehen
vertusch machen beim Taschendiebstahl dem eigentlichen Dieb helfen
  durch Ablenkung des Opfers
vermasseln der Verrat, das Ungeschick, das nicht gelungene
Verschmai das Verhör
verkabbern sich im Haus verstecken

Witsch jeder, der nicht in das Ganovenleben eingeweiht ist, ist ein Witsch
Wärmling der Ofen
Zinken ein Zeichen, das nur der Eingeweihte versteht
Zinkflebbe der Steckbrief
Zocken Kartenspielen, der »Zocker« ist der Spieler
Zoten das Arbeitshaus
Zänker der Polizist

Einige Namen von Ringvereinen:

Norden, Santa Fa, Treue Freunde, Deutsche Eiche, Bruderhand, Lichtenhagener Freunde, Vergnügungsverein Osten 1909, Wanderblut, Apachenblut, Lustige Brüder, Zukunft, Atlantik, Harmonia, Orleander, Rolandseiche, Arkona, Immertreu, Frischauf, Lose Nord, Glückstern, Glaube-Liebe-Hoffnung, Königsstadt 1889, Luisenstadt, Libelle, Centrum, Deutsche Kraft, Berolina, Einigkeit, Heimatklänge, Alte Freunde, Wilde 13, Friedrichshain, Moabit, Friedrichstadt, Felsenfest, Letzte Hoffnung, Hand in Hand, Weiße Rose, Rote Rose, Süd-Ost, Süd-West

Namen von Mitgliedern in »Ringvereinen«:

Artisten-Karl, Bleich-Röder, Fasson-Hugo, Käse-Mette, Kavalier-Fritze, Klamotten-Ede, Pustebacke, Sanfter Heinrich, Lutsch-Toni, Piepel, Wurst-Maxe, Kesser Adolf, Stuben-Emil, Qualster-Franz, Kanal-Fritze, Kalbsauge, Kohlrüber, Quirlepitsch, Juwelen-Maxe, Galoschen-Franz, Pistolen-Manne, Töter-Hannes.

Namen von Frauen, die zu den Vereinen gehörten und zumeist als Prostituierte arbeiteten: Aktien-Mieze (Braut des Muskel-Adolf), Leierkastenguste, Kurtisanen-Hanne, Titten-Erni, Pinsel-Frieda, Bollen-Guste, Apollonia, Elektra-Mazek, Aurora, Offiziersjette, Schwindelottilie, Droschkengaul, Schlotfeger.

§ 1)
1. Die Vereinigung führt den Namen »Gesselligkeits-Club Immer-treu 1919 e. V.«
2. Politische und konfessionelle Bestrebungen sind ausgeschlossen.

§ 2)
Der Zweck des Vereins soll erreicht werden:
1. Durch Förderung der Freundschaft und Gesselligkeit unter den Mitgliedern.
2. Durch Unterstützung in Krankheits- und besonderen Notfällen.
3. Durch Unterstützung im Todesfalle.

§ 5)
Voraussetzung zur Beendigung der Mitgliedschaft:
1. Wegen Verleumdung eines Mitglieds beim Vorstand.
2. Wegen Entehrung des Vereins in der Öffentlichkeit.
3. Wegen viermaligem unentschuldigtem Fernbleiben der Sit-zungen.
4. Durch Tod.

§ 9)
Jedes Mitglied ist verpflichtet, für die Ehre des Vereins nach Kräften zu wirken.

§ 14)
Das Mitbringen von Hunden ist verboten.

§ 16)
Besondere Ehrenpflicht ist es, zur Beerdigung eines Vereinskol-legen zu erscheinen.

§ 17)
Der Verein hält es für seine Ehrenpflicht, jedes verstorbene Mit-glied so zu beerdigen, wie es die Ehre und Würde des Gesselig-keitsvereins Immertreu 1919 e. V. verlangt.

§ 18)
2. Der Kollege, der in trunkenem oder aufgeregtem Zustand leicht-sinnig mit seiner Vereinsnadel umgeht, wird mit 10 Mark in Strafe genommen.

Aus den Vereinsstatuten von »Immertreu«

223

Quellenangabe

Viele der dargestellten Vorgänge beruhen auf Aussagen ehemaliger Ringbrüder sowie beteiligter Zeitzeugen.

Interviews mit:
Ringmitglied E. Kiefert (ca. 85 Jahre)
Ringmitglied R.M. (ca. 90 Jahre)
Ringmitglied Bruno B. genannt der »Zockerkönig vom Stutti«
   (ca. 90 Jahre)
Rechtsanwalt Prof. Dr. E.Heinitz, ehemals Referendar bei Prof. Alsberg

Polizeiakten der Generalstaatsanwaltschaft Berlin
Vereinsakten im Landesarchiv Berlin
Kriminalmuseum Berlin
Vossische Zeitung
Berliner Zeitung

Aschaffenburg, G. Das Verbrechen und seine Bekämpfung, Heidelberg
   1903.
Baruch, H., Käptn Bilbo, München 1965.
Blätter für Gefängniskunde Bd. 71, Jahrgang 1940/41, Berlin.
Die innere Front. Das königliche Polizeipräsidium, Berlin 1917.
Heinrich, W., Frauen waren mein Verhängnis, Berlin 1956.
Hsi-Hucy Liang, L., Die Berliner Polizei in der Weimarer Republik,
   Berlin o.J.
Krauß, F.U., Kampf gegen das Verbrechertum, Paderborn 1905.
Löwenthal, H. Der goldene Galgen, Berlin 1951.
Rede des Abgeordneten Flatau in der Berliner Stadtverordnetenver-
   sammlung am 10. Oktober 1929.
Tagebuch des Berliner Kriminalisten Oskar Klaußmann, Leipzig 1910.
Zimmermann, C.W., Die Diebe in Berlin, Berlin 1847 (Neuauflage 1979).